沧海丹青

海归北京创业实录

北京市欧美同学会
当代北京史研究会 编著

北京出版集团
北京出版社

图书在版编目（CIP）数据

沧海丹青：海归北京创业实录 / 北京市欧美同学会，当代北京史研究会编著 . — 北京：北京出版社，2024.4
ISBN 978−7−200−18618−5

Ⅰ . ①沧… Ⅱ . ①北… ②当… Ⅲ . ①创业—案例—北京 Ⅳ . ①F249.214

中国国家版本馆 CIP 数据核字（2024）第 052173 号

责任编辑：宋佩谦　张　晓
责任印制：武绽蕾
装帧设计：黄　仟

沧海丹青

海归北京创业实录
CANGHAI DANQING

北京市欧美同学会　编著
当代北京史研究会

*

北　京　出　版　集　团　出版
北　京　出　版　社

（北京北三环中路 6 号）
邮政编码：100120

网　　　址：www.bph.com.cn
北京出版集团总发行
新　华　书　店　经　销
北京建宏印刷有限公司印刷

*

710 毫米 ×1000 毫米　16 开本　25.25 印张　320 千字
2024 年 4 月第 1 版　2024 年 4 月第 1 次印刷
ISBN 978−7−200−18618−5
定价：88.00 元
如有印装质量问题，由本社负责调换
质量监督电话：010−58572393
编辑部电话：010−58572414；发行部电话：010−58572371

编委会

顾　　问：闫傲霜　赵慕兰　卫汉青
委　　员：夏颖奇　袁　方　陶庆华　王　璞　刘志光
　　　　　任　鹏　赵辛良　刘红英　江　昊　吴　炜
主　　编：夏颖奇
副 主 编：陶庆华　刘志光
编　　辑：袁硕平　宋　瑶　武　盈　张继喆　刘　静
　　　　　徐　渴　屈子健　任雅顿　任　艺　任君将
总 策 划：袁　方

2009年8月，中关村留学人员创业园协会成立

2019年3月，北京市欧美同学会举办"会员办会 共建留学人员之家"新老会员联谊活动

2023年8月，北京市欧美同学会在北京汽车博物馆举行"北京市欧美同学会留学报国教育基地"揭牌仪式暨"中国工业向未来，海归学长进汽博"活动。左为北京市人大常委会副主任、北京市欧美同学会会长闫傲霜（女）

2019年11月，北京市欧美同学会承办欧美同学会第二届中德科技论坛

2023年4月，北京市欧美同学会在青龙桥火车站举行"追寻京华留学足迹，赓续百年初心使命"主题教育实践活动

2018年9月，北京海外高层次人才协会第三届会员代表大会

2009年10月，中关村科技园区留学人员创业服务体系工作会

2008年8月，中关村留学人员企业精品项目推介会（三三会）

2004年3月，中关村管委会召开留学人员创业担保贷款研讨会

2005年4月，中关村管委会在北京中关村国际孵化园召开海归创业者座谈会

2017年，北京海外学人中心组织部分海外高层次人才创业者举办国情研修班

2018年，海归创业者参加北大创业营培训讲座

2019年4月，海归创业者培训交流

目　录
Contents

导　言 / 1

第一章　长风破浪——海归创业 / 9

　　一、村中号角：改革创新前奏曲 / 11

　　二、中关村电子一条街：海归创业"先头兵" / 15

　　三、海淀留创园：创业沃土，梦想摇篮 / 32

　　四、互联网浪潮中的弄潮儿 / 58

第二章　创业变迁——创业生态发展 / 87

　　一、踏浪前行，掀起创业潮 / 89

　　二、满园春色，留创园蓬勃发展 / 106

　　三、风险资本，从"无"到"有" / 143

　　四、职业经理人，走向世界 / 172

　　五、"筑巢引凤"，搭建平台 / 191

第三章　各领风骚，俊采星驰 / 197

　　一、电子信息：建立全球最完整产业链体系 / 199

　　二、生命健康：由先导产业向主导产业跨越 / 229

　　三、先进制造：砥砺前行，领跑创新 / 249

四、新能源新材料：这一次我们不曾落后 / 267

　　五、多元业态：北京海归俊采星驰 / 289

第四章　直挂云帆，再踏新征程 / 315

　　一、新机遇，新使命，新担当 / 317

　　二、梦想与奇迹，"独角兽"崛起 / 322

　　三、专精特新，异彩纷呈 / 336

　　四、沧海横流，勇立潮头 / 352

结　语　丹青难写是精神 / 375

参考文献 / 381

编者语 / 386

导　言

　　中国留学生群体伴随着近代以来中国跌宕起伏的历史变迁，以其自身独特的人生历练和事业追求，为近现代中国100多年不懈奋斗、走向世界、追赶世界作出了巨大贡献。可以说，中国海归百余年的留学史也是一部近现代为中华民族伟大复兴的奋斗史。

　　时至今天，中国已经成为世界最大留学生生源国，留学生遍布世界100多个国家和地区。特别是在改革开放发展和创新创业大环境吸引下，越来越多学子选择学成归国，形成了新中国成立70多年历史上最大规模的留学人才"归国潮"。1978年，留学归国人员仅以数百人计，2009年首次突破10万人，2016年达到40万人，2018年突破50万人。教育部统计数据显示，从改革开放至2018年年底，我国出国留学生达到585.71万人，学成归国人员达到365.1万人。北京，更成为海归留学生的首选集中地。

　　一部海归留学史，百年中国奋斗情。当代北京海归奋斗的历史，凝聚了中国海归学子的报国情怀，展现了中国改革开放的壮丽风貌！

　　1872年，容闳组织第一批留美幼童30人从上海启程赴美留学，开启了中国学生规模化留学的先河，并对近代中国社会变迁产生了深远的影响。20世纪二三十年代的留学生如周恩来、邓小平、刘少奇、朱德、李富春、陈毅、聂荣臻、陈延年、巴金、钱锺书、艾青、林风眠、徐悲鸿、钱三强、傅雷、冼星海等都成为中国现代历史的风云人物。从1949年新中国成立到20世纪50年代末期，在新中国的感召下，一大批具有民族责任感、使命感的海外优秀留学人员满怀激情毅然回国投入新中国的建设事业中。尽管许多留学人员归国遭遇各种阻力和障碍，但他们最终在党和政府的关怀和支持下，凭借热爱祖国、报效祖国的满腔热情，回到祖国怀抱，以无私奉献、勇于探索的科学家精神，在新中国的科学事业奠基和发展中发挥了重要作用。

要知道新中国成立初期不仅国内疮痍满目、百废待兴，国际上更面临着来自以美国为首的西方国家的战略威胁，急需恢复并建立起国家经济和国防力量，以维护国家主权和领土安全。此时的新中国面临着人才紧缺的困局。据统计，新中国成立初期全中国高等学校副教授以上的教师只有7000人，中国科学院副研究员以上的仅400人。此时，约有7000名留学生和学者留在海外学习和工作，这对于当时人才紧缺的新中国来说，算是一个庞大的人才群体，他们的回归，有效地填补了新中国经济建设人才紧缺的状况，对国家未来的发展具有重要战略意义。

在这个时期的留学人员群体中，有约73%留美人员学习的是自然科学，回国后基本上从事科学技术领域的工作。特别是1956年新中国为发展科学技术制定了《1956—1967年科学技术发展远景规划纲要》，从13个方面提出了57项重要科学技术任务和616个中心问题，部分留美归国学人参与了规划的制订，为新中国科学技术事业的发展奠定了重要的基础。曾经为"两弹一星"作出杰出贡献的领军人物绝大多数都是海外留学归国人员最杰出的代表。从获得"两弹一星功勋奖章"的23位科学家来看，有10位是留美归国的科学家：邓稼先、屠守锷、钱学森、郭永怀、杨嘉墀、陈能宽、吴自良、任新民、朱光亚、王希季；有9位是留欧归国的科学家：王淦昌（留德）、赵九章（留德）、钱三强（留法）、王大珩（留英）、彭桓武（留英）、陈芳允（留英）、黄纬禄（留英）、程开甲（留英）、姚桐斌（留英）；还有2位是留苏归国的科学家：孙家栋、周光召。可见，留学欧美归国的科学家在"两弹一星"国防尖端技术上发挥了更突出的作用。

从更广泛的领域看，20世纪50年代归国留美学人最突出的价值是他们对新中国科学技术领域的重大贡献，在许多科技领域攻克并填补了高精尖技术的空白。比如，自2000年国家最高科学技术奖设立以来，在22位获奖者中就有7位是50年代归国的留美科学家，他们分别是叶笃正（2005）、闵恩泽（2007）、徐光宪（2008）、师昌绪（2010）、吴良镛（2011）、谢家麟（2011）、郑哲敏（2012）。这些科学家在各自领域为中国科技事业的发展和崛起奠定了基础。同样，20世纪50年代留欧归国学人与留美归国学人一样，在新中国的科学技术领域作出了重大的贡献。有学者根据《中国科学家辞典》中的877位分布在全国各大学、研究机构和一些厂矿的相当于教授（极少数是副教授）级的科学家做了分析，在877名科学家中，有622名具有海外留学经历，占总数的70.9%，其中393名是留美学生，占63.2%，91名是留英学生，占14.6%，仅次于美国居第二位。

由此可以看出，从新中国成立到1978年年底改革开放之前，尽管新中国与西方几乎处于隔绝的状态，但这一时期西方先进的科学技术仍对中国科学技术的进步与发展产生深刻影响。也由于新中国拥有一批在西方国家留学和工作过的优秀人才，他们成为新中国发展科学技术的核心力量。

20世纪50年代，派留学生前往苏联和东欧国家进行学习，尤以留学苏联为主，成为新中国培养自己的科技人才的另一条途径。受冷战格局影响，当时中国与美国、英国等国关系紧张，一方面中国与欧美等国尚未建立外交关系，另一方面国内对于留学欧美也存有芥蒂，因此苏联就成为当时国家派遣留学生的首选。1950年至1956年共派出留学生和研究生7500多人，多数学习理工科。这些留苏学人回国后，进入新中国经济建设的各行各业，他们与留学欧美回国的学人一道，继续为国家不断培养新的科技人才。

我国派遣留学苏东的学生学者经历了三个阶段：第一个阶段是1950年至1953年，当时中央确定的方针是"严格选拔，宁少勿滥"，三年共派出1700多名留学生。第二个阶段是1954年至1956年，当时由于中央提出了"向现代科学进军"的号召，并着手制订科学规划，确定了"严格审查，争取多派"和"以理工科为重点兼顾全面需要"的方针，三年共派出留学生5800多名（其中研究生1200多名）。在此期间，先后对留苏大学生的专业进行过三次调整，抽调了一部分原来学习社会科学、理科和一般工科的大学生改学工业和国防方面的重点和尖端学科。第三个阶段是1957年至1958年，这一阶段的方针是"多派研究生，一般不派大学生"，后来又规定研究生的条件必须是大学毕业后又有两年以上工作经验的，以便在国外学习中真正能看出问题、学到东西。20世纪50年代国家留学政策的实施大大增加了我国从事科技事业的科研人员数量和质量。

同样，20世纪50年代留苏学人作为一个时代的标志性群体，在新中国建设的各个领域发挥着重要作用，尤其在改革开放初期，他们凭借坚定的政治信仰和过硬的业务素质，在新中国的政治舞台上留下了浓墨重彩的一笔，为国家和人民作出独特贡献。留苏学人中许多都是在改革开放的背景下逐渐进入党和国家的高层领导岗位的，具有"承上启下"的作用。他们大多是具有理工科学科背景的技术型干部，符合国家处在大规模经济建设和社会转型期的"四化"标准。同时，他们也在科教、经济、艺术、军事等领域发挥了重要作用，特别是在数学、物理、化学、生物等自然科学领域作出了突出贡献，如数学家谷超豪在参与"两弹一星"项目中，率先给出了机翼超声速绕流问题的数学证明，此项研究成果比西方早了15年；物理学家周光召回国后进入二机部第九研究院，从事原子弹理论设计，为中国成功研发第一颗原子弹扫除了一些重要障碍，推动了原子弹的理论研究；

化学家王佛松留苏归国后，致力于解决我国橡胶研制问题，经过不懈努力终于研制出合格的橡胶，为中国工业建设和"两弹"的研究提供了保障，也为国防领域的发展打下了基础。

改革开放后，中国政府支持中国学生赴海外留学。1978年，邓小平在听取教育部工作汇报时，发表了关于扩大派遣留学生的重要讲话。"要成千上万地派，不是只派十个八个……今年选三四千，明年派万八千……怎么选派，派到哪里，要订好计划。"1979年年初，邓小平率团访美，在与时任美国总统卡特所签署的协议中，将中美关于派遣留学生的口头谅解作为正式协议加以签署，掀起了中国现代以来最大规模留学热潮。

在中美关系恢复的大背景下，我国重启向海外互派留学生工作。此后40年间我国掀起了规模史无前例的留学潮，留学归国人员成为各行各业的领军人才和中坚力量，并涌现出一大批科学家、企业家、创业者和教育科研工作者。这一时期我国发展的最大背景是从计划经济向社会主义市场经济的转型和市场经济逐渐走向成熟，以创业为代表的一大批留学归国人员通过直接参与市场经济的方式，为我国科技和产业发展发挥了重要作用，创新创业成为这个阶段留学海归的最重要特征。

1985年，中国提出"支持留学，鼓励回国，来去自由"的出国留学方针，开始允许自费出国留学，更多中国学生几乎是凑够一张机票钱就去了美国。20世纪80年代末，美国政府开始向所有在美的中国留学生提供"绿卡"，更多中国留学生公派或依靠奖学金自费赴美深造。从这一时期开始，中国出现了第三次留美高潮，有上百万人赴美国或欧洲留学，这股留学热潮持续了多年。

改革开放后的中国，恰逢向市场经济转型与全球科技和产业革命爆发的历史交汇时期，正是通过改革开放建立市场经济体系，才抓住了全球科技和产业革命的机会，释放了经济活力。可以说，在改革开放后，创新创业是中国发展的重要动力和关键主线。在当代中国经历了三次创业高潮。1984年，我国启动了以城市为主的经济体制改革，以扩大企业自主权为关键内容，推动了民营经济的快速发展，许多人在此时"下海"经商，兴起了第一次创业高潮；1992年，党的十四大召开，确立了建立社会主义市场经济体制的发展目标，推进了第二次创业高潮的形成；2001年，中国加入世界贸易组织，为中国经济的全球化加速发展提供了更广阔的平台，形成了第三次创业高潮。留学海归群体，是中国知识分子中的优秀群体，他们具有国际化的视野和市场经济的经验，同时也带来全球最先进的技术、最前沿的信息、链接全球的人脉网络。众多优秀海归人才投身创业事业，从学习欧美先进产业和管理经验开展跟随式创新，到立足科技前沿实现原创引领，都有他们不可替代的作用。创业是改革开放后推动中国经济与科技发展的关键动力，海归创业以其独特的优势成为第三次创业高潮的"潮头力量"。

当代海归北京创业群体，就是这样一个具有鲜明时代特征的群体，他们在中国市场经济形成、发展和创新崛起过程中发挥了重要作用。北京作为全国教育资源、科技资源、人才资源的聚集地，在改革开放后的大部分时期，吸引了中国大部分的海归创业者，无数中国互联网领域的先行者都出自海归北京创业，大量硬科技领域的原创探索和独角兽企业的诞生也都源自海归北京创业，海归北京创业群体为中国科技创新和新经济产业的发展作出了巨大贡献。如果说，海归创业群体是"创业中国"的"潮头力量"，那么，海归北京创业群体，就是"潮头力量"的那个浪尖。

必须承认的是，创业是一项具有挑战与风险意义的实践活动。创业者们通过自身的创新与创造力，不仅为社会带来了更多的机会和财富，推动了科技进步和生产力发展，而且通过创业可以点燃人们的想象力，实现自我理想与愿望，以此获得成就感和满足感。更重要的是，创业可以改变人生、改变环境、改变社会。

在此，我们可以简要回顾一下北京海归的创业历程。20世纪80年代中关村科技人员下海创业引发了北京创业生态的萌芽，以此为开端一直到20世纪末，北京开启了电子信息和互联网创业的历程。那个时候中国改革开放刚刚起步，面对全球新科技浪潮和产业革命的大趋势，以具有留学经历和国际视野为代表的知识分子，比如中科院物理所的陈春先，率先学习美国硅谷创新创业经验，首先是电脑汉化，再到发展中国自己的互联网，最终实现中国电子信息和互联网产业与全球的同步接轨。中关村电子一条街的兴起是中国融入全球信息技术革命的重要标志，海归北京创业群体在其中发挥了引领作用，从陈春先到张朝阳、李彦宏……海归北京创业者把硅谷先进的技术、成熟的产品、最新的商业模式引进中国，进行二次创新，奠定了中国电脑产业和互联网产业发展的基础。这一时期的海归北京创业群体，充当了中国融入全球信息技术革命的关键纽带。

进入21世纪后，中国留学人数迅猛增长，留学生群体规模持续扩大，从2000年的3.9万人增长到2012年的39.96万人。这一时期国际国内环境发生了巨大变化，国际竞争加剧，中国的飞速发展举世瞩目，国内市场经济渐趋完善。改革开放40多年来，国家先后提出"科教兴国""人才强国""创新驱动发展"等战略，出台了一系列支持海外留学人员归国政策。与此同时，中国科技创新规模逐渐扩大，战略性新兴产业发展形成规模，为我国跻身世界强国打下基础。在此背景下，海归北京创业多点开花，从以互联网创业为主拓展到生物医药、先进制造、新能源新材料等多个领域，涌现出了一批拥有先进技术和抢占产业制高点的创业者，为我国战略性新兴产业从无到有、由小变大起到了重要作用。此外，这一时期北京市各级政府高度重视海归创业，围绕海归创业搭建了一整套载体、专业服务体系，形成了一系列扶持政策，为北京创业生态的形成和完善起到了重要作用。北京创业生态的完善又进一步增强了北京对海归创业的吸引力，形成正向循环。

党的十八大以来，我国进入新发展阶段，中华民族迎来了从站起来、富起来到强起来的伟大飞跃。国际形势风云变幻，建设科技强国，加快实现高水平科技自立自强是当前阶段国家战略的重要方向，深入实施科教兴国战略、人才强国战略、创新驱动战略是塑造新动能的重要举措。进入新时代以来，海归北京创业全面发展，呈现出明显的时代特征，一是整体来看海归北京创业从跟跑向领跑发展，从以前学习硅谷先进技术和创业经验，到开辟原创新兴产业，引领全球新产业发展，涌现了一批改变人类生产生活方式的新领域新赛道，出现一大批独角兽企业，北京70多家独角兽企业当中，有近一半是海归北京创业；二是海归北京创业呈现出硬科技特征，涌现出一大批专精特新企业，以及有潜力成为科技领军企业的创业。一大批海归北京创业者在国产替代、自主创新中发挥了重要作用，为国家科技自立自强作出贡献。

本书重点记述改革开放以来全国海归在北京创业群体的典型事迹，我们认为海归创业群体与改革开放40多年来国家命运的变迁密切相关，是一个非常具有时代特征的独特群体，他们是中国创业的"潮头浪尖"，他们是中国崛起的重要力量，他们也是中国人为实现民族复兴、国家富强以及改变个人命运勇于奋斗的精神传承。本书以史为背景，以传为主，选取大量案例，展现海归在北京创业群体画像，重点挖掘创业活动与时代发展的逻辑关联。海归在北京创业与中国新经济产业的变迁相互影响、互相成就，尽管我们仅仅从成千上万名海归创业者中选取了77名代表人物和事迹，但从他们的故事中，我们可以看到高质量创新、高水平创业的经验历程。沧海横流，方显英雄本色。当代中国之北京，沧桑巨变，海归创业的辉煌反映的是一个时代的发展与变迁，此书奉献给读者的不仅是记载人物，更是记载一段记忆和时代，希望这些记载于后来者有所积极助益。

第一章

长风破浪——海归创业

恢复大规模派遣留学生的重大决策以及"支持留学，鼓励回国，来去自由"的留学工作方针，开启了改革开放后中国留学史的全新时代。中国改革开放解放了思想和生产力，推动中国全方位的经济发展活力不断迸发，从中关村起步的科技、经济体制的成功改革为留学人员归国发展培育了良好的土壤，在政策的支持和推动下，中关村成为北京海归人才归国创业首选地和海归创业人才引领国家产业发展的辐射中心。20世纪末，随着互联网浪潮席卷全球，留学人员率先看到国内机会，成为推动中国互联网产业发展的主力军。这一时期的留学归国人员，在改革开放后奔赴世界各地学习先进科技成果，在市场经济浪潮中带回技术、资本、管理经验，有力推动国内科技和经济融合，带动中国融入世界经济体系。为了更好地服务留学人员创业，1997年，北京（海淀）留学人员创业园应运而生。

一、村中号角：改革创新前奏曲

在彻底改变中国命运的改革开放40多年历程中，有两个"村"彪炳史册，一个是安徽小岗村，开启了农村改革先河；一个是北京中关村，吹响了科技创新号角。

——纪录片《中关村》

改革开放从农村走向城市

1978年，安徽省凤阳县小岗村18位农民壮士断腕，以极大的决心和勇气签署了一封"生死契约"，实行分田到户，成为我国农村改革的先锋。在此背景下，我国经济体制改革的第一阶段，中国农业农村改革应运而生。党的十一届三中全会作出实行改革开放的伟大决策，农村正式开始实行"分田到户，自负盈亏"的家庭联产承包责任制，自此拉开了中国对内改革的大幕。家庭联产承包改变了平均主义分配方式，使农民的劳动与收入直接联系起来，赋予了农民对土地的经营权，极大提高了农民的生产积极性和农业生产效率，也为非农产业的发展奠定了基础；随着国家对农村多种经营政策限制的放开，全国如雨后春笋般产生了4700万家社队企业，诞生了一大批像鲁冠球一样的"农民企业家"，带动无数就业，与国有企业和集体所有制企业成"三足鼎立"之势。

农村的改革如火如荼，提高了农业产量和农产品丰富度，对城市市场的商品经济性提出了更高的要求。与此同时，城市商品经济改革已是箭在弦上，势在必行，如何将改革在城市推开与深入下去，亟待中央给予正确指引与大力支持，当时全党全国人民对改革开放打开新局面翘首以待。

在城市，企业微观机制的改革便成为经济体制改革的起点。1988年，由中共中央办公厅调研室牵头的《中关村电子一条街调查报告》，肯定了中关村科技企业所创造的"两不四自"[①]企业设立和运行的原则，让企业真正成为市场的主体，自此中关村吹响了推动城市改革的前奏曲，成为城市改革的先行者。

经济体制从计划经济向社会主义市场经济转轨

改革开放探索初期，单一公有制的所有制结构，政企不分的职权划分，以及平均主义的分配方式，无一不掣肘中国社会经济的发展速度。农村改革的成功推动从农村到城市的计划经济向社会主义市场经济转轨的进程。

1984年10月20日，党的十二届三中全会通过了《中共中央关于经济体制改革的决定》。从社会主义理论突破来看，会议阐明了以城市为重点的整个经济体制改革的必要性、紧迫性，提出了社会主义经济是以公有制为基础的有计划的商品经济。同时，会议强调要增强企业活力，扩大企业自主权；国有企业实行政企分开，所有权与经营权相分离，使企业成为相对独立的经济实体，并在此基础上建立多种形式的经济责任制。至此，改革开始由农村走向城市和整个经济领域，中国的经济体制改革进入了第二阶段。

---

① "两不四自"，不要国家拨款、不占国家编制，自由组合、自筹资金、自主经营、自负盈亏。

理论的突破和思想的突围带来了实践的突破。如果说，农村领域的改革有小岗村，那么在科技领域的改革上中关村是具有代表性的，科技人员下海创立民营科技企业逐渐成为潮流。在国家改革开放政策的号召下，中关村的科技人员是最早一批"吃螃蟹"的，科技人员思考如何将自己的技术转化为服务于经济社会发展的现实生产力，毅然决然走出院所高校的围墙，打破传统体制的束缚，开启了科技和经济相结合的科技体制改革新路子。从1978年后陈春先等科研人员访美，到1988年国务院批准《北京市新技术产业开发试验区①暂行条例》，标志着中国科技改革以中关村为起点，一步步形成面向市场经济体制的科技与经济相结合、科学技术面向经济建设的科技创新体制与环境，同时，也为广大留学人员创新创业培育了丰润的环境土壤，奠定了必要的体制条件。由此大规模派遣留学生大幕徐徐拉开了。于是，历史的记录画卷便展现在我们面前。

大规模派遣留学生结出累累硕果

1978年7月10日凌晨3点，美国白宫，总统吉米·卡特在睡梦中被一阵电话铃声惊醒。电话来自北京，打电话的人是总统科学顾问弗兰克·普雷斯博士，他正在中国访问。"我正和邓小平副总理会见，他问了一个我无法回答的问题。他想知道能不能送中国学生到美国留学，他问能不能派5000人。"卡特想了一下，说："你告诉邓小平，他可以派10万人。"②

---

① 1999年，试验区更名为"中关村科技园区"，后文中常用"中关村园区""中关村"以代之。中关村科技园区的管理机构也多次更名，后文中也常用"园区管理机构"代之。

② 汪东亚：《"你告诉邓小平，他可以派10万人"》，《留学》2013年11月22日。

邓小平作出恢复大规模派遣留学生的重大决策打开了中国通往世界、融入世界新纪元。1978年12月26日的雪夜，在首都机场，首批52位公派留学生离开祖国赴美，他们穿着黑大衣和黑皮鞋、带着黑色手提包，即将途经法国巴黎转机去美国留学。到纽约机场后，他们面对西方记者发布了声明，"中国人民是伟大的人民，美国人民也是伟大的人民，我们不仅是为学习美国的科学技术而来，也是为中美两国人民的友谊而来"。这52名公费留学生学成后，悉数回国，成了各个领域的佼佼者。此后，北京高校院所也积极响应，派出大批留学人员。以公派留学生为主延续几年之后，国家又作出新的决策。1984年，国务院出台《关于自费出国留学的暂行规定》，允许凡通过合法手续取得外汇资助或国外奖学金，且办好入学许可的中国公民，不受学历、年龄和工作年限的限制，均可申请自费到国外上大学、进修或者研究。同时，为鼓励自费出国留学人员学成回国，他们的工资待遇和职称均按同类公费出国留学人员的有关规定办理。1985年，有关部门取消了"自费出国留学资格审核"，规定个人通过合法途径，取得国外资助或国外奖学金的，办好入学许可证的，均可申请到国外自费留学，中国出国留学的大门完全打开。1986年年底出台了《关于出国留学人员工作的若干暂行规定》，出国留学变得更为简便，有志留学青年拥有了具有法律保障的留学权利。1993年11月14日，在党的十四届三中全会上通过的《中共中央关于建立社会主义市场经济体制若干问题的决定》中，确立了"支持留学，鼓励回国，来去自由"的留学工作方针，为留学人才流动提供了制度环境和政策保障。到2000年，我国年度留学总数增长率为67.56%，年度留学总人数达3.9万人，其中自费留学比例高达82.05%。

在国家针对留学工作的大政方针和政策指引下，中关村开始"筑巢引凤"，一大批留学人才完成了出国深造，回到北京，"抢滩"中关村开始实践他们的创业梦想。

二、中关村电子一条街：海归创业"先头兵"

1978年至1981年，中科院物理所研究员陈春先三次跟随中国科学家访问团访问美国，参观了美国旧金山的硅谷和波士顿的"128"公路，这里聚集了斯坦福、哈佛、麻省理工等知名学府，诞生云集了苹果、英特尔等上千家高新技术企业，在这里科技成果被迅速转化为商品，每天都在创造着巨大的财富和价值。走在这片高科技产业的发源地，陈春先心头的思绪无法平静，"我们已经落后了一个时代！"后来，在中国科学院的座谈会上、在北京市科协的交流会上，这位中国当时最年轻的博士生导师大声疾呼："经济要发展，就要搞技术扩散。应该把科学技术和人才从高密度区域向低密度区域扩散，像把墨水滴入水杯一样，扩散开，把水染蓝！""要把中关村建成'中国硅谷'！"由此，中国科技体制改革在这一代海外学人的推动下拉开序幕。

突破旧体制束缚的"中关村电子一条街"

20世纪70年代末80年代初，新技术革命浪潮席卷全球，以微电子技术为核心的高复合技术以及信息产业的发展日新月异，对世界经济和社会发展产生了重大影响。面对世界发展的新变化，我国国家发展战略也出现重要调整，1978年党的十一届三中全会提出实行改革开放的伟大决策，并确立了"以经济建设为中心"的基本路线，成为历史重要的转折点。彼时，我国国民经济发展水平整体滞后，如何利用科学技术推动国民经济发展成为党中央关注的重要议题。1982年，为了应对世界新技术革命潮流，党中央提出了"经济建设必须依靠科学技术，科学技术工作必须面向经济建设"的战略方针，奠定了科技与经济相结合的时代发展基调。

当时国内科技教育和智力资源最丰富的区域当数北京市海淀区中关村，面对国家层面上的战略调整，中关村所在的海淀区政府、以中科院为代表的科研院所以及基层科技人员均面临着新形势下的挑战。首先是海淀区政府面临着发展转型的问题，海淀区拥有得天独厚的科教资源高度集聚的区位优势，产业发展模式却以农业经济为主，同时北京提出"不搞高能耗和高污染的产业"，集中促使海淀区政府在新形势下思考转型升级。其次是以中科院为代表的科研院所在国家战略调整下面临较大的改革压力，国家对科学技术推动经济发展期望提升，众多科研院所亟待将科研重点面向经济建设，1985—1986年，中共中央、国务院先后颁布的《关于科技体制改革的决定》及其配套文件《关于科学技术拨款管理的暂行规定》等更进一步推动了科研院所谋求改革之路。最后是基层科研人员面临生活待遇低、才能无法充分发挥等生存发展困境。

在这样的背景下，以曾留苏归国的陈春先为代表的一批科技人员率先突破传统观念和旧体制的束缚，放弃已经端了多年、受人羡慕的"铁饭碗"，毅然走出科研院所的大门，端起"泥饭碗"，投身于前途未卜的民办企业，走上了改革先行的自主创业之路。1980年10月，中科院物理所研究员陈春先、纪世瀛等创立了中关村第一家民营科技企业——北京等离子体学会先进技术发展服务部。随后，柳传志、王殿儒、陈庆振、王洪德、王震西等企业家一个个显露出来，到1984年，周明陶、段永基、彭伟民、王小兰等一批科技人员开始采用辞职、兼职、停薪留职等方式，运用自身掌握的科技知识与成果创办、领办或承包企业，华夏所、京海、科海、信通、四通等采用"两不四自"原则的民营科技企业纷纷创立，逐渐形成以民营科技企业为主的"中关村电子一条街"集聚地。据1987年年底相关统计，"中关村电子一条街"各类新技术开发公司已达148家，企业销售额和产值总计高达9.9亿元，占到海淀区工农业总产值的32%，从而改变了海淀区的产业结构，使其从一个经济比较落后的农业郊区一跃成为经济相对发达的城区。

中关村自主探索形成的独特创业小环境

在中关村电子一条街形成的过程中，海淀区委、区政府和中科院为科技人员创业和科技企业发展营造了良好环境。

中关村所在的海淀区高等院校、科研院所的密集度、学科门类齐全度以及智力技术密集程度在全国范围内都位列领先位置。20世纪80年代中期，海淀区内有以北京大学、清华大学为代表的高等院校50所，有以中国科学院为代表的各级各类科研院所138所，科技人员8万人，每年在校大专学生、本科学生和研究生10万人，大学毕业生2万人，各种专业近1000个，更有许多一流的实验室设备，每年产出数以千计的研究成果。

但在20世纪80年代初，中关村所在的海淀区还是一个经济位于后列、以农业为主的城市近郊区。区属工业不发达，而科教资源却在此高度集聚。曾几何时，在海淀区内的科研院所高墙内外有天壤之别，高墙深院内是智力密集、人才云集，科技成果不断涌现，而高墙外是稻花香里蛙声一片的田园风光，两者形成了鲜明的反差。1981年4月，海淀区被划为城区，使得海淀区的工作重心开始由农村工作转向城市建设与发展。

在此背景下，1983年年底，海淀区政府成立了农工商联合总公司，主要探索与高校、院所联合创办新技术企业的可行性。1984年，海淀区明确提出了把海淀区建成智力技术密集的新技术、新产业开发区。至此，海淀区政府不仅在管理权限内利用资源与政策"余度"，为民营科技企业的创立提供资金、技术、人才、场地等最基本条件，还通过基层政府的行为变革对传统计划经济体制下形成的一系列制度性障碍进行化解，为中关村科技企业的发展创造了良好的区域环境，如进一步制定了对新技术产业的优惠政策，新技术品的价格、税收政策、人才档案归属等问题都得到了关注和解决，并由此促进了中关村电子一条街的发展。

与此同时，为了应对国家战略调整，中关村地区的科研院所开始逐步推行科技体制改革。1983年4月28日，中科院成立了旨在促进科研成果推广的科技咨询开发服务部，并发布"暂行章程"。1984年11月17日，中科院党组向中共中央书记处和国务院提交了《关于改革问题的汇报提纲》（以下简称《汇报提纲》），在这篇《汇报提纲》中，中科院首次以文件的形式提出兴办高新技术开发公司的改革措施。这一时期，中科院实行"一院两制"，针对中科院的科学研究和技术开发两种不同类型工作，根据其不同的特点和规律，采取不同的运行机制、管理体制和评价标准。"一院两制"推动了中科院的技术开发工作进入经济领域，以及中国高技术产业的发展。一系列体制改革和政策的出台推动了有志改革之士纷纷走出院所进行创业，1985年前后，一批中科院应用技术性院所开始在中科院领导的扶植和倡导下创办。例如，柳传志在计算机所所长曾茂朝的支持下成立中科院计算技术研究所新技术发展公司（即联想前身）；屠焰在中科院副秘书长侯自强的支持下创立科理高技术公司；张家林在中科院秘书长胡启衡的支持下创立中自公司；王震西经周光召副院长动员后组建成立三环新材料开发公司。此时，中关村电子一条街上优质的科技企业，大多是中科院的科技人员创办的。

1988年，国务院批准发布实施《北京市新技术产业开发试验区暂行条例》，该条例共有18条，俗称"十八条"。"十八条"规定：以中关村地区为中心，在北京市海淀区划出100平方公里左右的区域，建立外向型、开放型的新技术产业开发试验区。至此，中关村探索的独特创业小环境获得中央政府的正式承认，其中，"十八条"中的"三免三减半"的税收优惠政策，更进一步地鼓舞了民营科技企业在中关村的创立和集聚。在整个国家金融体系尚不健全的大环境下，中关村科技金融在这一时期开始在夹缝中进行艰难探索。政府通过财政资金和科技担保缓解了民营科技企业间接融资难的问题。在政府和院所的支持下，中国农业银行和中国工商银行的贷款支持对新技术产业的发展发挥了重要作用；试验区办公室在间接融资市场上，支持民营科技企业建立担保互助会，牵头设立企业担保风险金，开辟了担保服务的先河，帮助了一些企业，也为直接融资的发展埋下了希望的种子。据不完全统计，1989—1995年，试验区财政周转金累计向企业发放借款4.5亿元，受益企业达200余家，其中约150家企业生产经营规模扩大。直接融资市场上，风险投资开始出现，以IDG、美国华登、香港龙科为代表的外资风险投资开始进入中关村，成为该阶段风险投资的主体。据公开资料统计，到1998年年底，中关村上市企业达20多家，在境内资本市场上市的企业数量占80%以上，其中在上交所上市的有双鹤药业、同仁堂、清华同方，在深交所上市的有北新建材、清华紫光、京东方等。

1999年9月，中国人民银行向北京市人民政府发出《关于在中关村科技园区内实行优惠政策的复函》（以下简称《复函》）。《复函》规定："凡在中关村科技园区内的企业均可开立经常项目外汇结算账户，由外汇局核定其外汇限额，中资企业可按上一年进出口额的15%核定限额。凡限额之内的外汇均可保留现汇，在限额内的支出可用于经常项目及经批准的资本项目。"政策和体制的改革较好地迎合了当时创新创业的需要，为中关村科技创业打开了一个个口子，厚植了创业土壤。

第一批海归创业者引领中国科技经济融合

在中关村电子一条街的民营科技企业中，有一批是早年留学苏东的科技工作者，他们通过创办民营科技企业，促使一大批优秀科技成果走出科研院所的"小院高墙"，叩开市场的大门，转变为巨大的现实生产力，推进了科技和经济融合，为中国解决科技与经济"两张皮"难题作出重要贡献。其中，陈春先、王震西、王殿儒是"中关村电子一条街"海归创业者的典型代表，他们成为改革开放后第一批海归创业的"先头兵"。

陈春先：中关村民营科技创业第一人

> 陈春先，1951年进入四川大学物理系，1952—1958年留学苏联，回国后就职于中科院物理研究所，1978—1981年三次访问美国，受美国"硅谷"现象的启发，提出要在中关村建设"中国的硅谷"。

1978—1981年，陈春先曾三次访美，尤其是在参观硅谷和128号公路之后，听一些华人朋友介绍了技术扩散的概念，他对美国高速发展的原因有了更深刻的认识——其原因在于技术转化为商品的周期特别快。从更大视野看，也形成了上百亿元产值的新兴工业，而且收获利益最大的显然是社会、国家和地区。相比之下，当时的中国科学院汇集了先进的科研队伍，科研水平与国外非常接近。然而，把科研成果转化为生产力，变成商品的能力却非常差。在目睹波士顿附近128号公路和加州硅谷几百家高技术企业的时候，陈春先深深为之震撼，他发现技术和资本的有机结合能够创造出先进的产品，迸发出前进的动力。在这样的思想观念和现实的冲击下，回国后，陈春先在给上级的报告中写道，"美国高速度发展的原因在于技术转化为产品特别快，科学家和工程师有一种强烈的创业精神，总是急于把自己的发明、专有技术和知识变成产品，自己去借钱，合股开工厂"。在他的方案中，甚至已经圈定了"中国硅谷"的地点，他提出，在中关村也有类似硅谷的环境和条件，应在这里搞"中国的硅谷"。

1980年10月23日，陈春先在北京等离子学会常务理事会上作了题为《技术扩散与新兴产业》的发言，提出了"两不四自"的原则，即不要国家财政拨款、不占国家编制，自由组合、自筹资金、自主经营、自负盈亏，将科研的力量下放到群众和企业中去。其内部分工和管理按照企业模式运作。当时的北京市科协认为陈春先的想法很好，就借给了他200元，在银行开了一个账户。这个思路得到了很多人的认同，在当时引起了不小的轰动，科研工作者深受启发。1980年12月23日，在美国硅谷传奇的鼓舞下，陈春先教授率领15名中科院科技人员，在中科院物理所被称为"鸡窝"的半间仓库里，办起了中关村第一个民营科技实体——北京等离子体学会先进技术发展服务部。陈春先迈出的这一步，成为中国民营科技企业发展的一大步。

在创业的第一年，他的服务部有了2万多元的收入，服务部每人每月发放7元至15元津贴，但是这在当时却引发了"知识分子能否以知识谋利"的争论，迫使中科院和北京市科协不得不对其进行审查。到1983年，陈春先签订了27个合同，与海淀区的4个集体所有制小工厂建立了技术协作关系，还帮助海淀区创建了海淀新技术实验厂和3个技术服务机构，陈春先和他的创业伙伴创立了北京市华夏新技术开发研究所，成为北京市第一个民办研究所。

在当时，一个很有前途的科学家，离开中国最高的科研机构，放弃编制，放弃学术地位，放弃保障，简直是不可思议。

陈春先为服务部所设定的原则后来成为中国民营高科技公司创办的共同原则，那就是：科技人员走出研究院所，遵循科技转化规律和市场经济的"四自原则"。在他被怀疑、辱骂和嘲笑的身后，渐渐地，在中关村一带出现了零星的技术小公司。1983年1月，"陈春先现象"引起了中央有关领导重视并对此作了充分肯定和批示。1984年，四通、信通、科海、京海及后来非常著名的联想公司相继诞生。

20世纪80年代末至90年代初，陈春先得到多家金融机构的支持，以"金融租赁"的形式引进设备，成立了华夏硅谷公司。这个公司曾经是中国最早做大规模信息加工的企业。当时的华夏公司有100多位操作员，每输入1000个字符收入为0.4元，如果项目进展顺利，每年收入可达几十万美元。陈春先对这个项目非常乐观，他把所赚的钱都投入到新式设备购进上。但到了1989年，市场环境突变，国外订单被取消，项目大幅萎缩。他曾对此进行反思说："我们当初选择了增值不高、科技含量不高的数据录入可能是个错误。这样的项目抗风险能力必然很弱，但科技含量高的项目本身的风险又会很大，这个矛盾现在也在考验着企业。"陈春先的儿子陈新宇不无感慨地说："父亲的兴趣太广泛了，往往是他觉得这个项目挺好，就投资做了，可是后来从市场的角度看，有很多项目出现决策失误。"

"秀才创业，十年不成"，陈春先的创业经历坎坷重重，连他自己都承认"我办的公司从来都没有搞大过"。即便如此，他还是屡败屡战，不肯罢手。

2002年，他成立了自己的新公司"陈春先工作室"，一家服务于创业者的中介机构。他说："从退休到真正不能工作还有二三十年的时间，完全可以做很多事。""毕竟我有这么多经验，可以教给后来者。"去世前三天，在亲友为他组织的生日聚会上，他还说自己要再活20年，干到90岁。

> 陈春先一路创业坎坷重重，但他在中国民营经济发展乃至创业历史中的作用不可估量，为中国民营科技企业的发展吹响了冲锋号。陈春先那种"生命不止，创业不息"的创业精神也深深地融入了中关村的创业文化中，影响了一代代创业者。回顾历史，陈春先领先的国际视野、开放的探索和拼搏精神、屡败屡战的坚持不懈，以及他为打破科技体制限制，推动科技体制向开放、创新改革作出的巨大贡献，不仅在那个时代吹响了科技改革的号角，对民营科技发展起到了引领开拓作用，还为海归人才归国创新创业环境改善奠定了良好的基础。陈春先不愧是中关村民营科技创业第一人。

王震西：北京科学城里的"永磁王"

王震西，男，1964年毕业于中国科技大学，分配到中科院物理所工作。1973—1975年在法国国家科研中心奈尔磁学实验室做访问学者。1985年，他在周光召副院长的动员下创立中科三环公司。他是中关村科技企业第一代创业者，也是第一代科技企业家中当选中国工程院院士的第一人。

1985年年底，在英国伯明翰市国家展览中心举行的技术市场展览会上，中国科学院推出的4项"拳头产品"打入了国际市场。一位客商看到其中的钕铁硼永磁材料的照片后，不禁惊呼道："中国的进步真了不起，想不到中国还有这么好的高技术产品。"研制这种新一代永磁材料的联合攻关组组长，就是中科院物理所研究员王震西，人们称他是北京科学城里的"永磁王"。

早在20世纪70年代初，周恩来决定选送一批青年科技工作者到国外去进修，王震西非常幸运地被选送到法国国家科研中心进修，成为诺贝尔奖得主奈尔教授的学生，直接受到世界级的科学权威的指导。王震西在奈尔实验室工作期间，与法国有关专家合作，在非晶DyC薄膜中发现了一种新的发散型磁结构，被命名为"Sperimagnet"，成为非晶态材料磁结构的基本形式之一，在国际上写入专著，并广为引用。

20世纪80年代，钕铁硼国际市场不断扩大，高科技竞争激烈，西方大国都投入上亿美元巨资进行研究开发，西欧共同体组织其12个成员国所属58个实验室采取联合行动。当时我国虽是稀土资源大国，储量占全世界总量的80%，却由于技术落后，只能廉价出卖材料。王震西对此感到坐卧难安，他知道自己必须尽快把科研成果转化为生产力，推动建立我们国家的稀土加工工业。

王震西看到西方先进国家实验室以廉价的铁取代价格昂贵的战略物资钴，就立即作出决断，在国内着手进行非晶态永磁的研究。1983年11月，日本首先研制成铁永磁料，以其磁能高达40兆高奥而震动了国际科学界。仅三个月后的1984年2月，《人民日报》《光明日报》《科学报》相继报道了以王震西为首的中国科学院钕铁硼攻关小组成功研制出磁能积高达40兆高奥的钕铁硼永磁材料，钕铁硼永磁材料在中国首次问世，其性能与世界最高水平的日本实验室样品相同，把美国和欧洲甩到身后。

国内有关学者称，"王震西在磁性非晶态材料及稀土—过渡族合金磁性研究领域有坚实的基础"。

随着中央鼓励一批科技工作者"下海创业"，中科院周光召副院长三次动员王震西参加一个全新的机制体制方面的事业，鼓励王震西创建公司，负责全院铁永磁材料的研究开发，并做出产品占领市场。这对于当时的王震西，是一个非常艰难的选择。因为那时他已经做了21年的科研工作，得到了美国、加拿大和法国等5个国家的实验室和公司的高薪聘请，去做进一步的科学研究。"中科院副院长周光召看到了我国有非常丰富的稀土资源，并预见到稀土作为新一代的磁性材料，有很大潜在发展机遇。"王震西说，"不到一个月的时间，我反反复复地思考。那年我43岁，还是一头黑发，不到一个月变白了"。

但最终在1985年8月，王震西和一批中青年科技骨干，将中科院物理所、电子所、电工所、长春应化所从事稀土研究的科技人员联合起来，成立中科院三环新材料研究开发公司，以新的模式、新的机制进行钕铁硼成果产业化的探索和尝试，王震西出任中科三环公司总经理。那时，中科三环员工不足20人，平房的实验室占地仅有25平方米，启动经费仅40万元。至此，1985年成为中国稀土永磁产业腾飞的"元年"，以钕铁硼稀土永磁材料研究开发、产业化、市场化为目标的中科三环在"稀土之邦"的中国大地破土而出、初露锋芒。

回顾这个艰难的决定，王震西说，"科学技术的最终目的是要为人类、社会和人们生活服务的。科学技术最终要转化为生产力。当时中国的高科技产业刚刚开始，可以说还只是一个摇篮。中国的很多高科技产品都依靠进口。要想改变这种局面，必须发展中国的高科技产业。因此，科技部和中科院的领导都提出了把科学技术转化为生产力的重要指示"。认识到这一战略大局，王震西最终决定选择创业。

在钕铁硼实验室试制成功后，王震西就积极主动地转移新技术，及时推广到浙江宁波磁性材料厂。第二年就开始批量生产，并在国内10多家单位得到了应用，跨出了第二步。接着，他们在科学院、研究所和有关部门的大力支持下，与电工所、应化所等单位进一步联合，组成了三环新材料开发公司，积极向国外开拓市场和有关国家的厂商洽谈合作。经过一年多的艰苦努力，三环新材料逐渐成为科、工、贸相结合的产品外销企业，通过科研与生产部门相结合，为我国新型高技术产业发展探索了新路。面向国际市场，利用我国稀土优势生产的钕铁硼永磁材料，销售到美国、加拿大、英国、新加坡、中国香港等14个国家和地区。经外商检验与使用，质量可与美国、日本同类产品媲美，仅1987年就创汇50万美元，使我国成为世界上少数几个能够生产和供应钕铁硼的国家。

到1988年，公司研制、开发、生产和经销各种新材料，推动我国稀土行业由原料出口转化为工业加工并出口，成为国际市场上的佼佼者，王震西也因此被誉为中国稀土永磁的领路人。

在中科三环公司的辐射和带动下，我国的稀土永磁企业如雨后春笋般不断涌现、蓬勃发展。据2012年统计，当时中国钕铁硼企业已发展到200余家，其中年产超3000吨的有5家，年产1000—3000吨的约20家，主要分布在沪、浙、京、津和晋等地。稀土永磁产业成为中国新材料产业的代表性产业，产销量雄踞全球80%的市场份额，在国际上具有举足轻重的地位。

受中国稀土永磁产业迅猛发展的影响和推动，20世纪末至21世纪初，全球稀土永磁产业格局发生了重大调整，美、欧稀土永磁产业出现剧烈震荡和萎缩，使得发达国家烧结钕铁硼企业仅剩欧洲的VAC和日本的日立金属、TDK及信越化工。进入新时代，中国稀土永磁能否再次推动国际格局变革，王震西仍然信心满满。

中科三环在中关村的诞生，昭示着中国科技体制改革春潮涌动之初，中国最早、最有代表性的一批高水平的科技成果产业化已经开始上路。从端着研究员的"铁饭碗"到下海做实业在那个时代并不是一个容易的选择，但确是经济体制转轨时代引领下的科技改革

> 大势所趋，王震西带领中国永磁材料从实验室到工厂，从中科院到国际市场，三年跨出三大步，不仅反映了当时中关村第一代创业者的价值观的转型，也用实际行动打破了部门和学科的界限，通过创业实现了科技成果向现实生产力的转化。

王殿儒：点铁成金，生产力转化

> 王殿儒，男，中国钛金技术发明人。1956年赴苏留学，就读于苏联"莫斯科动力学院"热能系工程热物理专业，1962年以优异成绩获工程师称号回国。早年在中科院力学研究所从事激光器等国际课题的研究，20世纪80年代专攻等离子体镀膜技术，1985年创办高科技企业——北京长城钛金集团并出任总裁，其首创的"钛金建材"行销全球20多个国家和地区，是北京民营科技企业第一代创业者。

1979年，北京手表厂的三位技术员来中科院请教技术问题，王殿儒被安排接待他们。技术员们说日本人用等离子体的方法镀出了一种永不磨损的金黄色的手表壳，在等离子体领域研究颇丰的王殿儒向他们介绍解释了其中技术原理，但越说技术员们越是一头雾水。王殿儒再三思索，突然冒出来了一句："我向所里申请开个课题，给你们把钛金手表壳做出来！"三位技术员大喜过望，没想到中国最高科研机构的研究员竟如此平易近人，满意地回厂里去了。然而他们不知道，这样一个决定对王殿儒来说意味着什么。自新中国成立以来，国防科研一直被认为是国家最需要的、最光荣的事业，转向民用工业——在旁人看来无疑是自降身价。王殿儒答应做钛金课题，只是心里觉得不能输给日本人。

王殿儒随即向领导提交了"军转民做钛金"的申请报告并迅速获得批准，他获得了一间地下室做实验室，开始没日没夜地研究、实验。然而，当时的实验设施非常简陋，王殿儒虽然知道理论上可行，但是没有任何实操经验，失败是在所难免。在之后的两年里，他不断重复着"失败"，直到一天早上，当他打开机器盖，一个金色的手表壳儿出现在他眼前。那一刻，他真的是"高兴死了"！

实验成功后，他马上就做出了小批量的钛金手表壳，中国第一批钛金手表组装完成，并被《人民日报》刊发文章《点铁成金——科技就是生产力》进行报道。

与此同时，一条新的科技报国之路已经出现在人们的视野中。中关村大街上大大小小的新兴科技企业，它们的创办者都来自本地的科研院所和高等院校。如果将钛金技术推广，运用等离子体镀膜技术将手表壳镀金，既造福于民，更是科技与应用、科技与民生的一次完美结合。在当时的科研体制下，王殿儒的钛金技术成果只能停留在"实验室规模"，无法实现转化、更不用说广泛推向市场。而那时国外这项技术也在迅速发展，如果我们不抓住时机，就会落后于人。用企业的方式推广钛金技术，成了他的不二选择。于是，他毅然放弃中科院的"铁饭碗"，选择了自负盈亏、自担风险的民营科技企业。

1984年12月，王殿儒正式辞去中科院电工所公职，调入中华国际技术开发总公司，出任该公司下属的中华钛金研究所所长。大年初二，王殿儒顺利到日本考察。其间，日本一家企业的社长得知，这个中国人所掌握的第二代冷电弧阴极离子镀膜技术已经超过了日本正在使用的第一代离子镀膜技术。日企的社长立刻提出希望合作，被王殿儒婉言拒绝了。当年，他走上钛金之路的初衷就是要超过日本人，这项技术只能在祖国的土地上开花结果。但是，万万没想到，就在他出国考察的同时，一封状告"科技人员不务正业""中关村大街乱象丛生"的信件直达中南海。王殿儒回国后，刚要开足马力推广钛金技术，国家有关部门开始大力清理整顿公司，规定政府机关不能办公司。光明日报社下属的中华技术公司被关闭，王殿儒转眼之间变成了一个没有工作单位的人。

1985年，王殿儒回到了长城脚下的家乡，在河北省遵化县工商局注册"遵化钛金厂"，任厂长，这是"北京长城钛金技术联合开发公司"的前身。遵化钛金厂初创资金由四家投资，王殿儒教授以"中华钛金研究所"的名义以技术入股，王殿儒的三哥王殿明、四哥王殿陞等亲属投资8万元，北京密云科技交流中心答应投资10万元，江苏省张家港过滤设备厂答应投资10万元，实际到账资金18万元人民币。就这样，王殿儒在北京第二光学仪器厂租下了两间小平房，带领着几个人开始加紧研制等离子镀膜机。在研发期间，王殿儒得到消息，苏联已经搞出了第三代等离子镀膜技术，并且已经转让给了美国多弧公司。美国又和日本、英国、西德合作，成立了联合多弧公司，准备以垄断方式生产、推销这种镀膜设备。王殿儒心急如焚，马不停蹄地投入了新一代技术的研发。

当时的北京工业学院（1988年更名为北京理工大学）校长朱鹤孙非常支持钛金的事业，认为这是"为改革开放作贡献"的好事。于是，朱鹤孙不但把王殿儒调到学院担任教授，还支持他在海淀区注册成立北京长城钛金公司，使之正式在这片科技热土上扎下了根。

与此同时，钛金还得到了11位富有经验的专家、教授和科技人员的协助，终于突破了第三代离子镀膜技术。随后，钛金又得到上海、沈阳等地的多家工厂鼎力支持。在1986年金秋到来的时候，中国第三代等离子镀膜技术样机TG-1型镀膜机试验成功。在北京理工大学招待所举行的产品鉴定会上，一家企业代表当机立断，以10万元订下了这台机器。

没过多久，国内有需求的企业逐渐发现，他们只要花国产机器的价格，就能用上世界上最先进的等离子镀膜技术，于是纷纷前来寻购。到1989年，长城钛金在国内的生意已经非常红火了。于是，长城钛金开始做起了国际贸易，而第一单就是卖给当年高傲的"卖技术"的美国企业。1989年9月的一天，中国对外经济委员会的一个访美代表团，在旧金山附近的旅途中遇到了北京长城钛金公司的专家组。前者问道："你们来美国干什么？"答曰："培训。""学什么来了？""不是我们来接受培训，是我们来培训美国人。"——这一刻，在这片科技领先世界的美利坚国土上，无论是问者还是答者，心中都洋溢着身为中国人的自豪。

随着长城钛金海外业务的拓展，等离子镀膜机以30万美元的价格出口到了欧洲、日本、印度等地，创造了当时中关村完全国产化的机电产品中出口单价最高纪录，钛金公司成为北京市和中关村民营科技企业中为国家赚取外汇最多的企业。之后，长城钛金创造性地将等离子电镀技术应用到建筑装饰，并研发了当时世界上最大的等离子电镀机TG-20A，使黄金版的色彩镀在天安门广场五星红旗旗杆的宝顶上，北京亚运会烈火熊熊的火炬台的身上，中关村大道的标志——人类生命的DNA螺旋上，以及数不清的建筑装饰物和各种高级金属饰品上，中国钛金技术在建筑装饰材料上的广泛运用比发达国家早了5—10年。

此后，长城钛金的产品远销20多个国家和地区，钛金技术在国内经过多年扩散，孕育了众多实力雄厚的企业。自20世纪80年代末以来，中国一直是世界领先的钛金技术出口国。

王殿儒从中科院辞职创办钛金公司的过程，体现了早一辈民营科技企业家不畏艰辛、勇于创新的奋斗精神和报国情怀。他既是发明家，又是企业家，率先放下"铁饭碗"，走充满风险的科技企业家道路，创办了独立自主的北京长城钛金技术联合开发公司，自负盈亏开展技术开发，是响应国家"科技与经济相结合"战略号召、率先致力将科技成果转化为生产力的典型代表。钛金公司的成立完全通过民间筹资，以高校为后盾，厂、校、所联合开发，可以说，王殿儒的创业成功离不开中科院强大后盾的支持，离不开当时有眼光的创业投资人，也离不开拥有开放意识、勇于承担领导责任的大学校长。

三、海淀留创园：创业沃土，梦想摇篮

2013年，蒲忠杰的爱女蒲珏从美国斯坦福大学硕士毕业。在创办北京康湾科技有限公司伊始，蒲忠杰便让女儿坚定无疑地选择了海淀创业园——这也是他创业起步的地方。蒲忠杰说，当年回国创业之初经历过很多困惑、无助和迷茫，正是海淀创业园热情、周到、专业的服务，帮助他度过了那段特殊的时期。海淀留学人员创业园正是这样，支撑一批批的海归留学人员归国实现创业梦想。

勇开先河的留学人员归国创业摇篮

自改革开放伊始，国家日益迫切的经济发展需求与科学技术和发展理念的落后之间的矛盾不断加剧，我国与世界主要发达国家之间的差距日益显现，而与此同时，一批具有技术能力、国际视野和领先认知的留学生人才满怀回国发展的热情，踏上归国创业之路，这对于中国当时的发展来说如雪中送炭，恰逢其时。但在20世纪80年代后期，我国民办企业需要有主管单位才能够注册，中关村创业中心作为试验区办公室下属一个自收自支的事业单位，为这些没有主管单位的民办企业提供挂靠服务和简单培训。自1988年北京试验区成立后，在国家给予的优惠政策支持下，科技新兴产业已初具规模，形成了良好的局部创业环境，具备了吸引留学人员得天独厚的优势条件。1994年《中华人民共和国公司法》的实施，从法律上确立了现代企业制度，企业有了基本的产权制度保障，推动了企业数量的大量增长。经过十来年的发展，截至1997年，中关村试验区内高新技术企业数量达到4525家，总收入407亿元，工业产值达199.4亿元，上缴税费11.9亿元，出口创汇达3亿美元，硕果累累。园区管理机构开始为留学人员归国创业创造家园。1996—1997年，中关村创业中心工作人员开展科技企业创业调研，调研中发现，留学生回国发展诉求旺盛、创业艰辛，普遍面临没有身份证、不了解企业注册流程等一系列问题。在中关村创业中心的五年规划中，提出10件事，其一就是规划建设一个专门服务留学生的创业园，为留学生创业提供更好的环境和服务，而这件事被时任试验区办公室主任王孝东作为首先要做的第一大"要事"提上日程。

彼时，国家大环境上高度重视留学人员回国发展，留学生创业园顺利拿到了相应的资金和两层标准厂房。但当时留创园的工作团队对于如何做好这件事仍是一头雾水，不知道如何能够链接到国外留学人员。在经过了一段时间的奔走、询问、考察和研究后，中关村试验区最终于1997年7月与北京市留学服务中心合作成立了北京市海淀区留学人员创业园，而之所以名称上加上"海淀区"，是因为希望将来能够把这件事持续推广，在各个区推广这种模式。海淀留创园由此成了北京首家专门吸引留学人员回国创业的科技企业孵化器，旨在发挥留学人员的科学技术专长，利用试验区的优惠政策、人文环境、科技资源以及全方位服务，吸引学有所成立志回国创业的留学人员创办高新技术企业，造就复合型人才，发展中关村高新技术新兴产业。

海淀留创园成立的消息一经发布，在当时引起了非常轰动的效应。1997年开完相关发布会后，来自各个地方的留学人员就开始联系留创园团队。留创园原负责人李伯浪在讲述这段历史时，语气中不乏肯定与骄傲：

"当时我们做的时候，没想到会引起这么强烈的反响！"由于场地有限，慕名而来的留学归国创业人员数量远远超出预计，留创园团队对入驻园区的留学人才遴选设定了学历限制、留学身份评定、留学时间限制等条件。就这样，海淀留创园开始运营。

20多年筚路蓝缕，如今，海淀留创园已经拥有中关村创业大厦、中关村发展大厦、中关村生物医药园等6处孵化场地，孵化区总面积近8万平方米；搭建了智能硬件、生物医药等3个专业技术平台；设立了创业导师、投资融资、网络孵化、国际人才港等服务平台，一批又一批优秀留学人员企业和企业家从这里"毕业"，活跃在中国的各类市场和领域。留美博士俞孔坚、加拿大博士后李晶、库蓝科技创始人柯钢等都在这里实现了创业抱负。

为海归创业者提供更多优质服务

海淀留创园的定位就是服务于留学归国人员，为留学归国人才提供全方位的创业支持，大到税收减免、建立融资通道，小到保洁餐饮、打字复印，留创园为留创人员提供无微不至的"摇篮服务"。随着人才的不断入驻，海淀留创园逐渐成为留学人才归国创业入门的一个平台。在硬环境方面，海淀留创园拥有独特的区位环境，提供一流的办公条件，打造"类海外"创业空间。在软环境方面，海淀留创园组织了创业者俱乐部、沙龙、酒会，以促进创业者的经验交流，营造良好的创业氛围，培养创业者的创业精神、团队精神、投资意识和风险意识。此外，海淀留创园还帮助解决留学归国创业人才的子女教育问题，为企业解决员工中的应届毕业生进京指标，建立MBA假期实习基地和博士后工作站，等等，帮助企业利用好区域的人才资源。不仅如此，园区管理人员也时常与创业者们交流，这又不断促进了园区服务的提升改善。

核心服务

1. 企业发展
1）办理企业入驻申请，项目审核，管理并分配办公用房。
2）利用中小企业评测系统，为进驻企业提供"企业运行优化方案"。
3）设立"专家顾问库"，分析企业的成长过程，有针对性地对企业进行管理与扶持。
4）组织建设企业管理服务体系，为企业提供信息咨询、政策法规咨询、企业家素质培训等服务，并协助企业拓展市场，开展项目推介。
5）建立企业档案，及创业园数据库。

2. 投资顾问
1）协助、推荐入孵企业申报国家、市、区各部门的扶持基金。
2）通过信誉担保等手段，帮助企业获得金融部门的贷款。
3）利用创业园的资源优势引入风险投资，协助企业进行项目融资。
4）为创业园企业提供投资咨询服务：投资顾问、融资顾问、上市顾问、战略咨询、管理咨询、财经公关、政府公关，编制《商业计划书》和投融资方案设计、组织专家论证研讨会、协商商务谈判。

3. 财务税收
1）会计师事务所。为园内企业提供审计、会计、评估、验证、咨询等服务。业务范围：审计、会计顾问、资产评估、代理记账、验资、会计咨询、会计电算化服务、代理录入、上报财税软盘。
2）年检。帮助园内企业进行每年一次的工商年检和统计年检。
3）高级财务管理培训。对园内企业定期进行高级财务管理培训。

4. 行政管理
物业服务
1）对创业园物业进行统一的管理，保证园区内的消防及治安安全，保证园区内各企业的工作安全，保证园内的正常供水、电、空调（暖气），为企业营造良好的办公环境。
2）为企业提供宽带网络服务，目前接入宽带为100MB。
3）统一对园区的公共场所进行清洁服务。
4）为入驻企业提供餐饮等服务。
5）提供共用服务设施，如会议室、公共复印机、健身房、浴室。
6）协调企业与公安交通等政府部门的工作。
7）管理中关村创业大厦、中关村发展大厦停车场。

人事服务
1）人事政策的咨询服务。
2）为入驻企业提供人事档案代理服务。
3）为入驻企业建立健全各项社会保险提供咨询服务。
4）协助入驻企业进行人员招聘工作。

专项服务
1）建立了博士后工作站，为推动入园企业科技成果转化提供优质服务。
2）建立了清华大学MBA假期工作基地，为入驻企业提供服务。
3）组织创业园留学人员自学习网络活动，营造良好的留学人员创业氛围。
4）为入园企业提供专项培训服务。
5）管理与协调留学人员子女教育基地的工作，为留学人员子女入学提供服务。
6）为在园留学人员办理清华大学图书馆图书证提供服务。
7）引进、协调各类中介机构，建立中介服务体系，提供全方位的综合性服务。

党务、工会工作
1）组织建设创业园联合支部的工作。
2）组织建设创业园联合工会的工作。

对外宣传
利用留学人员海淀创业园资源优势对外宣传在园企业，扩大企业影响，树立企业形象。

5. 商务服务
1）商务服务（低价位有偿服务）：会议室、报告厅、多功能厅、洽谈室、健身房、国际互联网、打字、复印、速印等。
2）专业公关及广告服务（有偿服务）：广告策划、设计、制作、产品包装、CI策划、展览展示、彩色喷绘、展板设计制作等。

图 1-3-1　北京市留学人员海淀创业园核心服务

> **扶持政策**
>
> 1. 享受国务院批准的对高新技术企业在所得税方面的优惠政策。即新技术企业自成立之日起，第一至第三年免征，第四至第六年减半按7.5%征收，第七年开始按15%的税率征收所得税。
> 2. 留学人员海淀创业园作为科技型中心企业技术创新基金小额资助依托单位，创业园内在孵企业可获得科技部提供270万元资金资助及海淀园1∶1的配套资金。
> 3. 享受北京市人民政府对北京市科委认定的孵化基地内在孵企业财政专项资金支持。
> 4. 留学人员来京创业、工作，从事技术转让、技术开发业务和与之相关的技术咨询、技术服务取得的收入，经有关部门认定，免征营业税。
> 5. 来京创业的留学人员在居留权、配偶及子女入北京户籍、购房及子女入学方面享受北京市政府提供的有关优惠政策。
> 6. 企业所需录用非北京生源高校毕业生享受海淀区人民政府吸引人才所制定的优惠政策。
> 7. 留学人员享受中关村科技园区海淀园为留学人员建立的服务体系的服务内容及优惠政策。
> 8. 享受低廉房租优惠政策。

图1-3-2 北京市留学人员海淀创业园扶持政策

建园初期，海淀留创园当时的运营思路和举措堪称领先和前卫。即使针对留学人员创业的"两大难"问题，留创园也是迎难而上。所谓"两大难"，一是留学人员没有身份证无法办理企业注册，二是当时国内对外资企业注册资本的要求高达10万美元，超出大部分留学人员初创资金能力范围。当时，时任试验区办公室研究室主任赵慕兰和创业中心企管部部长李伯浪接连跑了很多地方，如工商局、经贸委等，经过多番的讨论、求助、研究、商议，最终撕破口子，让海淀留创园的留学人员用护照也能够办理企业注册，注册资金也大大降低到10万元人民币。海淀留创园在创立之初还曾有过设立投资基金的计划，投资初创科技企业在当时应是非常领先的理念，但因投资主体问题没有落实，这也成为李伯浪回顾当年工作时有所叹息的一件憾事。

海淀留创园的建立标志着留学人员的产业报国梦有了一个有效的实现平台，在这个平台上涌现出一批杰出的海归标杆人物和创业企业，吸引了更多的海外学子学成回国，也有力推动了海淀区技术创新和高技术产业的发展。同时，海淀留创园的成立也在全国各城市以及留学人员群体中产生巨大影响，推动了留学人员创业孵化模式在北京乃至全国各地推广。

沃土孕育杰出海归创业人才和卓越企业

海淀留创园的建设运营取得了诸多实质性成果，涌现出海外高层次人才数十人。截至2021年，海淀留创园已累计孵化企业超3000家（含集群），累计引进1600余名留学归国人员入园创业，其中国家高新技术企业300余家、上市及挂牌企业31家。奥瑞金、启明星辰、美髯公、北京神州泰岳、土人景观、库蓝科技、中一商网、天智航、遨天科技、达影医疗、凡知医学、乐普医疗等都是从海淀园"毕业"的响当当的企业。在这一时期，以回国创业的海外科技人才居多，如韩庚辰、王安生、王良、蒲忠杰、朱荣辉等，他们成功实现了国外先进技术在国内转化和应用落地，探索出国外技术与国内市场、资本对接的新路径、新模式。也有俞孔坚等人将景观设计等新概念、新业态带回中国，一定程度上带动了现代服务等新业态发展。由于这一群体熟知海外企业的生存和发展环境，对国内与国际接轨的要求较高，随创业发展，以海淀创业园为起点，使北京创业服务生态不断优化，带动了中国科技孵化服务体系的发展和完善。

韩庚辰："农民博士"，引领中国种业革命

韩庚辰，1981年毕业于河南农业大学，1984年走进美国爱荷华州立大学，获得遗传育种博士学位后，在墨西哥和美国从事研究开发工作近10年，1997年12月与留美博士杨雅生及硕士袁亮，在海淀留创园共同创业，他们致力于"让中国农民用上最好的种子"，创办北京奥瑞金种子科技开发有限公司，引领中国种业革命。

韩庚辰的经历多少带着一些时代的烙印。出生于20世纪50年代的韩庚辰，高中毕业后就回乡做了一名人民公社社员。在一次看似偶然却蕴藏必然的机遇中，他从500多名竞争者中以第一名的成绩脱颖而出作为工农兵学员被保送到河南农学院（现河南农业大学）攻读遗传育种专业。1978年硕士研究生恢复招生，他就考上了。在他就读的3年里，当时的河南农大也只有12个研究生而已。1981年研究生毕业后，他留校教了3年书。这时，又一个机遇和挑战摆在了韩庚辰的面前。当时教育部给了河南省5个公派出国留学的指标。凭借良好的英语能力和扎实的专业背景，他再次被命运之神青睐。1984年9月，他走进美国爱荷华州立大学，师从一位美国科学院院士。从工农兵学员到大学生，从大学生到高校教师，又从高校教师到留美博士，虽然一路走来，韩庚辰实现了不同身份的转变，然而他却始终没有忘记家乡故土给他的那一份永远的牵系，将祖国农业的发展作为自己持续的动力和责任。"我要让中国的农民用上最好的种子"，这是圈内人都知道的韩庚辰"名言"。1987年，韩庚辰获得美国爱荷华州立大学的博士学位后，又在墨西哥国际玉米小麦改良中心工作了一年。韩庚辰一心想回国创业，但回国考察后发觉中国当时的国情不适合大型种业的商业运营，于是开启了长达10年的等待和积累。

在那些经常奔忙于世界各地的日子里，他看到了国内生物工程育种技术与发达国家的差距，尤其看到了国内玉米育种技术是个薄弱点。他日益看清了自己日后发展的道路，那就是把科研成果转化为商品以更有效地传递到使用者手中。"因为新杂交种子的更多价值体现在使用者方面，不让更多的人使用它，那开发它还有什么意义？种子的遗传改良所能产生的社会效益，远远超出了人们的想象。事实上农业的增产贡献大多在种子上，它在农业中所占投入非常少，增效却非常大。"也正是这个原因，他更希望自己做育种企业，并且是在中国。

从1987年到1997年的10年间，他几乎每年都要回国转转，看看国内的形势。漫漫十年，怀揣着归国创业梦想，用等待和打磨换来那注定属于他的时代和机会。

"在国外的时候，没有人质疑你的科研身份。但回国后，归国人员要办科技企业，需要有科研人员资格证明。但出国那么多年，档案都不知道哪里去了，怎么去找对口的人事管理部门办证明啊。"就在韩庚辰创业无门的时候，1997年，报纸上发布了留学人员海淀创业园成立的消息，属于韩庚辰的机会终于来了。韩庚辰同创业伙伴杨雅生拿着报纸找到上地，成为入驻留创园的第一批留学人员企业。

多年以后，在写作本书的访谈中，中关村海淀留创园原负责人李伯浪提到，"当时留创园刚成立时没想到会有那么大效应，消息刚一发布，韩庚辰博士等很快就找来了，说是等这么一个平台已经等了很久，这些年到处在找一个这样的地方"。

"现有的时机应该说是比较成熟了。国家鼓励留学生回国创业，社会上原来认为个体户是为自己赚钱的，现在公允了许多，承认对国家是一种贡献。国家也有了为创业服务的观念，是一个很大的进步，而且创业园的设立提供了一个政府和企业之间的桥梁，为创业人员提供了一个小环境，相当于给我们建立了一个特区，在软环境方面避免了很多不必要的干扰，在办公税收政策方面有一定优惠，申请创业资金方面享受一定的照顾。对我这种在国外时间比较长，在国内没有什么人脉关系的人来说帮助很大。"韩庚辰在创业伊始曾这样说道。

1997年12月，奥瑞金种子科技开发有限公司成立，韩庚辰的"种子事业"由此播下种子。

和传统的种子公司尽量靠近产地不同，奥瑞金把总部设在了高科技企业密集的中关村，而把生产基地建在了最适合生产的地方，然后在中关村通过网络对研发、生产、销售、服务进行线上管理。中关村就是奥瑞金的服务器。创业选择在中关村，园区管理机构给他们提供了非常好的软环境，不仅在办公环境和税收政策方面给予优惠，还有资金支持、政务政策等方面的协助，给这些"海归"一种家的感觉，使得奥瑞金能够集中精力和优势资源构建企业的核心竞争力。

但是这些服务和优惠政策并非韩庚辰选择中关村的唯一理由，更为重要的是这里的环境。中关村创业大厦是上地信息产业基地的门户，创业园是北京对外宣传形象的窗口，集聚了丰富的资源网络。创业园的这种区位优势和无形资产也在无形中成了奥瑞金高科技产品的形象大使，大量的人才和信息资源也为奥瑞金的发家插上了翅膀。

奥瑞金刚成立时，国内遍地都是种子公司，大大小小近3000家，良莠不齐，韩庚辰立志不做第3001家，而是成为中国独此一家的种子公司，自始至终，"No.1"一直是韩庚辰的目标。创业之初，他带领团队对中国种业的现状做了审慎的分析和调研。中国的种子生产还停留在小农经济时代，一家一户，生产企业都很小，没有形成规模。韩庚辰判断，中国种业的症结在南方玉米，奥瑞金启动的第一件事就是培育南方玉米种子。投入几千万元建起了北京育种站、南方育种站、铁岭育种站和黄淮海育种站等加工厂。

奥瑞金的成长和发展速度之快甚至令员工都惊叹，从发起时只有3个人，4年后，已有员工300多人，3个实验室，2个加工厂（均为半年内迅速建立、当年投产并实现盈利）。1999年的销售量为2000多万斤，是美国先锋公司在东南亚任何国家经营一二十年都难以达到的数字。短短几年奥瑞金公司已完成了科研、生产、加工、销售、服务一体化的企业构架，率先形成了种子育种网络化管理，在北京、厦门、郑州的育种中心都实现了数据、资源、人力共享。在种子技术上，率先实现了精包装，引进国外的种衣剂对种子进行处理；在产业体制创新方面，给中国种业界提供了一个范例；在营销方面，主抓中间商，终端服务是满足农民的市场需求，强化技术服务。奥瑞金充分做到了高起点，实现了高效益。

> 回顾韩庚辰的创业历程，他将前沿生物育种技术引入中国，带动留学博士归国创业，将从国外学到的企业管理理念应用到具体实践，首先提出并实践现代种子企业经营理念，改变中国种业粗放式经营局面，对推动我国种业现代化、产业化，培育中国种业品牌，迎接入世后国际种子公司在中国市场的竞争作出了突出贡献。

俞孔坚："土人理念"，开创景观设计新领域

> 俞孔坚，1963年出生于浙江金华，北京林业大学园林设计硕士，美国哈佛大学设计学博士。1992年，俞孔坚怀揣着家乡的泥土，从北京林业大学走进美国哈佛大学，主攻景观规划和城市设计，并很快成为这一领域的学术带头人。1997年，他回国创立了北京大学景观规划中心。1998年，创建北京土人景观规划设计研究所。

俞孔坚是很难用学科来定义的人。虽然他拥有北京大学教授和北京土人景观与建筑规划设计研究院首席设计师的头衔，可以被定义为景观设计专家，但他的意义显然超越了这一领域。他是环保主义者、生态学家、城市运营顾问、中国土地政策的咨询专家、教育家、散文和诗歌作者，甚至是政治学者、文化学者。作为一个中国学者，他在世界范围内获得极多赞誉，在行业中处于领军行列。俞孔坚也坦承，在很长一段时间里，他得到的国外的承认要远比国内多。

他的思想也极富灵活性，甚至带有"诗性"。歌颂"野草之美""没有设计师的景观""生态极简主义"，呼吁"最少干预""足下文化""大脚美学""天地、人、神和谐"等。这些想法和提法既不能在传统园林美学里找到，也不常见于西方的学派。他的作品和言论可以说是世界前沿的理论与中国本土文化和具体实践的结合，带有独创性和鲜明特色，因而得到世界景观学界的承认。

他的思想也源自他的个人经历。1963年，俞孔坚在美丽的浙江金华东俞村出生。童年时期，他与山水为伴，家乡的溪流、野草、大树，每一片风景，都深深刻在他的脑海中，为他未来的成长扎下了根。1980年，俞孔坚考入北京林业学院园林专业，开始专注于园林，他广涉博览，不管是外国的最新学说，还是中国过去的风水学，他都有兴趣研究。1987年，俞孔坚获得了北京林业大学园林设计硕士学位后留校任教，但他不甘于这种安逸平稳的日子，申请攻读哈佛大学景观设计专业的博士学位。他优秀的英文表达能力和专业知识素养得到了来访的哈佛大学设计学院教授卡尔·斯坦尼兹的青睐，后来顺理成章地考上了哈佛大学的博士研究生，带着一包故乡的泥土踏上了美利坚的土地。国外的经历显然极大地开阔了他的视野，卡尔·斯坦尼兹、理查德·福尔曼等都是他的老师，俞孔坚很快就接受了当时美国的设计思潮，即重视生态、重视人地关系的新设计理念。

那一包家乡的泥土慢慢成为俞孔坚往后人生中最深沉的情思、最厚重的故乡情。还未毕业，俞孔坚就被美国最著名的城市设计与景观规划公司SWA吸纳，并参与了多项大型国际项目的规划设计工作，颇受赞誉。然而，就在步入人人称羡的美国成功人士行列之后，俞孔坚再次选择了一条看起来并不容易的开拓之路——回国创业。在美国，尽管事业成功、生活富足，但俞孔坚那颗为故乡牵系着的心，时时感到空落。在此期间，俞孔坚多次回国考察，看到很多地方缺少规划，一片混乱，山清水秀变得面目全非，看不到对土地的敬畏，俞孔坚心中焦虑不安，他明白自己该担起使命的时候来了。

1997年，俞孔坚离开美国，举家回国，在北京大学创立了景观规划设计中心，也将自己的"土人理念"带回祖国。"土人理念"的精髓，即为自然而设计，追求人与自然的和谐相处，达到土地与人的和谐。俞孔坚的土人设计认为真正的现代化不意味着破坏自然、破坏生态，也不是钢筋水泥丛林的高楼大厦，而是自然和文化的天人合一，用最少的投入、最简单的维护，充分利用自然原本的环境和原有的特色，达到互相融合的境界。

为了实现这一理念，俞孔坚认为最根本的是通过教育培养出大批杰出景观人才，但在科研教学中常常面临资金不足问题，俞孔坚决定创办一个服务实体，用于将其理念转化为实践，北京土人景观规划设计研究所由此诞生。何谓土人？"理性地说，土人至少包含了四层意思。其一，指'土地和人'。其二，针对西方人而言，我主张学习西方先进的理论和方法，但反对崇洋。其三，我对脚下的土地有一种特殊的眷恋，这种眷恋在我的设计中随处可见，也是我的作品中最受重视和肯定的华彩之处。其四，土人的称谓源于我的母亲，她为我从家乡风水林采来一捧土，我带着这捧土到北京、到哈佛、到世界各地，又再回到祖国，它是我灵魂的皈依。"

当时国内还不允许教授办企业，俞孔坚没有法人资格，最难办的是民营设计所很难申请到资质。当回想起当初创业的日子，俞孔坚总是感慨万分，"当时土人注册时遇到的困难，是我们难以想象的"。留创园是一个特区，为我们提供了一片沃土，让新生事物得以生存、长大。第一个意想不到的麻烦就是没法注册，当时在中国"景观设计"这个词并不存在，建设行业里还没有景观设计这个行业，需要跟工商注册的人讲景观设计是怎么回事，国外是怎么发展的，国内马上就要开始了，等等。

第二个麻烦是在刚刚起步的时候，景观设计师除了做好设计，还不得不担负起向人们推广景观设计理念的任务。公司成立后，俞孔坚到各种会议上作报告，给市长们讲课，宣扬"天地、人、神和谐"的景观设计理念，使更多人接受他的观念，请他做设计。

短短一年时间，俞孔坚就完成了10余个规划设计项目，获得了3项基金资助，并争取到150多万元经费和设备的赞助。真正第一次展现"土人景观"实力的项目，是1999年中关村西区改建项目招标，当时参加竞标的单位都是国内外著名的设计研究院，而"土人"是只有六七个人的民营企业，没有相关资质，无法参加竞标。在这关键时刻，海淀留创园再次扶俞孔坚"上马"，破例推荐"土人景观"参与竞标。对此，俞孔坚感慨道："没有留创园的推荐，'土人'是很难与社会接轨、介入主流的。"为了竞标，俞孔坚特地去了一趟美国硅谷，把那里的主要企业Sun、Intel、Yahoo、HP都访了个遍，就是为了了解美国的高新技术人才创新的环境是什么样的，此行果然给他带来了灵感，他提出了崭新的"模块式"建筑框架，最终他的规划方案被评为最优。就这样，"土人"的名字逐渐打响，走上了高歌猛进的大道，2002年，"土人"凭实绩获得了甲级资质。从最初的3人，到专业设计人员200余人，场地从最初20平方米扩大到几千平方米，"土人"成为业内知名品牌。

"人与土地和谐相处"，这是俞孔坚自创办土人之初就决定要坚持到底的理念，他也致力于推动城市建筑的"白话文运动"，为科学的土地利用规划和城市规划开辟新路。在经营土人之外，俞孔坚先后承担国家自然科学基金、国家科技重大专项、科技部攻关课题等30余项，提出一整套具有国际先进性又符合中国实际需要的城乡生态规划、人居环境建设与国土空间保护理论、方法和技术，建立一系列技术模块和示范工程，在国内200多个城市广泛应用，并在欧美及亚洲10多个国家实战。面对城乡规划建设片面、忽视生态底线等造成的中国城市洪涝、地下水下降、水土污染、栖息地丧失、文化遗产消失、人地关系矛盾尖锐等问题，俞孔坚对以人口规模和发展为目标和依据的城乡规划途径及单一目标的工程思维进行反思，并提出以生态安全为前提、以精明保护和精明建设为目标的生态安全格局方法和"逆向规划"新途径，发展了景观设计学的理论体系，为国家重大规划提供了理论和方法支持，并在全国得到了广泛应用，影响了北京、深圳、重庆、广州、成都等多个城市的规划。

土人设计目前在上海、浙江嘉兴、安徽黄山、江西婺源等地均设有分部，拥有500多名职业设计师，其中包括80多位海外归国设计师，配备有城市规划设计、建筑设计、生态水利、市政设计、景观设计、环境设计、风景园林、结构及项目策划等专业人员；已具有土地规划、城市规划、旅游规划、建筑设计、园林设计等多项甲级设计资质，是北京市高新技术企业和ISO 9001:2000质量体系认证单位。

现在，"土人"已经和世界最顶尖的规划设计机构站在了同一个平台上，在美国赢得被誉为"世纪大开挖"工程的项目更是扬威国际，成功进军国际市场。2003年，在北京奥林匹克森林公园和中心区景观设计国际竞赛三个入选优秀方案中，"土人"是唯一的中国企业。南昌鱼尾洲公园、俄罗斯喀山市卡班湖群滨水区项目、三亚红树林生态修复工程、泰国曼谷班加科特森林公园……一个个"土人"设计的项目正带领土人斩获各类国内和国际大奖，从中国走向世界。"土人"发展蒸蒸日上，而俞孔坚却从未忘记自己的创业初衷，他正在用"土人景观"的盈利为北京大学景观规划设计学院的发展奔忙、规划，"土人最终会办成一所现代大学，既为客户提供设计服务，又培养具有创新精神的景观设计人才，成为改变中国人居环境的一面旗帜"。"土人学社"建设已箭在弦上。

"为什么我的眼中噙满泪水，因为我对这片土地爱得深沉。"这是俞孔坚最爱的诗句，也是他创立土人背后最深的情感追溯。

> "土人"背后支撑着的是俞孔坚的使命感，他解决的不是技术问题，而是更要紧的思想领域的问题。尽管他超前的理念时常引起国内争议，但作为先行者，他知道自己有能力、更有责任带领人们冲破一张张网。进入21世纪，中国大规模的城市住宅建设、开发区建设、新农村建设等不断推进，环境污染、生态破坏已经达到了惊人的地步。在这样特定的环境下，俞孔坚的价值，再怎么估计可能都不为过。

王安生：搭建国内外技术和资金大桥，率先"连续创业"，推动先进技术孵化和技术国产化落地

> 王安生，1987年考入中国地质大学进行研究生阶段的学习，1989年取得日本政府奖学金，赴日本国立鸟取大学留学，1995年获得生物资源科学博士学位后，进入日本大阪的SOFT99工作。1997年回国创业，进入海淀创业园，成立北京悟能环保科技有限公司，1998年创建北京保时洁精细化工有限公司，2002年创立北京新宇阳科技有限公司。他致力于建立"跨海大桥"，结合国内外资金技术，推动实现国外技术国产化。

留学期间，王安生深入地了解了外面的世界，了解到"二战"后疮痍满目的日本如何能够在那么短的时间内实现现代化，这更让他深刻地领悟到自己的责任和使命。"什么叫如饥似渴啊！我是连场电影也舍不得看的，要是有一天看了电影，那是一定要用别的时间补回来的。"王安生这样描述他的留学生活。

1995年，王安生顺利获得了博士学位，他留在了日本，选择在大阪一家相当有实力的汽车美容产品公司——SOFT99工作。这并不是一个随意的选择，而是他计划中的一步。他想了解日本的企业为什么这么先进，他们是怎么管理的，因为王安生明白这是他在学校里、书本上学不到的。他计划在日本先做两年技术，搞研发，再做两年的管理，了解和学习日本企业的管理经验，在这之后，顺其自然地回国。

然而，尽管王安生在不到两年的时间内为公司开发了8种专利产品，但是作为一个中国人，他依然面临着处处掣肘的境遇。于是，1997年，王安生放弃了日本的生活，放弃了知名日企高管的职务，放弃了在日本成熟完善的生活圈，比原定计划提前回到祖国。

回国对王安生来说，是真正属于他的和属于国家的事业的开始，虽然艰难，但却从未脱离他的人生计划。当提到回国这件事，王安生没讲过什么豪言壮语或是感人故事，他从来都是淡淡地说："对我来说，我是一直要回国的，这是最自然的事。"

回国后，王安生致力于环保事业。之后的20年里，他始终在循环经济、节能减排这条环保的科研道路上前进，先后创立了北京悟能环保科技有限公司、北京保时洁精细化工有限公司和北京新宇阳科技有限公司，并投资了北京清华索兰环能技术研究所，成为推动中国清洁能源供暖的先行者。

1997年，王安生与朋友一起投资50万元在中关村成立了北京悟能环保科技有限公司，将自己手中掌握的清洁能源和环保领域技术迅速国产化，并迅速取得成果，仅两个月就成功研制出了油田添加剂。当年，悟能公司就盈利上百万元。1998年，王安生又创建了北京保时洁精细化工有限公司，同时细化了两个公司的主攻方向：悟能专攻固体垃圾焚烧、水处理厂剩余污泥处理、垃圾填埋场沼气回收净化处理等环保专项，保时洁专攻精细化工和汽车美容。王安生和具有同样留日经历的同仁一起将自己多年积累的技术经验倾入其中，顺利研发出了各自的主打产品，但因缺乏资本运作和市场拓展的能力，悟能和保时洁在艰难中成长。

好在悟能和保时洁一流的技术和高品质的产品吸引了投资人的关注。2002年，在艰难支撑了4年之后，王安生终于找到了新的突破口，与香港一家投资集团合作成立了香港新宇阳有限公司，借助其资金实力，收购了悟能和保时洁，合作成立了北京新宇阳科技有限公司，致力于高分子电热膜的研发、生产和销售。短短5年，王安生就先后创建了3家公司，在有了强大的资金支持之后，悟能和保时洁也摆脱了低迷的状态，趋于稳健。2003年，悟能在中国"非典"时期发挥了重要的作用。当年5月，王安生向刚刚落成的"非典"临时医院小汤山医院捐赠了一台价值140万元的医疗废弃物焚烧设备，为中国抗击"非典"作出了积极贡献。2004年，保时洁在汽车美容领域也取得了较大的突破，先后向市场推出了汽车养护、清洗和添加剂3个系列共30余款产品，在汽车美容市场上赢得一片天地。

但王安生最看好的还是电热膜领域。20世纪之初，虽然中国还没有爆发雾霾等环境污染危机，但王安生却早已意识到散煤燃烧带来的诸多问题，他深知电热膜等清洁能源供暖必将在不久的将来部分替代甚至取代散煤燃烧供暖系统。于是，他在开发高分子电热膜产品技术及电供暖应用方面花了很大力气，投入了大量的精力和资金，在行业最低迷时期，勇敢地闯进了电热膜供暖市场。然而，由于电供暖及其相关产品技术的规范和标准尚不成熟，相对于分散供暖，国家更倾向集中供暖，所有电供暖系统推广应用在我国一直受到压制，王安生所期待的市场大门也因此迟迟没有打开，但他一直坚信电供暖的春天一定会来到。事实证明了王安生的推断，由散煤燃烧、工业污染、汽车尾气等一系列污染源造成的环境污染危机开始不断侵袭中国，2010年之后，雾霾逐渐加重，2013年，为了治理空气污染，中国正式启动了"清洁空气行动计划"，电供暖系统作为我国主供暖区集中供暖的有效补充，以及非供暖区的主供暖形式之一，王安生终于等来了市场大门打开的最佳契机，由王安生主要负责起草和作为审核专家的建筑工业行业产品标准《低温辐射电热膜》（JG/T 286—2010）和《低温辐射电热膜供暖系统应用技术规程》（JGJ319—2013）也分别于2010年、2014年颁布实施，为电供暖行业的健康发展奠定了基础。

王安生对自己的事业设想十分明确，要建立国内外的连接桥梁，把国内外的技术、资金结合起来，做技术国产化，用较高的效率为国家创造经济效益和培育一批有实力的企业。

王安生"跨海大桥"的搭建中有一个成功案例——中信国安盟固利电源技术有限公司，在短短两三年里就成为亚洲第二大电池材料生产基地。1998年，王安生跟自己在日本的一位朋友联系合作事宜，并为他手中技术的国产化做准备。王安生先后前往内蒙古、天津等地寻找投资。1998年年底，试验成功。1999年年底，中信国安投资8500万元，注册5000万元成立了中信国安盟固利电源技术有限公司，投资方占65%股份，技术方占35%股份，盟固利发展迅速，成立一个月后就有香港公司表示要以2.5亿元收购。可以说，这是一个非常成功的技术国产化服务案例，然而，由于缺乏合同和法律保护意识，王安生在这个过程中付出了2年时间和精力，却并未得到回报。尽管如此，这并未挫伤王安生搭建"跨海大桥"的士气，他一直坚信实干定能取得成绩，如今，他还在为他的"跨海大桥"事业辛勤耕耘着。

"我现在有的还仅仅是一个跷跷板，距离建立一座大桥的理想还很遥远。"面对自己一直以来的理想，他问心无愧，这么多年的努力并未偏离自己的理想设计，然而这条道路注定艰辛、漫长，注定需要更多人甚至几代人的努力才能更好地完成。现在，王安生依然时时关注着日本各个领域的先进技术，尤其是材料方面，他还要将"大桥"继续建下去。也许，王安生的"大桥"建立还需要更多时间,但我们有理由相信,他的坚守和坚持已经为这座大桥奠定了基石,未来,只待更多的人来为这座大桥添砖加瓦。

> 王安生将他在日本接触的新技术带回国内,通过引进、转化和再创新实现技术的国产化,在海淀留创园良好创业环境下实现连续创业,实现民生与效益两方面价值的提升。经过数十年磨砺,王安生坦言走得很辛苦,对于创业,他对自己有三句评价,"民生大于效益,社会效益大于经济效益,教训远多于成功"。作为一个学者型企业家,他是推动中国清洁能源供暖的先行者,是国外技术国产化的有力推手。除了为企业生存和发展谋取利益,他还担负起企业公民的责任,为社会创造积极、健康的价值取向。

王良:行稳致远,聚焦电力仪表的创业耕耘者

> 王良,1981年考入北方交通大学(今北京交通大学),取得硕士、博士学位,1991—1997年留校任教,1997—1998年作为访问学者赴美国弗吉尼亚理工学院电力电子中心交流学习。1998年回国创业,任北京爱博精电科技有限公司总经理。

王良的教育经历一直都很顺利,1981年考入北京交通大学,大学毕业后赶上了好机遇,在他这一届,硕士扩大到五六个名额,他顺利地读了硕士研究生;硕士毕业后,他所读的电力电气自动化专业博士点刚好申请下来,他又不间断地读了博士研究生;博士毕业后,留校任教。王良总是笑着说自己赶上了改革开放,国家教育投入一年年增大。王良留校任教工作到1997年,随即公派到美国弗吉尼亚理工学院电力电子中心做了一年访问学者。

美国弗吉尼亚理工学院电力电子中心是美国相当大的一个研究中心，在那里的一年，王良眼界大开，看世界、看自己的眼光都发生了很大的改变。某一天，他在报纸上看到中国第一个留学生创业园在中关村成立，鼓励海外留学生回国创业，当时他就心动了。尽管在还没出国时，王良就有了创业的想法，但他却没有勇气放弃自己的"铁饭碗"，虽然他当时的月薪才500元，毕竟还是觉得这样生活是有保障的。然而，在见识过更广阔的世界，他看待问题的角度改变了，他发现自己的人生可以有更多可能性，而不只是原来那一个完美的句号。他开始突破自己以前关于保障的观念，形成新的认识，王良说，其实所有的保障都是自己为自己提供的，也是自己给自己限定的。不管是在哪种制度下，"自助者天助"，这个道理不管在美国还是中国都是一样的。

这样想清楚以后，王良就扫除了心理上的障碍。1998年5月，王良回国，和另外一位朋友来到海淀创业园开始创业。

回国后，王良以50万元启动资金在海淀创业园正式注册成立了北京爱博精电科技有限公司。20世纪末的中国，智能电表行业仍处于空白状态，富有社会责任感的两位创始人在公司成立之初就确定了以"电能的精确测量和智能管理"作为企业的发展方向，力求通过自身的技术实力提升国内智能电表行业的技术水平，并坚信能够在智能配电领域开辟一片新天地。海淀留创园原负责人李伯浪回忆说，"当时也不理解王良在干什么，就看他们每天对着一个不大的小盒子来回鼓捣"。经过潜心研发，果然功夫不负有心人，他们推出了应用在高压变电站领域的DPM400/EPM420综合网络电力仪表，产品在市场上取得了不俗的反响。

因为从事的是自动化领域，属于发展比较平稳、不易取得立竿见影成效的行业，一开始王良的公司没能拿到任何资助，运行中面临的困难可想而知。所幸的是，海淀留创园给予王良的创业企业很大的支持，如为其提供了一间50平方米的房子，第一年不收租金，第二年收40%的租金，第三年收70%的租金，第四年才收全部租金。因此，王良谈起园区管理机构充满了感激，因为没有它们的多种优惠政策和实际帮助，他的企业可能撑不到今天。

至2001年4月，爱博精电已经成功地生存了下来，并取得了稳步发展，按照创业园的规划，他们达标了，于是从创业园搬到了发展园。2006年，爱博精电产品通过欧盟的CE认证和美国的UL认证，成功地打入欧洲、北美和东南亚市场，广泛应用于能源管理系统，受到国外用户欢迎。2013年，爱博精电正式入驻永丰产业基地的自建园区，标志着企业迈入了崭新的发展阶段。新冠疫情暴发后，国内外经济形势严峻，爱博精电转向新能源、半导体制造、生物制药等细分行业进行深耕细作，为行业客户打造电能精确计量、智能配电监控、综合能源管理等定制化解决方案，让客户的能源使用更安全、更高效，为客户创造更多价值。

王良带领爱博精电从最早的数字仪表到多功能网络电力仪表，从有源滤波器到混合滤波器，从电力监控系统到云端能源综合管控平台，从单一的电能测量仪表产品到行业综合的能源管理解决方案，每一款新产品的推出都是在带领爱博精电不断强化内在创新的体现，这也成为爱博精电独树一帜的"行业护城河"。如今，爱博精电的市场规模日益扩大，在国内设立了23家办事处及分公司，业绩遍及全国各地，拥有6000余个项目的业绩经验，与北京地铁、中国石油、上海大众、万达集团、百度、特斯拉、科伦药业、比亚迪、华为等均有成功合作案例，为上百家中高端客户提供了专业的产品解决方案及高品质服务，企业发展行稳致远。2023年11月，爱博精电携全新储能计量产品重磅亮相国际储能技术展，王良创立的爱博精电正代表中国技术走向世界。

在人们眼中，王良是一个低调踏实的学者型创业者，他的主要精力都用在了产品的研发上。海淀留创园原负责人李伯浪提到王良时说:"他很追求企业产品的质量,非常专心做产品,专业技术很强,也不特别做广告和营销,但他确实还有订单。"王良一路走来是顺利且幸运的,但是命运的眷顾从来不是无缘由的。提起产品的时候王良是最自豪的,他说,"即使跟国外的同行相比,我们的产品也是非常好的,至少是在第一梯队里面"。

说起公司多年来的不断成长、经历的甘苦与压力,王良感触颇深。他说:"我们当初刚出来创业的时候,并没有想到将来做得很大,只是为了实现自己的想法,有一天能在自己的实验室开发出属于自己的产品,仅此而已。"如今,对于王良来说,这些梦想已经一一变成现实,他的追求也开始随着事业的发展不断拓展,在这一过程中,他感受到了许多乐趣。创业的过程不仅是一个实现自己最初想要做点什么的想法的过程,起初他们只是想有自己的实验室,想做自己的产品,但随着企业的成长,企业发展带来的责任越来越大,如王良所说,"我们现在已经停不下来了"。尽管身上的担子越来越重,但王良也深觉乐在其中。

> 在王良眼中,创业意味着进入一个新的、前景莫测的起点,意味着一个从无到有的过程,意味着创业者及其团队的勇敢、汗水和坚持,是出国深造带给了他思想和认知上的转变,赋予了他作出创业抉择并坚持不懈的勇气。从王良身上,我们可以感受到一个改革开放后成长起来的创业者如何在社会的发展和变迁中逐渐摸索,如何在复杂的环境中为自己的人生作出设计,如何在理想和现实之间达到最终的和谐,以及如何在时代的引领下、在国际化视野的推动下一步步走出象牙塔,这对于有志于创业的海归青年而言,无疑有着重要的参考意义。

蒲忠杰：开拓国产介入医疗器械市场，知识创造财富的践行者

> 蒲忠杰，1979—1982年就读于西安交通大学金属材料专业，毕业后在北京钢铁研究总院从事特种金属材料的研究，并获得博士学位。1993—1998年赴美作为访问学者一直从事生物材料和介入医疗器械的研制开发工作，共申请了15项国家专利。1999年回国，作为北京乐普医疗器械有限公司的创始人之一，任公司技术总监，在中关村海淀留创园创建了北京天地和协科技有限公司，任总经理。

蒲忠杰属于中国恢复高考后第一批大学生中的一员。他在1979年秋天上大学，就读的专业是金属材料。1982—1993年，蒲忠杰的身份是一名北京的知识分子，他工作的单位叫作北京钢铁研究总院。在这个权威的研究机构，蒲忠杰从事特种金属材料的研究，并获得了博士学位。蒲忠杰说自己"不是一个安分的研究员"。那时的他发表了很多论文，在外人看来，这是成绩，但他并不这么认为。"回首走过的路，却没有实在的成果摆在眼前，这让我很难受。"蒲忠杰说。因此，他在1993年以访问学者的身份去了美国。

1977年，Andreas Gruentzig教授第一次通过皮穿刺股动脉，逆行送入前端有加压充液球囊的导管，对冠状动脉的狭窄病变进行机械扩张。1986年，世界上第一支用于治疗心血管疾病的"血管支架"在美国诞生，这种支架比传统支架手术更安全、创伤更小、风险更低，给更多患者带来福音。1987年，Ulrich Sigwart医生首先将冠状动脉支架植入手术应用于临床。

在美国访问期间，蒲忠杰得以接触心脏支架的研发工作，随后一直从事生物材料和介入医疗器械的研制开发工作。这期间，他一共申请"经皮腔及冠状动脉成形术的导管""扩张血管的支架"等15项国家专利。1998

年11月，蒲忠杰的妻子张月娥在美国佛罗里达州注册成立了美国WP公司，主要从事生物材料和介入医疗器械的研制开发、生产和销售，这为蒲忠杰提供了一个很好的发展平台，更为他此后的回国创业奠定了基础。

从1997年开始，强生、波科、佳腾等著名国外医疗器械厂商陆续将心脏支架引入中国市场，但是高昂的市场价格，还是让绝大多数中国患者不能及时享受到科技进步带来的福音。当时国内介入医疗技术的状况让身在美国的蒲忠杰心急如焚，他热切期待能够早日回国，以自身所学造福中国患者。

1999年6月，蒲忠杰带着介入领域的先进技术和多项专利回国创业，与中船重工第七二五研究所共同在北京市昌平区中关村科技园创办了乐普医疗器械公司，开始了研发中国心脏支架的创新之旅，并致力于打破国外医疗产品昂贵价格的坚冰。

坚实的科研力量是乐普公司快速成长的基石。2004年前，我国心脏手术中所使用的大多是进口的心脏支架，医院对国产支架不够信任，产品市场严峻，乐普连续亏损。面对这种状况，蒲忠杰果断决定停产，中断销售，集中精力搞研发。蒲忠杰顶住来自四面八方的压力，带领研发团队刻苦钻研，终于在2005年研制出了鑫亿达冠状动脉药物支架产品，投放临床市场后获得市场广泛认可。其核心产品"血管内药物（西罗莫司）洗脱支架系统"自投产以来，在核心技术及工艺优化改进方面不断取得突破，并以价格优势迅速持续地取得了国内药物支架系统市场占有率，成为国内冠心病介入治疗的主流产品。乐普不但成为中国最早的介入器械研制和生产厂家，引领国内支架企业打破国外企业在药物支架系统行业的垄断，开拓了国产介入医疗器械市场，更在产品技术水平方面进一步赶超国外竞争对手。

时间证明蒲忠杰的研发能力，生产一代，注册一代，研发一代和预研一代的战略对乐普而言不是空话。随后几年，乐普进一步加大新产品的研发力度，以心血管药物支架、封堵器为核心，球囊扩张导管等介入辅助器械为重点，不断开拓研究方向。乐普逐渐成为国内高端医疗器械领域为数较少的能够与外国产品形成技术竞争并在市场竞争中胜出的企业。

在乐普成功的背后，蒲忠杰没有忘记哺育企业成长的土壤——社会。蒲忠杰深知，一个企业的成功，不仅仅在于其规模的大小和利润的多少，同时也在于其对社会的责任和贡献。"能够使广大患者充分享受到先进医疗技术带来的好处，为他们减轻病痛和负担，这是乐普的职责，也是我的人生追求。"乐普从创造第一款产品开始，就打破了国外公司的垄断经营，大幅降低了患者手术治疗的产品费用，为中国老百姓带来实惠。

蒲忠杰虽是技术出身，但是经过多年的历练，在企业经营、资本运作方面也颇为出色。1999年，蒲忠杰以其"经皮腔及冠状动脉成形术的导管"和"扩张血管的支架"两项专有技术和生产技术评估作价人民币378万元，参与成立了北京乐普医疗器械有限公司，这成为撬动他日后命运的投资。

创办乐普医疗后，蒲忠杰出任公司技术总监，持有公司16.55%的股份。彼时，他与苏荣誉共同出资创建了北京天地和协科技有限公司，蒲忠杰持股比例为93%，苏荣誉持股比例为7%。这家公司与乐普医疗在原材料采购、生产设备使用、专利转让、成品销售等方面存在关联关系。2004年，乐普医疗仅以150万元便收购了蒲忠杰包括扩张人体管道用支架在内的6项专利。2004年8月，北京乐普完成增资至5000万元。在频频资产运作的同时，蒲忠杰的资本运作也在提速。到2008年时，乐普从当年的"夫妻店"变身为净利润2亿元的行业巨人，雄踞业内第二。2009年10月30日，北京乐普医疗器械股份有限公司在深交所创业板市场上市交易，市值38.32亿元，成为5家中关村创业板上市企业之一，也是国内首批登陆创业板的企业。乐普医疗10年间，资产增值300倍后，蒲忠杰的财富也迅速膨胀。蒲忠杰对此十分冷静，"这是时代造英雄，没有中国这10多年来的良好环境，就没有今天的乐普"。

2022年2月，乐普医疗分拆旗下聚焦肿瘤治疗的创新药研发企业乐普生物（02157）在港交所上市，目前总市值约为126亿港元。正如蒲忠杰所说的，时势造英雄，国家利好的政策、前景广阔的行业发展空间和市场让一批像蒲忠杰这样的人有了自己的施展舞台，逐渐成长壮大起来。面向未来，已经羽翼丰满的他们也会行稳致远。

> 作为一个已在国外生活发展多年的海归人才，蒲忠杰坚定选择归国创业，并以专有技术和生产技术评估作价出资入股，创立乐普公司，彰显了其在海外多年学习、研究和工作实践带来的技术、资金、管理等全方面的自信与笃定。以科研和人才为先导，开拓国产介入医疗器械市场，并成功上市。在中国第一批上市企业中，乐普医疗是最正宗的创新企业、正宗的海归创业、正宗的技术创新与转化模式，可谓出类拔萃。更大角度来看，乐普医疗不仅带给股东丰厚的回报，还填补了中国市场空白，平抑进口产品价格，惠及数十万患者，取得巨大社会效益。

四、互联网浪潮中的弄潮儿

"当初我们与Sprint开通那条64K拨号上网线路的时候，谁也没有想到中国互联网会谱写出如此波澜壮阔的诗篇。"田溯宁在一次采访中如是说。早在1993年，美国宣布实施"信息高速公路"计划时，田溯宁就在《光明日报》刊发长文《美国信息高速公路计划对中国现代化的意义》，呼吁国人重视计算机和互联网，他自己也暗暗埋下了回国报效的种子。1994年，中国政府决定让互联网落地中国后，田溯宁就带领亚信于1995年回国。此后，如田溯宁一样的海归留学技术和管理人才络绎不绝地归国弄潮，创造了属于中国的互联网奇迹。中国互联网的诞生与发展离不开对美国互联网发展模式的复制，而这其中海归人才是将互联网模式引入中国的主力，中关村凭借同硅谷的人脉网络，率先引领中国互联网行业崛起。

美国的互联网浪潮兴起和泡沫破灭

美国是互联网的诞生地，也是全球互联网第一大市场。1992年，美国国会首次允许学术、政府或军事用户之外的人使用互联网，万维网（WWW）的诞生和商业化浪潮推动着互联网走向大众。1994年，思科公司推出第一种面向客户端/服务器式工作组的智能Cisco Catalyst系列交换机，思科为互联网的全球化普及做好了硬件准备；网景公司开发出"网景浏览器",为用户提供了简单的访问互联网的手段,提出了SSL协议,为未来浏览器安全奠定了基石,创造出了至今火热的前端脚本语言——Java Script;雅虎的诞生则实现了互联网内容的集成,开创了互联网免费、开放、盈利的模式。由此,在浏览器、门户网站和电子商务等应用引领下,第一次互联网产业投资热潮开启。

1990—1997年,美国家庭拥有计算机的比例从15%增长到35%,计算机从一个奢侈品变成家庭必需品,互联网可以扩展网购、聊天、发邮件等,仅仅花了四年的时间互联网就收获了5000万用户。计算机和互联网的普及标志着世界正式进入信息时代,互联网初创企业获得了市场投资者史无前例的热情追捧。例如,做生鲜配送的Webvan上市融资3.7亿美元,专卖宠物用品的Pets.com融资8200万美元,还有社交网络鼻祖The Globe上市第一天股价暴涨9倍融资2800万美元。1991—1999年,龙头如美国在线获得750倍涨幅,甲骨文获得了300倍涨幅,互联网爆发时期应用层龙头成为核心主线。当时的留美学子亲眼见证了美国互联网行业的快速发展速度和规模,也深刻意识到中美互联网行业发展的巨大差距,看到中国巨大的市场空间,许多人在心中埋下了回国创业的种子。田溯宁和丁健(亚信)、严望佳(启明星辰)、张朝阳(搜狐)、李彦宏(百度)、杨浩涌(赶集网)、李国庆(当当)、刘天星(亚商在线)、黄劲(安博在线)、陈榕(科泰世纪)等一大批海外学子洞察到互联网潮流源源不断的机会,先后回到国内开展互联网领域的创业活动。

进入2000年,随着美联储在宣布加息一个月之后市场逐渐见顶,3月10日,纳斯达克指数到了最高点5048;4月3日,杰克逊法官裁定微软违反垄断法,宣告"新经济模式追求的'市场规模'概念存在违法可能"。投资者担忧的情绪开始升温,很多互联网公司的创始人和早期投资者都在尽其所能地套现,从旧经济体系流向新经济体系的资金马上耗尽,无钱可烧也无钱可赚的互联网公司逐渐跌落神坛。雅虎股价从2000年3月最高的433美元跌至2001年4月的11美元；思科股价从60美元跌至2000年10月的9美元；亚马逊从2000年1月近70美元跌至2001年9月的6美元……资本市场的互联网泡沫破灭后，40多万IT从业者失去了工作被迫转行，许多在IT领域的中国留学人员回国创业。

中国互联网浪潮开端

随着改革开放的不断深入，中国政府对互联网的开放态度不断显现，国内迎来互联网发展前所未有的机遇。1987年9月14日，我国Internet先驱者、"中国上网第一人"——钱天白发出了中国第一封电子邮件，揭开了中国使用互联网的序幕。1994年4月，时任中科院副院长胡启恒专程赴美拜访主管互联网的美国自然科学基金会，代表中方重申接入国际互联网的要求。同年4月20日，中国通过一条64K的国际专线，全功能接入国际互联网，这成为中国互联网时代的起始点。随后，清华大学等高校、科研计算机网等多条互联网接入，国家邮电部正式向社会开放互联网接入业务，互联网创业浪潮渐起。

1995年，网景公司在美国上市，引发众多创业者开始关注互联网创业。在这个互联网的起步时期，只有少数在美国能够接触到互联网技术或专业学习电子信息技术的人员，才能够较为深入了解"互联网"这一新生事物。在国内，民营企业家最先嗅到中国互联网创业商机，张树新创办了中国第一家互联网接入服务公司——瀛海威科技有限责任公司，提供接入国际互联网的服务，并挂靠在中国科学院的网络下组建起一套中国大陆国内的网络系统"瀛海威时空"，开创了互联网服务先例，"瀛海威时空"的用户需要先注册登录，再缴纳一笔入网费，就可以自由地阅读电子报纸、在论坛里发言、使用网络聊天室,甚至随时随地都能去外网上看看国际消息,在当时全国网民数量充其量一万的背景下,作为中国第一家互联网公司,瀛海威义无反顾地担当起了启蒙老师的角色。瀛海威在中国互联网发展中的作用,还体现在对互联网的推介和普及方面,1995年年底,瀛海威在北京中关村附近竖起了一块巨大的广告牌,上面写着:"中国离信息高速公路还有多远?向北1500米",标语的尽头正是瀛海威"1+NET"科教馆,类似于现在的各种线下体验馆,人们可以到这个科教馆里,免费使用瀛海威网络,学习网络知识,使用"瀛海威时空"这款软件体验网上冲浪的乐趣。1996年12月,瀛海威信息通信公司的8个主要节点建成开通,形成了全国性初步主干网,为中国互联网商业化迈出探路的关键一步。瀛海威将"互联网服务"概念引入中国,成为中国互联网行业发展的一颗关键铺路石。同年,中国第一个被IETF认可的互联网国际标准——互联网中文编码汉字传输标准被开发出来,电子部ChinaGBN(中国金桥网)开通,随后互联网进入快速发展阶段。1998年2月,搜狐推出中文搜索引擎SOHU。同年12月,新浪网公司成立并推出同名的新浪网站。到1999年,由搜狐、亚信(中国互联网宽带)、新浪等中国首批互联网公司搭建起来的中国互联网生态画出了中国互联网腾飞的初步图谱。

如何让互联网这样一种技术转变成能够实现商业回报的产业,并让更多的人能够迅速地接触、了解和使用互联网,蕴含着巨大的机遇,也成为这一阶段互联网创新创业的主旋律。在1995—2000年的这段时间内,中国互联网企业如雨后春笋般破土而出,形成了中国企业的互联网创业潮,如网易(丁磊)、腾讯(马化腾)、新浪(王志东)等。2000年,国务院新闻办公室下发《国际互联网络新闻宣传事业发展纲要》,互联网行业在国内的腾飞似乎蓄势待发,仿佛祖国大地发出了对海外学子的一声声召唤。蒋亚洪(六维时代)、陈一舟(千橡世纪)、胡英姿(北京雅邦网络技术)、李智海（可可网联）、刘文印（百问百答）、许正文（神州聚合）等互联网弄潮儿争先搅弄风云……在国内外双重的驱动下，留美学子带着学到的技术、理念、模式等纷纷回到祖国创业发展。

海归创业先锋拉开中国互联网产业序幕

追随着世界互联网发展潮流，这一时期海外学子回国发展以互联网创业为主，这群人带回已经在美国取得成功的"旧模式"加以本土化改造，创造了一个又一个互联网领域的神话。1999年前后，"中国版雅虎"搜狐、"中国版谷歌"百度成功将互联网模式引入中国，新浪、网易、阿里巴巴、腾讯、携程、京东相继诞生，中国未来20年几乎所有的产品形态随之都在这一年萌发，电商网站8848、携程、当当、易趣、天涯、Chinaren、红袖添香、盛大接连上线。这一时期的海归人才打开了中国互联网的"上帝视角"，以技术奠定领先优势，通过自身的创业和技术落地为尚处空白阶段的国内互联网行业添笔加墨，为中国未来互联网的腾飞奠基，拉开了中国互联网时代的序幕。仅在2000年春天，中关村新诞生149家企业里，就有50家网络公司。与此同时，随着这一批互联网海归人才的回国，各类国际资本追随着他们的身影将目光转到了中国，美国风投资本如同一个巨大推手推动着中国互联网行业发展，促进了中国与全球市场接轨程度提高，硅谷的互联网创新模式和创新要素在中国爆发。

田溯宁：中国互联网拓荒人，将因特网核心技术引入国内

田溯宁，1992年在美国得克萨斯理工大学获资源管理专业博士学位。1993年，田溯宁在《光明日报》上刊发长文《美国信息高速公路计划对中国现代化的意义》，呼吁国人重视计算机和互联网，1995年回

国创建亚信科技（中国）有限公司，并任首席执行官，后担任中国网通总裁兼首席执行官、网通集团上市公司副董事长兼CEO、宽带资本基金董事长。

20世纪80年代，国内掀起一波留学潮。1987年，田溯宁追随着这波潮流赴美留学，拿到美国得克萨斯理工大学的博士学位。在美国读博期间，田溯宁在做实验时无意间接触到计算机，还阴差阳错地了解到美国的"信息高速公路计划"，便在心里埋下了一颗种子。田溯宁在美国一家公司工作期间去了一次台湾，这次台湾之行给了他很大的启发。在台湾，20世纪六七十年代有很多留美的学生，后来回台湾创业取得了很大成就，其关键是把美国先进的科学技术及管理方法带回了台湾。从此，田溯宁心中开始编织创业梦，他想，中国要成为世界强国必须有自己的信息科技工业，拥有大型高科技企业是一个国家强大的象征，中国要走向世界就一定得有自己的微软和IBM。当时美国互联网高速发展，硅谷有很多高速发展的公司，田溯宁认为必须学习他们的管理方法，把先进的科技带回国，做"比个人更重要的事"。

1993年，田溯宁计划回国发展，但担心无法打开市场，"没有多少人会信任几个留学生创办的企业"，"要实现将互联网带回中国，就必须先在美国做起来，进行回国前的技术储备"。于是，田溯宁开始向华尔街投资银行寻求融资，几经周折，田溯宁结识了著名华侨、地产开发商刘耀伦先生，这位被誉为"民间外交家"的长者给了他巨大的支持。这年冬天，刘耀伦怀着发展祖国高新技术产业的初衷，以50万美元种子投资田溯宁和丁健等5名中国留学生的创业项目，这笔投资也是其人生第一笔非地产投资，新创公司取名亚信（AsiaInfo），意即希望公司未来的业务能够拓展到整个亚洲地区，最初决定主要业务是信息服务包括计算机网络系统集成和应用软件开发。亚信，这家后来被誉为"中国互联网的建筑师"的企业，就这样在美国诞生了。

为把握信息革命机遇，实现科技报国理想的愿望，立志将现代信息技术和管理方法带回祖国的田溯宁计划将亚信移师国内，将互联网核心技术带回中国。20世纪90年代中期，中国互联网的商业应用几乎是一片空白，硬件发展的不对称令双向信息服务业务发展艰难。公司信息服务提供商的原战略定位在实际发展中遇到了障碍。亚信决定先将互联网技术引入中国，参与铺设中国的互联网网络。恰巧此时，一个回国转型发展建设中国互联网的项目机会来了，美国三大电信IT企业之一的Sprint公司拿下了中国电话拨号网络ChinaNet北京、上海两个节点的工程，找到亚信为中国邮电部员工提供培训，并请亚信代为检查马里兰一家咨询公司提供的工程方案。亚信发现这份工程方案设计完全错误，于是Sprint就将此项目转包给亚信执行。田溯宁迅速抓住这个机会，提前回国发展，1995年3月，AsiaInfo在北京成立了100%全资子公司亚信科技（中国）有限公司。

田溯宁组织了一批学有所成的留学生，专门从事互联网网络系统和软件开发，建设中国当时主要互联网的骨干网工程。在田溯宁领导下，亚信公司在不到4年的时间里，先后承建了ChinaNet、上海热线、中国金融数据网和各省电信系统的互联网络等近百个网络工程，他也因此被外界称为"中国互联网主建筑师"。在他们的努力下，仅用了3年的时间就建设完成了国内骨干网的所有节点，搭建起中国的信息高速公路。到1998年，亚信已经成为拥有员工450人、年销售额6亿元人民币的国际性民族高科技企业。作为最早投身中国互联网基础设施建设的公司，亚信随后又拓展到电信运营和管理核心软件产品的供应商，以及全电信网络规划、建设和运营管理专业咨询服务的提供商，一步步成为中国新一代全电信的推动者和最大的通信软件提供商。

2000年3月，亚信在美国纳斯达克上市，成为第一家在美国上市的中国高科技企业（NASDAQ：ASIA），并在当年创下亚洲股票当日涨幅最高纪录。

原信息产业部部长吴基传在评价田溯宁回国创业的这段经历时说，"田溯宁创建亚信公司并在祖国大陆成功运作，证明他对互联网发展战略有着深层把握，深谙国际经验和技术发展现状。同时，他把拳拳爱国之心融入事业之中，祖国哺育了他，他以热忱回报祖国"。

1998—2012年，邮电系统多次重组，经历了政企分开、邮电分营、移动剥离、电信拆分等一连串的改革动作，都是为了适应不断增长的通信市场需要。如何建设高速的宽带网络，成为当时亟待解决的问题之一。

中国网通（中国网络通信有限责任公司）就是在这一背景下成立的。基于田溯宁创办和管理亚信的成绩，以及对中国IT业的贡献，1999年3月，田溯宁被聘为中国网络通信有限责任公司总裁，这也是国家级电信企业首次从非国有单位聘请总裁，表明了中国政府渴望在电信市场中引入竞争机制的决心。中国网通成立意义重大，当时技术上主要解决两个问题。首先，IP技术能否应用于骨干网，当时通信骨干网均基于DWDM建设，虽然实验室情况下IP可以运行在光缆上，但现网部署在全球并无先例；其次，基于IP技术的宽带高速互联网能否打造全新的开放电信平台，加快中国信息网络从窄带走向宽带，这些基本问题均尚无定论。

就这样，田溯宁勇挑重任，秉持着报国初心，毅然肩负起了中国网通建设和打造中国高速互联网络示范工程的国家使命。他从一名海归创业者转型为国企掌舵人，带领着新成立不久的中国网通开始了长达7年"中国网，宽天下"的征程。这7年间，中国网通不断引入外资、推进国际化、吸纳人才，开通了覆盖我国东南部17个城市的CNCnet，走出了一条体制创新与技术创新相结合的发展之路，也为探索国企改革、电信改制等提供了很多参考和借鉴。在田溯宁的领导下，网通集团于2004年11月16日和17

日，在纽约和中国香港两地成功上市。

2006年，田溯宁离开中国网通，创建了宽带资本基金（China Broadband Capital Partners, L.P.）并担任董事长，从"互联网布道者"变身"宽带先生"。互联网发展已经进入下半程，伴随着云计算概念进入中国，信息产业在不断地变化和调整，"我希望将过去在通信行业的经验分享出来，在战略和投资的层面，为更多的年轻人提供平台"。宽带资本建立了支持技术创新完整生命周期的投资生态，管理着多只美元与人民币基金；旗下的诚柏投资、晨山资本、云天使基金等则专注于5G、云、安全领域、生态等方向的投资。虽然转向了投资，但田溯宁的关注点依然聚焦于电信、互联网、媒体和科技产业，先后投资了世纪互联、途家、分众传媒、百视通、LinkedIn、Airbnb等多个热门项目。

2013年年底，田溯宁回归亚信，再次出任亚信科技董事长一职。提到亚信，田溯宁坦言心情很复杂。虽然亚信是互联网初入中国时的主力军，但随后10余年，在中国互联网产业快速崛起、BAT等巨头不断涌现、新业务新模式不断更迭的阶段，亚信却与互联网的潮头渐行渐远，逐渐低调，走向"幕后"。

如何寻找新的增长点，突破电信行业市场"天花板"是回归后的田溯宁面临的首要问题。回忆当时的情形，田溯宁印象深刻，"当时我和丁健刚开完公司董事会，对于亚信下一步发展形成了一个基本共识，即经过20年互联网在个人消费领域已经得到了充分发展，互联网的下半程，机会一定在企业级市场，如何制定出清晰的战略和市场定位？我们最终提出了'产业互联网'的概念"。随即，田溯宁和丁健联合在《财经》杂志发表了一篇文章《从消费互联网到产业互联网》，成为"产业互联网"最早的提出者和倡导者。"产业互联网"概念提出后，那些To C市场上风光无限的互联网大佬们也陆续将目光转向To B市场，在通用型应用的基础上升级推出企业级服务。

很快，亚信基于产业互联网的市场定位作出了全新调整。2014年1月，在"产业互联网"这一更大使命和主题的召唤下，田溯宁将亚信重组为亚信科技、亚信数据、亚信安全和亚信国际4家公司，完成了亚信的私有化改革，从而可以不必顾虑短期的盈利指标，全心投入"产业互联网"的大势中。2018年，亚信科技在港股市场成功上市。

如今，刚起步的物联网及其应用、5G建网等给亚信带来了新的商机，也让田溯宁这样怀揣梦想的创业者们感到无比兴奋。展望5G，田溯宁提出了大胆的设想："全球数字化刚刚开始，万物互联最终受益的还是各个行业，5G与垂直行业的深度融合需要的是深厚的行业理解和为客户解决问题的能力，所以未来将出现行业运营商（或者区域运营商），他们一方面具备建网能力，另一方面又在特定行业具有深厚背景和积淀。而传统的电信运营商也有望在产业互联网规模做大的同时，摆脱管道化的宿命，面向行业开辟全新的商用市场。"每一次互联网潮流涌动的脉搏，都被田溯宁紧紧地抓在手中。

> 田溯宁对中国互联网事业的贡献已载入史册——亚信第一个把中美两国的互联网互联，为中国申请了第一批以168开头的互联网地址，制定了互联网上第一个统一的传输中文的I-ETF标准。从特定意义上说，没有亚信，就没有雅虎（中国）、新浪、搜狐、网易，田溯宁当之无愧地堪称中国互联网的拓荒人。从创建亚信，到出任国企老总试水体制创新，再到投身资本运作挖掘优质项目，田溯宁把互联网和西方企业的管理方法带回来，因为中国互联网的现代化需要它。时势造英雄，从最初的互联网、通信、宽带，再到后来的产业互联网，田溯宁没有错过任何一个IT时代的重要节点，他那使不完的热情和精准的触觉让他一次又一次以非凡的成就实现留学那些年的"报国梦"。

严望佳：中国网络信息安全的启明星

> 严望佳，北京市欧美同学会一届理事会副会长，1990年复旦大学毕业后赴美留学，1996年获宾夕法尼亚大学博士学位，同年回国创立启明星辰公司并担任CEO至今。她领导的公司从无名小卒成长为国内网络安全领域的领跑者，在"中美黑客大战"中捍卫了中国企业和网民的安全。

严望佳的父亲是当地颇有名声的书法家，对她性格的形成起了决定性作用。严望佳记忆里最安详幸福的时刻，就是站在一旁静静地看着父亲写字。当了首席执行官的严望佳，办公室里最精彩的装饰品全是书法作品。身材纤细的严望佳，座椅背后的书法条幅，遒劲有力，竟然是"铁肩担道义，妙手著文章"，尽显家风传承的灵秀与刚健。

1986年，16岁的严望佳离开云南，到上海复旦大学求学，4年后完成了计算机系软件专业学业。1990年，严望佳赴美求学，在美国费城天普大学获得计算机硕士学位，后又开始在宾夕法尼亚大学这个世界知名高等学府属下的莫尔工程学院攻读计算机博士学位。同时，严望佳还担当宾大沃顿商学院计算机中心系统分析小组负责人，负责整个商学院网络策划、系统管理、软硬件选择及用户化，数据及系统的安全保障，商用数据传输加密等工作，并为实现沃顿在世界范围内的联网及通信工作实施了各种安全保障措施及异构平台连接方案。"这段工作经历，为我以后的创业积累了宝贵经验，也让我初次体验到应对黑客入侵和维护网络安全的责任与艰辛。"因为这份工作，严望佳接触到沃顿商学院不少管理学名家，开始对企业管理有所了解，从此，她开始真正关注现实中IT产业的发展。沃顿商学院是全球第一家商业管理学院，在宾大林立的学院中最为响亮，与哈佛商学院不相上下。既懂科技又明管理，既精于研发又擅长经营，既张扬个性又讲求团结……这里潜移默化的影响，对严望佳后来创业帮助很大。

严望佳从多个方面获得对IT产业的认识，亲眼看到IT产业怎样影响美国社会，一些支柱型的IT企业怎么从小到大，它们采取了哪些引导市场的前瞻性举措。"我发现美国IT基础设施的投入和建设比国内领先了几步，我相信中国今后同样会经历这一切。因此，在国外留学，不敢说掌握的知识更多，但经历会多一些，看得远一些。"

1995年，严望佳曾回国考察。当时国内网络业才刚刚起步，很少有人知道互联网。那时，她了解了清华大学信息中心、国家信息中心等高等学府与政府机构的网络建设情况。她感觉并预测出了互联网将会在中国迅速发展。1996年6月，26岁的严望佳学成回国。通过与中关村管委会的接触，详细了解各方面情况后，严望佳坚定了信心，要在中关村闯一番事业，就建立了"启明星辰"网络安全公司。没有商业计划书，没有中国市场经验，凭着一腔为国家做实事的热情，严望佳谢绝了国外公司的邀请，只身一人来到北京，开始了自己的创业之路。1996年6月，严望佳踌躇满志，在北大资源楼的一个小房间内挂上新公司的名字——启明星辰。

"当时在国内从事网络安全方面的工作，确实被认为是很超前的，周围也有人提出异议。但在国外留学和工作的经历，使我有强烈的感觉：我们日益依赖的网络信息系统的安全性，会变得十分重要。"严望佳说，"网络安全技术是一项战略技术，对于网络用户甚至国家来讲，这方面的积累都非常重要。随着网络的日益普及，网络安全会涉及国家基础设施，电信、银行、企业以至个人。从美国互联网的发展可以看出，网络发展到一定阶段，网络安全问题会日益凸显。当时我国在这方面还比较落后，这也正好使我选择了一个比较好的创业定位，先行者成功的概率也就大些。"

理论与现实总是有一段距离，有时距离还很远。钟情网络信息安全的严望佳，创业伊始就面临这样的困境。理论上，网络信息安全不可或缺，但现实中真实需求几乎为零。严望佳决定先从改变人们的思想观念入手，以网络安全理念对市场进行启蒙。第一步，编辑网络安全教材；第二步，开展相关培训。她从清华、北航和中科院请来朋友，与国家信息中心、国际计算机安全协会合作，开始编辑出版有关图书。《网络安全基础》《网络安全结构设计》《计算机网络安全工具》《防火墙的选型、配置、安装和维护》《黑客分析与防范技术》这套网络安全丛书填补了国内空白，为传播安全知识撒下了第一批种子。

创业初期，启明星辰的经营状况不是很好，甚至可以说是惨淡。1996年6月启明星辰开业，1997年1月成立研发部门，1996、1997、1998年，连续3年亏损。"创业之初就曾经发生过'断粮'的事情，公司连员工工资都发不下去了，有时候给员工发工资都是用我个人的私房钱。最困难的时候，还曾经找一些留学时的朋友担保贷款。"公司就是一个无底洞，大把金钱像流水一样投进去，1997年花了400万元，1998年又花了600万元，却不见一分钱回来。20多个工程师充满期待又疑惑：究竟这个秀气的女子能坚持到什么时候？就这样过了3年，到1999年6月，严望佳已经卖光了自己全部家当，唯一剩下的就是研究了一半的产品和必胜的决心。

公司何时能扭亏为盈，很长时间内都是严望佳的一块心病。她发现，公司亏损的重要原因是公司业务没有特色，没有具有核心竞争力的产品。创业之初，启明星辰订单不多，大部分业务是搞信息安全行业培训。公司成立四五个月后，拿到了第一张订单——国家信息中心防火墙测试工程。当时，防火墙在国内刚刚起步。因为进入门槛不高，易复制，一时间，不少人蜂拥而上。一边参与建防火墙，一边寻找新的业务方向，很长一段时间内，启明星辰高层都是这样边忙边看。她当时意识到网络安全需要建立动态的防御体系，于是，从一开始目光就看得很远，不是仅仅关注当时国内刚刚起步的防火墙技术，而是集中力量进行黑客入侵检测技术的研发。

正在严望佳为公司如何扭亏为盈绞尽脑汁的时候，国外风险投资找上门来，如果接受外援，严望佳的日子一定会好过很多，但由于网络安全这个行业本身的特殊性，严望佳拒绝了国外风险资金的介入，"中国的网络安全需要中国人自己来维护。启明星辰的定位，我是经过反复考虑的。这个产业很严谨，需要我们沉下心来。我的性格就是这样，一旦决定做就心无旁骛"。

关键时刻，还是中关村留创园拉了启明星辰一把。启明星辰公司作为第一批海归企业入园后，先后获得科技部中小企业创新基金等上百万元。不仅仅是给予资金支持，留创园在对启明星辰提供优惠房租的同时，还大力向外界推荐。正是在留创园的支持下，启明星辰陆续与各行业企业级客户建立了项目合作关系……启明星辰的经营逐步走出困境。

怀揣对理想近乎偏执的专注，严望佳将启明星辰的业务牢牢地锁定在"反黑"这个堪称科技含量最高的互联网技术领域内。当然，如此一来，公司的"冰冻期"如约而至。但是严望佳笃定，互联网蓬勃之时，启明星辰自会闪闪发亮。此后，长达3年的时间里，她带领团队耐住寂寞，潜心研发对抗网络黑客攻击的核心技术。

1999年，中国互联网业一夜之间火爆起来，许多单位开始铺设网络，网络安全问题渐渐浮出水面。启明星辰适时将第一套产品——名为WebKeeper的网站监测与修复系统软件推向市场，成功打响第一炮。同时，得益于1998年海淀留学人员创业园的优惠政策，严望佳团队先后获得上百万元的创业基金，自此走上正轨。

但一个企业的发展绝不是仅凭一时的收支平衡，危机意识时刻萦绕在严望佳的脑海中。"要想在激烈竞争中立于不败之地，我们必须掌握一种能够解决网络安全本质问题的关键性技术，必须有自己的'拳头产品'。这种技术既可能成为其他很多技术的源头，又可以根据市场递进的需求衍生下去，同时还要与其他技术形成一个联动的安全体系。"基于此，严望佳瞄准当时还鲜为人知的入侵检测系统（IDS）发力，这亦成为启明星辰日后傲立全行的"法宝"。

为强化研发功力，她主导公司于1999年成立了积极防御实验室（ADLab），汇聚国内顶尖专家协同作战。2000年，启明星辰第一款IDS产品——天阗入侵检测系统应运而生。"天阗"，其意指女娲补天用的五彩石。"尤其是'阗'字，'门'里面有个'真'，不是真的东西就把它挡在外面，真的东西才让进来"，严望佳说。这款"反黑"产品轰动业界。它不仅可以帮助用户量化、定位来自内外网络的威胁，提供有针对性的决策指导，还能够对网络安全整体水平进行有效评估，被誉为"E时代的网络侦察员"。

2001年4月初，美国PoizonBox和Propher等黑客组织袭击了300多家中国网站，对于刚刚发展起来的中国网络而言，形势十分严峻。作为网络安全的先行者，启明星辰始终保持高度警惕状态。严望佳要求公司攻防实验室的专家们，时刻关注黑客攻击事件的发展，分析黑客采用的各类技术和被黑网站存在的各种漏洞。4月23日，启明星辰会议室内的气氛非比寻常。经过热烈讨论后，严望佳一锤定音，"作为网络安全服务商，启明星辰有必要，也有能力提供紧急响应服务"。4月24日，一份完善的"网站光明行动"方案送到了严望佳手中。严望佳决定，立即成立服务小组，带领各部门的精兵强将专门负责这项任务，"网站光明行动"全面展开。据统计，启明星辰共为数十家单位进行了上门服务，网上公布的系统安全配置修补意见被下载了数千次。"网站光明行动"取得了成功。凡是接受了启明星辰安全产品保护的单位，全部安全度过了这一危机。

"网络科技越发达，黑客的手段就越高明，我们必须打起十二分精神。"自2002年起，启明星辰稳居国内入侵检测、漏洞扫描市场占有率第一位，并陆续承担了包括"计算机信息系统安全保护等级评估认证体系""国家863计划""国家火炬计划"等近百项国家级重点科研项目,全力捍卫中国网络信息安全。凭借领先的技术实力,启明星辰自主研发出一系列高科技网络安全产品,广泛应用于政府、电信、金融、能源、交通、军工、制造等多个领域,逐渐成为国内最具实力且拥有完全自主知识产权的网络安全服务综合供应商,以自身先进技术引领国内反黑行业一路向前发展。

启明星辰成长壮大以来,先后出色完成2008年北京奥运会、2010年上海世博会、2010年广州亚运会、2012年亚欧博览会、2014年APEC会议、2016年G20杭州峰会、2017年"一带一路"国际合作高峰论坛以及"嫦娥号""天宫号""玉兔号"等众多国家级重大安保项目,为我国网络空间安全保驾护航。启明星辰集团也是2022年北京冬奥会官方供应商合作伙伴。

> 严望佳领导的公司从无名小卒成长为国内网络安全领域的领跑者,带领公司持续在云计算安全、大数据安全、物联网和移动互联网安全领域积极投入部署,研发自主核心技术,搭建信息安全产业生态圈,为中国网络安全行业的发展添砖加瓦。启明星辰的成功,得益于各方面的鼎力支持,也离不开国家产业政策的调整。饮水思源,行稳致远,如今,作为全国政协委员,严望佳积极建言献策,继续为国家信息和网络安全贡献自己的力量。

张朝阳:中国门户网站第一人

张朝阳,1986年毕业于清华大学物理系,并于同年考取李政道奖学金赴美留学,1993年获得博士学位后,在麻省理工学院继续博士后研究。1996年,张朝阳在风险投资支持下创建爱特信公司,随后推出其品牌网站搜狐网,并更名为搜狐公司,曾先后带领搜狐、畅游和搜狗公司上市。1998年10月,张朝阳被美国《时代周刊》评为"全球50位数字英雄"之一,被外界誉为"中国互联网教父"。

1981年凭借出色的成绩,17岁的张朝阳考入清华大学物理系。虽然清华大学高手如云,远不是西安的高中可以比的,可张朝阳也并不是一个轻易认输的人。事事要争第一的性格令他在清华的那4年倍感压力,为了缓解这种压力的情绪,他又培养了一个新爱好——练习冬泳。可在他心中,这种学霸间竞争带来的"苦涩",更像是一种"自虐"。

而这种情绪,一直到1986年他赴美留学才得以好转。1986年,张朝阳以优异成绩从清华大学毕业,在获得李政道奖学金之后便前往美国麻省理工学院,继续攻读物理专业的硕士、博士学位。许是因为大学4年压力过大,到了美国之后,张朝阳彻底放飞自我,极尽所能地表现自己,他就像是个迟到的叛逆少年一般,蓄长发梳马尾、穿Polo戴墨镜、开敞篷车,怎么酷怎么来。1993年,经历了7年的学习生涯,张朝阳顺利拿到博士学位。由于在留学期间,大量的实验数据需要通过计算机进行计算,因此也让他对互联网产生了浓厚的兴趣,他的梦想也从做一名物理学家变为开一家互联网公司。

当时,"互联网"一词对于国人来说,那是相当的陌生,张朝阳希望自己能够当一名开拓者,让更多的中国人见识到互联网的强大。1995年7月,张朝阳开始有了回国创业的强烈念头,美国随处可见的"硅谷"式创业更是激起了他的热情。他清楚地认识到互联网经济极为惊人的商业和社会价值,于是便下定决心创业。张朝阳联系到了ISI公司,想做China Online(中国在线),用互联网搜集和发布中国经济信息,为在美国的中国人或者对中国感兴趣的人服务。ISI总裁当时和张朝阳的想法相近,两人一拍即合，于是在1995年年底融资100万美元，张朝阳以ISI公司驻中国首席代表身份，开始用互联网在中国搜集和发布经济信息。在ISI为华尔街服务的经历，让张朝阳觉得中国互联网的市场潜力巨大。在入职前，张朝阳与ISI做过约定，任期仅为一年，在工作一年之后他便会离开公司自己创业。当时的他已经清楚地意识到，处在改革开放浪潮中的中国，绝对是创业的最好时机，此时的互联网一定能够掀起巨浪。于是，等到一年期满之后，张朝阳毫无留恋地结束了ISI的工作，回国创办公司。

在创办第一家公司——爱特信公司时，张朝阳在筹集资金一事上遇到了难题。为了给公司拉到投资，张朝阳不断地往返于中国和美国，只可惜几个月下来依旧没有任何人愿意投资他的公司。他站在美国街头的电话亭内一次次拨打电话，试图寻找能够资助他创业的人，可当时的美国人对于投资中国的互联网公司并不感兴趣，甚至最狼狈的时候，他还被人直接从办公室撵出来。经过不懈的努力，张朝阳终于等到了一个时机，在麻省理工学院老师的引荐下，他得以见到麻省理工的媒体实验室主任尼葛洛庞蒂教授和商学院的爱德华·罗伯特教授，这才得到了22.5万美元的风险投资。有了第一笔投资之后，公司终于可以正式投入运营，张朝阳兴奋地回到北京，来到公司所在的万泉庄园开始筹划未来。

作为国内的第一家由国外风投资金创建的互联网公司，张朝阳没有丝毫可以借鉴的经验，不管做什么都只能靠自己一步步摸索。经过两个月的筹划琢磨，张朝阳终于决定，先建立一个网站，至于网站里的内容，依旧没有什么头绪，只能再回美国和同行们学习一下怎么做网页。

作为投资人的尼葛洛庞蒂教授知道张朝阳的发展遇到困境之后，给出了不少实质性的建议，其中就包括让其借鉴美国著名的"热连线"网站。

这家网站有点类似我们现在的门户平台，就是雇大量的写手写大量的文章，分门别类地刊登在网站上，由于发表的文章题材新颖，且短小精练、易于阅读，网站很快便受到网友们的欢迎。不过这样的网站也不是随随便便就能开起来的，运营起来需要投入大量的人力、财力，这都是张朝阳当时所不具备的。虽然没钱打造纯原创网站，可他也从中吸取了一些运营灵感。他打算将其他网站发布的内容以链接的形式导入自己的网站中，这样既不用多花钱，也能让网站的内容变得更加丰富。

于是，张朝阳立马开始布局，谁承想这种方法还真好使，没过多久浏览网站的人数便出现大幅度增长，对此，张朝阳还十分接地气地将网站的名字改为"搜乎"。此时正好赶上雅虎上市，时年32岁的张朝阳看到了门户网站的未来，也彻底定下了之后网站发展的方向，他要打造中国的"雅虎"，做中国的信息服务网站，连网站名字都改为致敬雅虎的"搜狐"。虽然第一家全中文网上搜索引擎公司的名头听着很霸气，但个中艰辛不足为外人道也。

1998年2月，张朝阳正式推出了第一家全中文网上搜索引擎——搜狐（SOHU）。好不容易在门户网站方面有所突破，可奈何第一笔投资已经花得差不多了，公司又到了捉襟见肘的地步，甚至连员工的工资都快发不下来了。1998年3月，张朝阳获得Intel等两家公司210万美元的投资，有了充足的资金，终于可以大展拳脚，他不分昼夜地伏案写商业计划书，将网站做了进一步优化，不光把链接类整合成了分类查询搜索，还增加了内容频道和新闻频道，公司正式步入正轨。1998年9月，搜狐上海分公司成立，1999年6月组建搜狐广州分公司。2000年，搜狐在美国纳斯达克挂牌上市，并购了中国最大的年轻人社区网站ChinaRen，网络社区的规模性发展给门户加入了新的内涵，使之成为中国最大的门户网站，奠定了业务迅速走上规模化的基础。

张朝阳不失时机地进行了一连串大手笔的动作，让搜狐出现在更多的地方。他及时判断出短信对于互联网的巨大利益，并尝试着把它作为一个能与互联网紧密结合的产业来运作。2001年耗资百万成就"SOHU手机时尚之旅",张朝阳亲自出现在首席形象代言人的位置上,这在风风雨雨的互联网世界确实收到了空前的效果,树立了SOHU人的信心。2002年,全世界的互联网市场都陷入低迷时刻,搜狐依旧能够强势破局,第一个实现盈利。2003年,搜狐捷报频传,2月25日,搜狐推出韩国游戏《骑士》进军网络游戏。在2003年上市公司中国科技人物财富排行榜上,张朝阳仅次于丁磊屈居亚军,在胡润2003年中国IT富豪50强中张朝阳亦名列三甲。

作为首个国内搜索引擎网站,搜狐不光为全国网友打开互联网世界的大门,同时还开启了属于中国门户网的辉煌时期。张朝阳被美国《时代周刊》评为"数字英雄",登上《亚洲周刊》的封面,带着搜狐远赴美国,在纳斯达克挂牌上市。

2005年年底,张朝阳与北京奥组委达成合作意向,搜狐成为2008年北京奥运会互联网独家赞助商,在当时,"看奥运,上搜狐"的广告语享誉全国。2006年,做大做强的搜狐开始涉足娱乐行业,自制网剧、举办选秀比赛,推出的网游《天龙八部》至今还有大量的玩家。到了2008年5月,奥运火炬登顶珠峰,而搜狐则是全世界唯一参与现场直播的互联网平台。凭借这些亮眼的成绩,搜狐不论是股价还是业绩全面超越新浪,喜提四大门户之首。2009年,搜狐畅游赴美上市,张朝阳再次前往纳斯达克敲钟,此时的他,正好45岁。

互联网是一个高风险的产业,即使在搜狐公司状况极好的时候,媒体也称张朝阳是站在"风火轮上,飞旋着忽上忽下,难以平静"。而难得的是,张朝阳对自己的事业有着极为坚定的信心。有人将中国早期互联网(1996—1998年)定义为两个时代:一个是瀛海威时代,一个是搜狐时代。瀛海威是封闭的模式,而搜狐开始探讨共享与互联的定义,这是前卫的,也是极具冒险性的。然而，在最危急的时候，张朝阳也从未丧失信心，他坚信自己从事的网络不是泡沫，这是他笃定前行的信念，也是他在一步步挖掘探索中成长为巨人的最好见证。

> 作为一个海归派的优秀青年，张朝阳把珍贵的互联网理念和文化带入中国，在国内大多数人并不理解网络的时候，他以其极端新锐的方式，把互联网的先进运作方式、互联网的前卫体验引入中国，并在中国推广风险投资的理念，且以搜狐的成功实践加以论证。在如何构筑一个新兴企业的文化、创立新兴公司的管理方法等方面，他也给中国的互联网提供了宝贵经验。以张朝阳为代表的海归创业者，给中国的年轻人树立了一种创业致富的新新人类的形象，某种意义上，张朝阳是一代青年人的楷模。

李彦宏：中国（中文）搜索引擎的开拓者

> 李彦宏，1991年赴美国纽约州立大学布法罗分校学习，获得计算机硕士学位。1999年年底，李彦宏像很多硅谷技术人员一样怀抱"科技改变人们的生活"的梦想，回到中国成立了百度公司并任董事长兼首席执行官。2005年，百度在美国纳斯达克上市，创造了中国概念股的美国神话，成功地打造了一个让世人瞩目的"百度帝国"。

1987年，李彦宏以阳泉"高考状元"的身份进入北京大学信息管理学院，之后他很快将目标锁定在出国留学。当时，李彦宏托福考了600多分，向美国20多所学校寄出了材料——大都没有回音，直到1991年毕业，李彦宏才终于等到了纽约州立大学布法罗分校的录取通知书，专业是计算机，并且有奖学金。于是，23岁的李彦宏远渡重洋来到美国纽约州立大学布法罗分校主攻计算机科学硕士学位。

李彦宏在留学读研期间，导师讲了这样一句话："搜索引擎技术是互联网一项最基本的功能，应当有未来。"这句话让李彦宏明确了自己的学习方向和人生目标。1992年，互联网在美国还没开始普及，但李彦宏已经开始行动——从专攻计算机转为开始钻研信息检索技术，并从此认准了搜索。

1997年，李彦宏放弃攻读博士学位的机会，前往当时硅谷著名的搜索引擎公司Infoseek，开始做金融信息检索技术。在硅谷，李彦宏看到了"一个有知识的人如何利用知识发财致富，在泡时间读硕士博士当教授之外，另有一条明亮的成功途径"。"在这里，我亲见了当时最成功的搜索技术公司如何在股市上呼风唤雨，见识了每天支持上千万流量的大型工业界信息系统是怎样运转工作，我也见证了Infoseek后来的每况愈下和惨淡经营。但最重要的是，在Infoseek，我找到了我一生的兴趣所在——互联网搜索引擎。那时，正是在北大所学的信息检索方面的理论，让我比任何计算机系科班出身的工程师都更能够理解普通用户习惯于怎样的信息获取方式。我意识到搜索能让每个人与所需信息的距离只有鼠标的点击一下那么远，这种感觉是那么的美妙。从那以后，我从来没有离开搜索引擎超过24小时，不是因为我是工作狂，而是因为我喜欢。"李彦宏曾说。

雅虎搜索引擎小组的负责人吴炯回忆道："那个时候，雅虎公司并不认为搜索非常重要，但是李彦宏不同。他看上去非常的有决心和信心，并且一直坚持了下去。我非常佩服他现在所成就的一切。"李彦宏在回忆时说道："我小时候有很强的不服输心理，越是被大家不看好的事，我越是要做成。"

正是依靠自己对于搜索的执着和激情，他选择了回国创业。1999年创业伊始，李彦宏和合作伙伴徐勇计划融资100万美元，当时正值互联网泡沫，中国概念股很热，因此有三四家投资公司抢着来谈，谈判中间一个投资人出去打了个电话，是打给业界翘楚威廉·张的，他想知道李彦宏的技术到底什么水平，他得到的回答是："在引擎技术方面，李彦宏在全世界排前三。"就这样，他们顺利拿到了风险投资，并让百度成为Google之外的全球第二大独立搜索引擎公司。

1999年年底，李彦宏携120万美元的风险投资回国与好友徐勇共同创建了百度网络技术有限公司，并在短短6个月的时间内完成目前中国最大、最好的中文搜索引擎的开发工作，中国互联网的基本模式成型："门户+社区+电商+社交+游戏+文娱+搜索"，并引领超过20年的浪潮。

"众里寻他千百度，蓦然回首，那人却在灯火阑珊处。"在经历了阳泉—北京—硅谷—北京后，他才发现原来19岁时所学的信息管理专业就已注定了他的终身追求在"搜索"上。李彦宏曾说："我之所以选择进入搜索引擎领域，一方面因为这是我喜欢并擅长的领域，我在北大读书期间就在研究与搜索引擎相关的技术；到美国后接触了当时世界上最先进的信息检索技术，后来发明了超链分析，并在美国取得专利，这也是1999年之后被世界主流搜索引擎采用的一项技术。除此之外，还有一个重要原因就是，我发现当时中国搜索引擎技术和市场还是一片空白。当时在学术界虽有研究，但与实际商业运营还相去甚远。"

在创立之初，百度主要是为门户网站提供搜索技术服务。经过2000年与2001年的网络低潮后，李彦宏意识到了直接面对终端客户的必要性，于是开始战略转型——做独立的搜索门户。但百度的爆发期并没有在这次转型后立即出现，而是出现在2004—2006年，也就是中国搜索引擎的爆发期。

可以说，市场成熟是百度迅速扩大的一个重要原因。李彦宏说："如果没有这种渗透到普通人生活中去的市场渗透力，百度不可能成长为今天的规模。在百度成立之前,绝大多数的互联网都是英文,中文只占很小比例,中文在互联网上是一个非常弱势的语言。百度早期市场份额的快速增长正是建立在此基础之上。我们在早期特别追求收录网页的数目,在别的地方找不到的东西在百度上可以找得到,而在百度上找不到你在别的地方也几乎是找不到的。公众慢慢形成这样一个印象之后,就会突然意识到搜索引擎其实非常有用,而搜索引擎也变成了一个大众型的产品。"

视野有多远,世界就有多大。百度成立之前,中国人从来没有像今天这样能如此便捷地获取信息。今天,百度收录的中文网页的数量超过150亿。面对如此庞大数目的中文网页,一些外国公司的CEO也都承认,未来5年,中文有可能成为世界上第一大互联网语言。李彦宏认为:"在这方面,我们相信百度发挥了一定的推动作用,用自己的技术和努力使互联网上的所有中文信息更容易被发现,而让公众更便捷地获取所需要的信息,一直是百度的理想,也是我的理想。在实现这个理想的过程中,我不会刻意去思考哪类人是我要争取的人。我要做的事情就是,让远在新疆种地的农民能够像大都市里的人一样,想知道什么就立刻能便捷地知道。所以我们不需要坐在办公室琢磨什么产品花哨,能够引起公众的注意,而只需要琢磨什么产品和服务是普通老百姓真正需要的,贴吧、知道、百科就是从这一出发点设计出来的产品。百度所做的产品,所提供的服务就是要让更多的人从中受益。"

现在,中国已经成为全世界第一大互联网国家,拥有全球最多网民,互联网渗透率超过世界平均水平,对搜索引擎企业来说是一个非常好的发展时机。事实上,从创立百度的第一天起,李彦宏的理想就是"让人们最平等便捷地获取信息"。这个理想不局限于中文,不局限于互联网。他希望为所有中国人,以至全世界的人类,寻求人与信息之间最短的距离,寻求人与信息的相亲相爱。

在百度这艘"舰艇"乘风破浪的过程中，李彦宏一直担任着船长的身份。事实上，李彦宏一直在不断修正百度的方向。2001年，是百度建立商业模式的分水岭，当时百度的主要业务还是为门户网站提供搜索技术服务，李彦宏认为独立搜索引擎更有前途，他开始了对董事会的说服工作，这不仅是放弃一个被证明是行得通的商业模式，更重要的是"放弃了当时公司100%的收入"。这是百度历史上一次最重要的"自杀"行为——转型做独立搜索引擎，但这次"杀"招却让百度成就了今天的一切。2006年，李彦宏又裁撤了企业软件部。这个从2001年就开始为百度贡献收入的部门，最终也是由于李彦宏想让百度更加专注在竞价排名搜索引擎上而被裁撤掉。"裁撤"而不是"出售"，只因李彦宏希望留住那些不可多得的技术人才，因而不惜付出更高的代价。

世界经济曲折复苏的历程正如赛车场上的多弯区域，要么超越，要么出局，只有胆识、谋略、敏捷兼具的赛手才能把握稍纵即逝的机会，在出弯道前实现超越。李彦宏的"弯道超车"实践最早始于21世纪初的互联网泡沫破裂，那时百度刚刚诞生两个月，李彦宏力排众议，顶着董事会的巨大压力毅然转向做独立搜索引擎，结果是百度成功了。随着百度引擎技术走向成熟，在纳斯达克挂牌上市，当日涨幅达到353.85%，创造了纳斯达克历史上的一个奇迹。

国际金融危机爆发时，百度又一次处在弯道超车的赛道上。李彦宏带领百度坚持以搜索为核心的"721业务战略"，并且持续创新，从而成功实现超越。百度一系列的动作和技术创新产品的推出，也证明了这一点。从全新的"框计算"理念的提出，贴吧、阿拉丁、凤巢、百度地图等产品和战略规划的浮出水面，百度追求的是哪怕千分之一秒的用户搜索体验的提升，以及搜索营销价值的最大化体现。

在李彦宏眼里，百度从一个盈利的新锐型公司发展到了有一定积累的、规模较大的公司。"但这并不是我们的理想状态。"李彦宏说,理想的状态是让百度不仅在中国有影响力,还要在全世界有影响力,但要实现这个理想还需要眼界。李彦宏很庆幸自己曾经在国外工作的6年间积累了不少外国公司的经验——他知道"人家是怎么玩的"。李彦宏说:"除此之外,你还要有耐心,就是要认准了就去做,不跟风,不动摇。如果总是摇摆不定,经不住诱惑,那么什么事也成不了。"

目前,百度公司走过了20多年的发展历程,今天已经成为一个市值超过100亿美元的著名互联网技术公司,为越来越多的人提供服务。"百度一下",已经成为人们进行搜索的新词汇。不仅如此,秉承着相信"技术可以改变世界"这一在百度成立之初就定下的信念,百度持续追随着世界互联网技术发展潮流和趋势,早在2010年百度就开始探索人工智能技术解决搜索领域问题,大举投入人工智能技术的研发,如今,作为中文搜索引擎的标杆,百度结合人工智能和大数据等新兴技术,通过学习关键词搜索与搜索结果之间的紧密联系更好地满足用户意图。随着AI技术应用的越来越频繁,百度也在通过核心人工智能技术引擎——"百度大脑"不断拓展新的人工智能业务,如阿波罗自动驾驶、小度助手、飞桨深度学习框架、文心一言……在人工智能大潮奔涌而来的今天,百度成为领先的AI生态型公司,成功地打造了一个让世人瞩目的"百度帝国"。

李彦宏在20世纪90年代率先深入研究搜索引擎技术,拥有"超链分析"技术专利,推进了知识或者智慧的进程、创造,最终促成了一个新产业的出现,在引入互联网搜索引擎业态中作出了引领性贡献。百度的上市也为引入美元资本发展国内互联网产业起到了示范作用。李彦宏自留学伊始就奠定的互联网创业信念为他后期持续

> 不断追随、更新、赶超世界互联网前沿技术趋势提供了引擎力，立足搜索引擎领域不断深挖探索，与人工智能前沿技术横向结合，充分利用中国互联网场景发展优势，使他能够将创业梦想不断放大，成为中国互联网行业发展历史的关键性和引领性人物。

杨浩涌：互联网浪潮中的"赶集人"

> 杨浩涌，1996年毕业于天津大学，1999年获得中国科学技术大学工程硕士学位后出国留学，2001年获耶鲁大学计算机科学专业硕士学位。2001—2004年12月在美国硅谷Juniper Networks公司就职，2005年回国创办北京飞翔人信息技术有限公司，又名"赶集网"，打造本地同城生活信息发布展示的第一中文网站。

1997年，杨浩涌接到了来自巴尔的摩的约翰斯·霍普金斯大学的邀请函，到那里攻读机械学博士学位，然而，在那里待了两年之后，1999年，正好赶上国际互联网业登上历史的舞台。校园的报刊亭旁、校园里漫步的行人、教室里讲座中言必称互联网，就像暴雨前的阵风那样平地而起，大有使人反应不及之势。

杨浩涌不安起来，在职业概念上天生相当敏感的他似乎也开始见异思迁起来。他找来了相关的资料，到报刊亭买来了这方面的报刊。他一个人沿着巴尔的摩的公路走了很远，豁然开朗的环境也帮助他深入思考，"那是一片充满希望的开阔之地，因为，在互联网这片广阔的空间里你可以种植任何作物。""机会来了！机会是给有准备的人！转学！"

他果断作出了决定。于是，在耶鲁大学300年校庆的日子，他来到了耶鲁大学艺术与科学研究院，开始从事计算机科学的研究项目。现在，回顾当初的选择，对于有着天生的企业敏感的他实在是再顺理成章不过的事。

2004年年底的一场大雪覆盖了整个北京城，杨浩涌踌躇满志地从波音747的舷梯上走下来，机场上的建筑和各种颜色的汽车如同贴在了一张巨大的白纸上。从四季如春的旧金山到正值严冬的北京，转眼间上演了两幅人间画卷。虽然身上有些冷，但冬天的童话还是引起了他十足的兴趣。他离开祖国已经8年，恨不得沿途贴着车窗看尽周围的景致，哪怕一团白雪从树冠上哗啦一下脱落下来他也感到亲切。因为，他的心里已为回国创业燃起了一团火。

飞快的车轮使漫长的求学过程成了昨天的故事，他要用10万美元起家办一个特殊的服务网站，成为中国分类信息的"领头羊"。他抱病做好了公司开业的一切准备工作，经过3个月的开发，网站的分类信息初步完成，就在他们买了酒要庆贺一番时，一条不好的消息飞进了眼帘——"诸如搜狐、新浪等大网站也在开始搞分类信息"。

这使他陷入沉思，那些已经相当成功的门户网站是否已经对新的专业网站构成威胁，分析结论涉及他选择的方向是否能够继续下去，要知道每月5万元的工资消耗如果长时间不能运转起来，是会拖垮这个刚成立的公司的。他经过细致的分析得出结论，那就是他们提供的分类信息所面对的服务对象与内容是那些大网站所不具备的。

几年过去了，这个名字很"百姓化"的赶集网已经相当火热，点击量每月翻倍上升，原来不到10人的公司已经发展到130人的企业。这位耶鲁大学的年轻人正是以当年那股雪地上的热情温暖着每一个寻求信息服务的朋友。2014年年底，赶集网发布了旗下首个O2O项目"赶集好车"，并开始从二手车、洗车市场布局O2O。

2015年4月，赶集网与58同城正式合并，双方共同成立58赶集有限公司，新公司将采取双品牌战略，赶集网与58同城保持独立运营。2015年11月，杨浩涌直接"带队"，担任瓜子二手车董事长及CEO，并以个人投资者的身份，向瓜子二手车投资6000万美元。2016年年初，瓜子二手车CEO杨浩涌二度创业杀入二手车电商，上来就掀起一波10亿元量级的广告战，这种节奏也让沉寂已久的二手车市场措手不及。2016年9月，杨浩涌的瓜子二手车完成超2.5亿美元融资，是二手车领域最大A轮融资。

如今，杨浩涌围绕汽车电商领域不断深挖，瓜子二手车商业模式不断根据行业形势、政策等更新调整。从杨浩涌的各类媒体分享中可以看出，他对二手车行业领域精辟、细致、透彻的见解彰显了即使在功成名就的今天，他依然对行业研究用心至深，在他擅长的领域，杨浩涌已然从专家变为"大家"。

> 作为一位成功的企业家，杨浩涌将分类信息行业推向更高的发展阶段，创新整合优势资源，推出更惠及民生的O2O优势项目。作为领略过国外互联网发展水平和速度的海归人才，杨浩涌没有随着国外互联网的潮起潮落随波逐流，而是抓住国内发展机遇，以自己丰富的学识、敏锐的行业嗅觉和卓越的才能不断地为行业业态丰富作出自己的贡献。

第二章

创业变迁——创业生态发展

进入新世纪，国际国内形势发生了新的深刻变化。伴随着中国改革开放和加入世界贸易组织带来的经济全球化，大量跨国企业进入中国投资发展，中国市场与国际市场实现初步接轨，中国产业和创新发展对海外留学人才的渴求前所未有。在2001年的世界华商大会上，时任国务院总理朱镕基殷切呼唤海外学子："你们回来吧，你们回国后将有广大的发展空间！"在这一阶段，人才开发工作首次被提升到国家战略发展的高度，国家、北京市及中关村层面联合打造了一系列支持留学人员归国创业的政策体系，在体制机制方面也不断改革创新，政府和一些社会力量共同构建形成了留学归国服务、创业孵化、项目推介、资本对接等全方位服务体系，留学人员创业园、科技企业孵化器等载体平台体系也逐步形成。同时，正值中国互联网行业进入高速发展期，以互联网创业为引领的中国留学人员"归国潮"逐渐形成，很多海外风险投资进入中国，也促进了中国本土真正意义上的风险投资机构涌现，国内资本市场逐渐完善，风险投资开始多元化发展。在这样的背景下，政策支持、创业服务、平台载体、风投资本等一系列创业"元素"共同交织形成了全国范围内开放完整的创业生态系统，吸引并促进了一大批海外留学人员回国创业，他们或带着创新理念，或带着投资资金，或以职业经理人身份，将在海外学习和积累的先进经验或创新想法带回中国，在北京创业生态系统的支持下，开启一个个"创业中国"的故事。

一、踏浪前行，掀起创业潮

回国创业是我国留学人员的光荣传统，也是报效祖国的主要方式。2003年12月，《中共中央国务院关于进一步加强人才工作的决定》提出"加大吸引留学和海外高层次人才工作力度"，首次将留学和海外人才提升到国家战略高度。

新世纪的留学浪潮与归国浪潮

进入新世纪之后，随着中国加入世界贸易组织（WTO），中国市场与国际初步实现接轨，中国留学人员群体的数量急剧上升。据《中国留学发展报告（2012）》，1872—2000年，中国累计出国的留学生仅为34万人，2000年当年出国留学人数为3.9万人。在2001年中国加入WTO后，当年出国留学人数骤增至8.4万人，2011年更加可观，仅一年的出国留学人数就高达33.97万人，为2000年出国留学人数的8倍，接近1978—2000年累计出国留学人员的总和。伴随着留学潮的发展，也相继涌现了市场化的留学服务机构，如被称为"留学教父"的俞敏洪早在20世纪90年代初就创办了北京新东方学校，创新性地将托福考题和签证官面签变成中国式的应试教育试题，让新东方迅速成为留学生的"制造工厂"。

随着经济全球化步伐的不断加快，海外留学人才"回流率"也大幅提升。"冷战"结束后,国际贸易和投资领域持续拓宽,以信息技术为代表的科技革命日新月异,中国等新兴市场空间不断扩大,全球人才流动逐步由工业化国家向新兴市场国家"回流",尤其是中国各类人才政策的出台,成功吸引了许多居留海外的高层次人才。与此同时,国际外部环境的变化也客观促进了留学学子归国发展的步伐,如国际社会发生了多起对国际学生流动趋向产生直接影响的重大事件,包括2000年互联网泡沫破灭、2001年"9·11"恐怖袭击以及2007年美国次贷危机等,使得以美国为首的西方发达国家安全性的不确定性增加,就业市场持续降温。在这样的国内外形势背景下,归国创业或就业成为留学人员的重要选择,他们带着前沿的技术与先进的理念回国,新一轮的"海归潮"也随之到来。据统计,2003年中国留学人员回国人数首次突破2万人,2008年受国际金融危机影响,回国留学人员年增长率超50%,2009年回国人数达到10.83万人,而到2012年,留学人员回国数量就已经高达27.29万人。

留学人员归国创业政策与环境优化

进入21世纪,国家对人才资源的重视程度也在不断提升,为吸引全球高层次人才,中央各部委出台了一系列政策。2000年中央经济工作会议首次提出"要制定和实施人才战略",国家人事部于当年印发《关于鼓励海外高层次留学人才回国工作的意见》,率先开展对于留学人员归国的定向支持。2001年,人事部、教育部、科技部、公安部、财政部联合下发《关于鼓励海外留学人员以多种形式为国服务的若干意见》,成为在鼓励留学人员为国服务方面的第一个较为全面、系统的文件。2002年,《2002—2005年全国人才队伍建设规划纲要》发布,首次提出了实施人才强国战略,次年的第一次全国人才工作会议就对实施人才强国战略做出了全面部署,明确提出要充分开发国内国际两种人才资源。2008年,《中央人才工作协调小组关于实施海外高层次人才引进计划的意见》明确引进海外高层次人才的实施举措。与此同时,面向归国留学人员的创业就业需求,与之相配套的一系列服务体系也逐步完善,如人社部组织实施中国留学人员回国创业启动支持计划,教育部举办"春晖杯"中国留学人员创新创业大赛,外专局积极支持地方留学人员创业园开展引智工作,工商系统采取拓展投资领域、扩大出资方式、拓宽融资渠道等多种措施为留学人员创办企业提供优质服务。

表2-1 国家层面支持留学生归国的部分政策

主 体	政 策	时间
人事部	《关于鼓励海外高层次留学人才回国工作的意见》	2000
教育部	《关于妥善解决优秀留学回国人员子女入学问题的意见》	2000
人事部	《留学人员创业园管理办法》	2001
人事部、教育部、科技部、公安部、财政部	《关于鼓励海外留学人员以多种形式为国服务的若干意见》	2001
国务院务公厅	《国务院办公厅转发公安部外交部等部门关于为外国籍高层次人才和投资者提供入境及居留便利规定的通知》	2002
人事部、科技部、教育部、财政部等	《新世纪百千万人才工程实施方案》	2002
人事部	《关于人事部与地方人民政府共建留学人员创业园的意见》	2002
国务院办公厅	《国务院办公厅关于转发人事部、教育部、科技部、财政部等部门留学人员回国服务工作部际联席会议制度的通知》	2003
人事部	《开展高层次留学人才回国资助试点工作的意见》	2003
国家人口和计划生育委员会办公厅	《对〈关于出国留学人员、华侨身份界定及相关问题的请示〉的批复》	2003

续表

主 体	政 策	时间
教育部、国家工商行政管理总局	《自费出国留学中介服务委托合同（示范文本）》	2004
人事部、教育部、科技部、财政部	《关于在留学人才引进工作中界定海外高层次留学人才的指导意见》	2005
人事部	《留学人员回国工作"十一五"规划》	2006
教育部	《关于进一步加强引进海外优秀留学人才工作的若干意见》	2007
教育部、财政部	《国家公派出国留学研究生管理规定（试行）》	2007
人事部、教育部、科技部、财政部等	《关于建立海外高层次留学人才回国工作绿色通道的意见》	2007
中组部	《引进海外高层次人才暂行办法》《关于为海外高层次引进人才提供相应工作条件的若干规定》《关于海外高层次引进人才享受特定生活待遇的若干规定》	2008
人社部	《关于实施中国留学人员回国创业启动支持计划的意见》	2009
中国科协	《关于贯彻落实海外高层次人才引进工作，深入实施海智计划的指导意见》	2009
中共中央	《国家中长期教育改革和发展规划纲要（2010—2020年）》	2010
人社部	《关于加强留学人员回国服务体系建设的意见》	2011
人社部	《留学人员回国工作"十二五"规划》	2011

　　北京市积极贯彻落实国家政策要求，以中关村为重点实施载体，围绕支持留学人员归国创业，在北京市层面制定了一系列先行先试政策。2000年年初，北京市启动首都"二四八"重大创新工程，明确提出加快留学归国人员创业园建设发展、成立创业投资协会、在美国硅谷设立中国留学生站点和窗口等工作。自此之后，北京市相继出台了《北京市鼓励留学人员

来京创业工作的若干规定》《关于促进留学人员创业园发展的若干意见》《关于继续开展高层次留学人才回国资助试点工作有关问题的通知》《关于实施北京海外高层次人才聚集工程的意见》《北京市鼓励海外高层次人才来京创业和工作暂行办法》《北京市促进留学人员来京创业和工作暂行办法》《关于支持中关村科技园区发展的外汇管理政策措施》等先行先试政策，为归国创业的留学人员提供了包括社会保险、户籍限制、税收减免、风险投资等一系列优惠政策。与此同时，北京市还陆续设立了北京市留学人员服务中心、北京双高人才发展服务中心、北京海外学人中心等面向留学人员的服务平台，通过建设留学人员创业园和高等学校学科创新引智基地、开辟海外高层次人才回国和来华工作的"绿色通道"等方式，帮助留学归国人员更加快速、便捷地落户融入北京。

表2-2　北京市留学人员回国支持政策（部分）

主体	政策	时间
北京市政府	《北京市鼓励留学人员来京创业工作的若干规定》（废止）	2000
北京市人事局	《北京市鼓励留学人员来京创业工作的若干规定实施办法》	2001
北京市人事局	《关于为来京创业、工作的留学人员确定专业技术资格的通知》	2001
北京市人事局	《北京市留学人员专项资金管理办法（试行）》	2003
北京市人事局、科委	《关于促进留学人员创业园发展的若干意见》	2004
北京市人事局	《关于继续开展高层次留学人才回国资助试点工作有关问题的通知》	2005
北京市政府	《北京市鼓励海外高层次人才来京创业和工作暂行办法》《北京市促进留学人员来京创业和工作暂行办法》	2009

中关村依托北京市先行先试政策赋能，进一步聚焦海外留学人才来"村"创业探索体制机制突破，制定更大力度或全国首创性专项支持政策，营造了全国最好的创新创业环境。在体制机制突破上，中关村积极开展外籍人才出入境管理改革，实施外籍高端人才永久居留资格程序便利化试点，在全国首创性地实施外籍人才"绿卡"直通车、积分评估等政策，如在面对留学人员户口落地难问题上，中关村先行先试，对引进的留学人员按照北京市有关规定办理"工作寄住证"或常住户口，不受进京指标限制，北京封冻了几十年的户口"坚冰"，率先在中关村打破。在专项政策上，中关村实施"英才战略"，专为归国创业的留学人员开辟了一条"绿色通道"，制定出台了"高聚工程"、人才出入境20条、国际人才新政20条等面向海外高层次人才的专项政策。从创业伊始到发展壮大，从关心留学人员的实际需求到运用政策手段切实解决问题，这些政策都是通过真金白银和各种免费条件来支持人才创业，支持力度前所未有，明确昭示了中关村对人才真心实意的渴望和重视。

与此同时，中关村在时任中关村科技园区管委会副主任夏颖奇的带领下，率先构建了留学归国人员创新创业六大服务体系。在人员对接方面，由中关村留学人员创业服务总部统筹，依托设立在硅谷、东京等地的海外联络处安排海外留学人员回国考察和接洽，各园区服务中心提供落地服务对接，市区两级政府进驻服务中心办公。在创业孵化方面，依托中关村国际创业园、海淀创业园、望京创业园等分园，通过减免房租、引入风险资金、提供专业化服务等方式，支持留学归国人员创业。在资源共享方面，中关村联合清华大学等高等院校创建留学人员创业园，通过大学科创资源赋能海归留学人员创业。在项目融资和推介方面，中关村不定期为留学人员组织大型项目推介活动，如"群英会""三三会"等，为他们寻找合作伙伴。在留学人员职业发展方面，中关村管委会与北京双高人才发展服务中心共同建立了海外留学人员职业发展服务体系。在创业资金方面,通过设立专项资金、小额担保贷款"绿色通道"等方式为留学人员创业提供资金扶持。在这样的努力下,中关村逐步形成了具有标志性与代表性的海归创业服务生态。"当时中关村的一句口号是'一个也不能走!',只要想回国创业来中关村考察的一个都不能走……"夏颖奇回忆道。

夏颖奇:中关村海归创业的贴心人

> 夏颖奇,1950年出生于内蒙古呼伦贝尔草原城市海拉尔,1972年成为第一批工农兵大学生,1978年考取第一批国家公派留学,1987年获得加拿大渥太华大学动力机械专业博士学位。2000—2010年担任中关村科技园区管委会副主任。

1999年8月3日的早上,从加拿大渥太华大学留学回国的夏颖奇看到桌上《北京青年报》头版刊发了《北京市召开誓师大会,举全市之力建设中关村科技园区》,这则报道让夏颖奇为之一振,"我得去中关村管委会参与建设中关村!""当时管委会只有20多人,像个前线指挥部。我的办公室没有窗户,整天开灯开门。食堂自己做面汤,街上买馒头饼子咸菜。我隔壁的会议室也没有窗户,我们整天在那里规划生命园、软件园,然后就撒出人马满园区跑,不分昼夜。中国最有名的科技园区从此起步。"夏颖奇回忆道。

"早期这里就是大学、科学院,没有什么企业,改革开放后才开始有高科技公司,20世纪90年代末起,联想、四通、方正、用友、新东方、百度、新浪、搜狐、小米,很多高科技企业拔地而起,这里变得眼花缭乱,每天都有新产品、新企业,轰轰烈烈。有成功有失败,故事天天在上演。"作为这片热土的见证者、建设者,最让夏颖奇感到欣慰的是,他可以为创业者服务，和大家交朋友，为大家做很多力所能及的事。看着自己参与扶持过的企业一个个地成长、壮大起来，夏颖奇说，"见证他们的成功，分享他们的喜悦"就是自己最大的满足。

这是一个真实的创新创业领域，自然也有着真实之中逃避不掉的残酷。曾经，一位企业家重病，术后3个月内不认识人，企业一落千丈，工资发不出去。夏颖奇在没有任何合同、借条的前提下，以个人担保的方式直接把从别人手里借来的150万元转账给他。在家中，夏颖奇对老婆孩子说，这钱他如果还不上，我们就咬紧牙关扛着吧！

他深知这个群体的作用太重要，力量太强大，让人无法不投入，"留学人员是中国知识分子中的优秀群体，留学人员回国是市场化国际化的重要载体"。正是基于这种认识，他身先士卒，带领团队全力以赴。

在中关村建立海归创业服务体系，夏颖奇总结了"两才落地"的理论："政府的一切努力，都是追求人才和钱财落地。人才是高科技之本，钱财是风险投资，让民间资本和国际资本支撑人才和创业。"他提出了中关村国际化的概念，创造性地写出了"国际化=市场化+法制化"的夏氏公式。

而要搞高科技，考虑到当时大量高端人才在海外，"我们就组团去美国和加拿大，主要是硅谷。12天5个城市，座谈、宣讲、谈话，白天黑夜地工作"。接着，海外人才大批涌入中关村，继联想、四通、方正、用友之后，新浪、搜狐、百度、小米等一批批涌现。王选、柳传志、段永基之后，又出现了张朝阳、李彦宏、雷军、俞敏洪、邓中翰、严望佳、俞孔坚……新人辈出，新技术辈出，新产品辈出，上市公司辈出。"从1999年我进管委会时只有一个海淀留学生创业园，早就不够用了，我就领命扩建组建"，夏颖琦回忆道。

国际创业园、北大创业园、清华创业园，中关村管委会十年间组建了28家留学生创业园，在硅谷、东京、华盛顿、伦敦、多伦多和阿姆斯特丹组建了6个海外联络处，制定了一系列政策和流程，夯实了中关村海归创业的基础设施，还成立了留学生服务总部，推出了海归手续"快办单"和《海归企业商务指南》。

中关村科技园要起步，还需要大量人才。为更好地服务中关村创业团队和企业，夏颖奇先后创办了"三三会"、中关村论坛，为海内外人才创业搭建交流平台。

天天和海归们在一起，为他们服务，夏颖奇已然忘我。当时亚信公司软件事业部副总工程师韩少云，从加拿大回中关村创办达内软件公司，夏颖奇帮忙为其引荐了IDG资本。在美国马萨诸塞州大学读博的清华学子刘斌，发现一项前沿技术后决定回国做研发和创业，在其用光家里所有积蓄走到穷途末路的时候，虽然项目还不够申请资金条件，但夏颖奇还是想尽办法帮他申请了10万元的资金，然后项目在一个月后的"三三会"上被投资人看好，最后成功融资4300万美元，刘斌的两个公司也最终全部上市。除此之外，中关村的海归企业从纳斯达克和纽交所上市回来，包括百度、搜狐、新东方、中星微、奥瑞金等，政府还为他们祝贺接风、发布新闻，夏颖奇就成了主持专业户。

"帮助他们成长和成功，见证中关村的发展和成就，就是我们的喜悦。我本身没有创业，但我们管委会是为企业服务的，如果他们没有长大，我们就会有挫败感，他们成功了，我们就有成就感。当你的企业很难的时候，我就要给你解决问题，让你的成长更顺利，让企业成功是服务型政府的唯一目的。"夏颖奇如是说。

社会力量支持北京海归创业

在北京海归创业的过程中，不可忽视也不可或缺的是社会力量的支持，如中国科协、中国侨联、欧美同学会、中国留学人员回国服务联盟等社会组织，中关村创业大街、留学生创业园、科技企业孵化器等载体平台，中关村论坛、"海外人才发展论坛"、"三三会"等活动平台，风险投资机构、创业服务机构等民间服务力量，都在源源不断地为北京以及中关村的海归留学人员创业就业提供人才、技术、项目、资本等对接服务与机会，也正是这些社会力量的支持，北京市与中关村的留学人员服务体系才得以逐步完善和健全。

"三三会"：为海归留学人员创业插上天使的翅膀

> 中关村"三三会"是中关村留学人员企业精品项目推介会的简称，由欧美同学会原副会长、中关村科技园区管委会原副主任夏颖奇发起，由中关村管委会主办、中关村留学人员创业园协会协办、中关村科技园区所属的各个留学人员创业园轮流承办。"三三会"是集中展示中关村留学人员创业企业风采、帮助留学人员创业企业融资的重要窗口，也是连接企业、投资机构、政府及中介服务组织的纽带，现已成为在业内极具影响力的服务海归留学人员创业品牌活动之一。

2005年，在北邮留学生创业园举办的一次中关村留学人员企业精品项目推介会（"三三会"）上，易查在线的创始人刘斌第一个做项目介绍。然而，刘斌在介绍结束后却匆匆消失了。原来，现场一位风险投资商看中刘斌的项目，生怕被人捷足先登，没等结束就直接把刘斌从会场接走做进一步交流，当天就敲定了100万美元的投资。当年，刘斌放弃了美国大学提供全额奖学金的博士学位，回国创办了易查在线，是一家注册资金只有20万元的小公司。但此后易查在线成为中国移动互联网的第一个手机搜索引擎商，正是"三三会"给予刘斌一个获得风险投资的机会。

"最开始不叫'三三会',叫'项目推介会',让海归企业跟本地企业接触,由已经在中关村的、规模稍大点的企业来跟这些海归企业合作,给予投资,这是'三三会'的雏形。""三三会"创办者夏颖奇如是说。

"三三会"的正式名称是中关村留学人员企业精品项目推介会,是中关村于2004年推出的一项服务措施。"三三会"的名字来源于这项活动的举办时间,在每个月的第三个星期三的下午,召开推介会向风险投资机构及银行重点推介三个留学人员企业有发展前景的项目,会议由中关村管委会主办、中关村留学人员创业园协会协办、中关村科技园区所属的各个留学人员创业园轮流承办。其中,中关村留学人员创业园协会(现称"中关村海外人才创业园协会")是2009年8月成立的一家非营利性组织,为中关村海外留学人员创业提供全方位服务。

与许多政府组织的对接活动不同,"三三会"更为低调与扎实,会议的主角是推介的项目,每次"三三会"都会要求到会的官员不要有太多的致辞和介绍,尽量把时间留给企业来陈述项目。一直以来,"三三会"都沿着自己的风格一场接一场地如期举办,自2004年4月首次举办以来,这个中关村最具影响力的创业项目推介会已历时10余个年头,共举办了100多个场次的推介会,有3000多个项目通过"三三会"得到推介,300—500个项目在会场进行了路演,许多优秀海归企业正是在这个平台上找到了适合自己的投资机构,借力资本市场实现了华丽转身。

最开始,"三三会"从中关村当地寻找愿意跟海归合作的企业,由这些本土企业为海外留学创业人员投资,并建立战略合作伙伴关系。慢慢地,"三三会"形成了自己的一套高标准、高要求的项目筛选、项目推介、活动举办等流程。2011年,中关村留学人员创业园协会做出决定,对"三三会"举办流程实行标准化管理,从举办时间、举办方式、整个视觉识别上全部采取标准化模式,其他跟企业项目推荐无关的内容尽量不再出现，包括举办方领导和参会领导的讲话。同时，"三三会"正式召开前，必须在内部进行预演，由主办方在预演中发现问题，并及时作出纠正。每年年初或者年底，中关村留学人员创业园协会也会对上一年和来年的"三三会"作一个总结和发布。

随着企业需求的不断迭代变化，在保留"三三会"传统项目的同时，其形式及内容上也在不断进行创新。从2011年开始，"三三会"的会议流程有所改变，要求前一次的举办方要在下一次"三三会"上进行汇报，任何园区如果有企业跟风投达成一致意向，都要举办简单的签约仪式，这对很多参会企业来说，可以起到树立信心的作用，同时"三三会"还新增了风投机构点评，形成与推介项目的良好互动，介绍项目的小册子也专门开设一个栏目，主要针对投资机构归纳各项目特点。从2013年起，"三三会"进一步强化项目遴选的深度和广度，及时发现优质种子期企业，成立专家工作组，加强对推荐项目在融资方面的专业路演辅导，进一步提高项目融资推介的规范性，进一步完善融资项目会后持续跟进机制，吸引更多高水平的风投机构对"三三会"所推荐项目的关注和投资。

通过高标准、高要求的活动设计，"三三会"逐步成为中关村代表性的品牌活动，为留创企业的科技创新项目搭建起融资平台，集中展示了留创企业科技创新成果，一批又一批精品项目在这个平台上亮相，促进了企业与政府部门、科研机构及投资机构间的沟通与联系，加快了留创企业的融资进度，是创业软环境建设的有效方式之一。

随着新经济、新业态、新赛道的不断发展，以及后疫情时代远程办公的常态化，"三三会"也积极求变，聚焦前沿赛道，逐步探索"线上+线下"的活动开展模式，不断与国内外多元化服务平台和机构合作，持续服务中关村以及北京市的海归创业企业与项目。2021年9月，中国人民大学海外人才创业园"三三会"成功举办，活动期间除了推介近20个

AI工业视觉、医学智能诊断、文创IP打造、智能教育等前沿赛道的创业项目，同时结合"智汇海淀"主题周活动，特别增设了"智探园区"线上互动直播活动，通过主播带网友探访园区的方式，参观园区及园内代表性企业、揭秘园区主题日活动筹备现场，让大家充分感受人大海创园文化科技园浓厚的人文底蕴和创新创业氛围。2022年4月，"三三会"生物医药专场路演活动在线上成功举办，来自中关村科技园的庄亚生物科技、佳聚橘井汇制药、通络酶生物科技、植物干细胞生物反应器、首医天坛创新药物团队及英柏生物等6个精品项目开展线上路演，向行业专家、投资界代表等近百位嘉宾展示创新技术与成果，这些项目的领军人物大多拥有多年国际知名医药企业研发工作经验，均为新药研发、高端医疗器械研发等前沿领域的佼佼者，给参会专家和机构留下深刻的"精""专""尖"印象，推荐项目也颇受投融资机构追捧。

> 如今，"三三会"已经成为中关村企业常态化的与资本对接的机会和自我展示的平台，拓宽了企业的融资渠道，加快了企业的发展速度，为中关村的创新创业发展贡献了一份力量。随着"三三会"活动与服务模式的不断迭代升级，也将持续为中关村以及北京市的海归创业企业与项目提供精准和耐心的服务。

中关村论坛：为海外人才搭建高规格交流平台

中关村是中国第一个国家自主创新示范区，是中国改革创新的"试验田"，创新是根植在这块土壤上的天然基因，为更好地让中国科技与世界前沿科技接轨，中关村论坛于2007年应运而生。中关村论坛以"创新与发展"为永久主题，自2007年起，历经十余年发展，聚焦国际科技创新前沿和热点问题，不断传播新思想、提炼新模式、引领新发展，已经成为全球性、综合性、开放性的科技创新高端国际论坛。

为什么要办中关村论坛？在曾担任数届中关村论坛秘书长的夏颖奇看来，这是一个应运而生、乘势而起的产物，说到底是政府为中关村的发展、为人才间交流搭建平台。"我觉得留学人员是中国知识分子的优秀群体，吸引他们回国是市场化国际化的重要载体。"夏颖奇带领同事们的出国访问和宣讲座谈取得了非常好的成效，越来越多的海归进驻中关村，人才的充实也刺激了中关村活力的迸发。随着中关村的发展，越来越多的国外企业、国际机构、知名学者，甚至多国领导人也对中关村产生兴趣。据夏颖奇回忆，他大概接待了2000多个代表团，几乎囊括世界上所有的国家。接待的外宾中有总统、总理、部长，诺贝尔奖获得者，众多500强企业代表。"几乎每天接待一个外国代表团，最多的一次，我一天接待了6个团，这个团走了收拾屋子，我在那屋接待，清理完了我们再回来，给他们讲中国的高科技发展现状、政策、趋势。"夏颖奇说，政府也每天开会研究如何促进企业发展、促进项目研发。

2005年，中关村管委会承办了国际科技园年会，这是一个规格很高的会议，管委会通过这个年会看到了论坛的平台性作用，意识到得按国际科技园年会的模式办一个论坛。在夏颖奇看来，"中关村发展到这个时候，需要一个高规格的沟通交流平台"。于是，2007年，中关村举办了国际科技园区北京论坛，在这一论坛上发布了《创新、合作与发展北京宣言》，这就是首届中关村论坛。自2008年开始，中关村论坛的名字被确定下来，"创新与发展"成为该论坛的永久主题。围绕这一主题，聚焦国际科技创新前沿和热点问题，设置不同的年度主题，成为中关村论坛长久以来的特色与坚持。

一场高规格的论坛，不仅要有政府的背书，还要有科技领域领军人物以及行业的龙头企业参与。而夏颖奇认为一场论坛的质量也取决于演讲嘉宾的水平。因此嘉宾的邀请就成了重中之重，而这一任务仍旧是由夏颖奇来负责。国内专家、"大腕"邀请起来不是太难，比如柳传志、李开复、张朝阳等企业家和名校校长、院士，都愿意抽出时间来参加论坛。但是，对于中关村论坛这种科技创新类的论坛来说，需要更广阔的国际视野，不能只请国内人士。"我当时就认为，中关村论坛除了邀请国内科技领域的领军人物，还要请诺贝尔奖得主、世界500强的高管。"夏颖奇回忆道。在2008年中关村论坛前夕，他就列出了一张包含诺贝尔奖得主和知名跨国企业高管的拟邀嘉宾名单。而由于筹备时间短，邀请函是在论坛开幕前一个月发出的。即使时间略显仓促，当年的中关村论坛仍旧邀请到了诺奖获得者和图灵奖获得者出席，并发表主题演讲。

驭势科技联合创始人、董事长、CEO吴甘沙，曾在2017年作为中关村国际前沿科技创新大赛参赛者参与论坛，他表示："这么多大师，这么多新锐前沿的技术成果，一下子在你面前爆炸式地展开来，其实对于我们的冲击是非常大的。"论坛的观点会深深地影响公司的一些战略选择，同时也能够让国内的公司明白做前沿科技所需要的心态，从而随时调整新的技术路线，探索世界发展的新机遇。

中国科学院院士、西湖大学校长、清华大学教授施一公先生，曾在2018年的中关村论坛上分享了以"顶尖人才和创新文化环境的关系"为主题的演讲，并提出唯有让顶尖人才进行顶尖引领，才能真正做到科技自强自立，而中关村论坛就是这样一个国际交流的平台，中国最优秀的科技公司可以在这里跟国际上最优秀的科技公司对接、合作、共话未来。在中关村论坛的促成下，许多企业找到了新的发展方向，例如，阿斯利康作为一家在中国深耕的跨国制药企业在论坛找到了更多合作机会，北京天智航医疗科技股份有限公司的天玑机器人，两次成功获得"中关村十大创新成果"奖，最终选择在中关村论坛进行亮相。

2019年正是新一轮科技革命和产业变革加速演进的关键节点，中关村论坛将主题聚焦在前沿科技与未来产业。习近平总书记向大会致贺信："中关村正努力打造世界领先科技园区和创新高地，举办中关村论坛共议前沿科技和未来产业发展趋势，共商全球创新规则和创新治理，促进各国共享全球创新思想和发展理念，具有重要意义。"

2020年的中关村论坛上，龙桂鲁教授关于量子直接通信技术重大科技成果的发布惊艳全场，他展示了全球第一台具有实用价值的量子直接通信样机，实现了10公里光线链路每秒4KB通信速率的量子保密电话。中关村论坛让中国顶尖科技成果得到政府部门与世界的重视，从而推向全世界，可以说中关村论坛是科技高速发展的启动键。

2021年，中关村论坛首次设立了区块链的平行论坛，沟通、交流、创新、合作，前行中的中关村论坛已成为中关村打造创新高地的重要依托。在全体大会上，国家新一代人工智能治理专业委员会主任薛澜发布了《新一代人工智能伦理规范》，将伦理规范融入人工智能全生命周期，推动了人工智能健康发展，同时给政府部门提供了创新与治理两个有效准则。由此可见，中关村论坛连接的不仅仅是理念与思想，还有前沿的技术、丰硕的成果、创新的产品，更有落地的实效。

2023年，中关村论坛围绕"开放合作，共享未来"的年度主题，设置六大板块、150场次活动，云集了来自全球86个国家和地区的5000余名科学家、企业家、投资人、创新创业者参会，超过200家外国组织和机构共襄盛举。顶尖的思想在这里汇聚碰撞，顶尖的科技在这里成果转化，顶尖的企业在这里生根发芽，顶尖的传奇在这里孕育成长。"最强大脑"们纵论全球科创大势，各抒己见，凝聚共识。平行论坛的560名演讲嘉宾中，外籍嘉宾占比超四成。

中关村论坛立足中国国情，面向全球进行科技与创新交流合作、凝聚共识，通过思想碰撞及理念的表述、争论、冲突，最后达成对未来发展之路大方向的共识，成为中国接入全球创新网络的助推器，海归人才和自主培养人才交相辉映，为许多企业指明了发展方向。

如今，中关村论坛上发布的高新成果无一不是国际顶尖技术，中关村乃至全北京2023年平均不到5分钟就诞生一家科技型企业的活力；万人发明专利拥有量218件，居全国第一的能力；独角兽企业数量位居全球第三的实力；中关村示范区企业总收入8.7万亿元，占全国国家高新区的1/6，年收入亿元以上的企业达4244家；拥有80家全国重点实验室，排名全国第一的底气……中国在一些新兴领域的研发和技术甚至做到了全球领先。

> 从北京走向中国，再拥抱世界，中关村论坛这个诞生于2007年举办了14届的盛会，是中关村走向世界的窗口与引擎。如今，中关村论坛不仅是北京开展国际科技合作的重要平台，而且已上升为国家级的品牌论坛，也为各国共同探讨科技创新、推动可持续发展提供了一个共同对话、合作共赢的机会。在全球面临诸多共同挑战的时刻，中关村论坛为各方提供了分享经验、加强合作、推动创新的机会，国际合作和开放共享的理念在论坛的平台上得到深化，共同推动全球科技创新的发展！

二、满园春色，留创园蓬勃发展

"中国的发展日新月异，每一条街道都和上次回国时有所不同。我不愿只做见证者，我要做参与者！"美国西北大学应用工程数学博士蒋亚洪2007年选择来到中关村，在中关村国际创业孵化器留创园注册成立"优讯时代"，这里并没有让他失望，在孵化器的支持和帮助下，他的企业蒸蒸日上。在国家政策的带动下，北京的留创园如雨后春笋般应运而生，为广大留学人员施展才华、报效祖国、创新创业提供了沃土，一大批留学人员的高新科技企业在园区内实现产业化，成功迈上国内乃至国际产业前沿和市场高端。

北京留创园体系逐步形成

进入21世纪后，北京留创园群体规模迅速扩大。自2000年开始，人事部大力鼓励与地方人民政府共建留创园，借鉴中关村园区管理机构北京市留学人员海淀创业园创办的成功经验，更进一步加大与高等院校、科研机构等合作，北大留创园、清华留创园、北航留创园、北京科技大学留创园、北京理工大学留创园等纷纷挂牌，依托顶尖学校的学科优势与资源禀赋，实现对特定产业领域海归创业企业的深度赋能，为广大留学人员施展才华、报效祖国、创新创业提供了沃土。

从2005年开始，随着北京留创园的发展成熟与新兴产业的逐步集聚，留创园开始由综合园向专业园发展，创办留创园的主体也日渐向多元化发展。2005年，全国首家民营企业投资建立的留创园——北京经济技术开发区留学人员（汇龙森）创业园挂牌成立，填补了以民营企业为投资建设主体的空白，自此由政府、大学、企业等多元主体建设的留创园体系逐步形成，如北京市留学人员服务中心与园区管理机构联合牵头建设的海淀留创园、丰台留创园、中关村国际企业孵化器留创园等；与北京大学、清华大学、北京航空航天大学、北京工业大学合作的北大留创园、清华留创园、北航留创园、北工大留创园等；与科研院所中科院自动化所牵头建设的中自留创园；由民营企业汇龙森国际企业孵化（北京）有限公司建设的汇龙森留创园等。正是各类主体、各种资源的聚集，使得北京留创园有了更好的发展，一大批留学人员的高新科技企业在园区内实现产业化，成功迈向国内乃至国际产业前沿和市场高端。

在这段时期，北京留创园以建设服务型政府为核心，形成了全国领先的服务模式，为海归创业项目提供了优渥的发展土壤。在创新创业服务方面，绝大部分留创园都具备较为完整的基础服务体系，能够为企业孵化提供工商注册、税务登记、高新技术企业资格认定等"一条龙"服务，以及更进一步的创业辅导、法律咨询、专利信息、财务顾问、融资贷款等专业化服务。在平台建设方面，大部分留创园通过与有关部委、地方政府、高校和科研院所联络，搭建各类服务和对接平台。截至2012年，北京留创园数量发展至34家，在园企业达到1443家，累计吸引海归人才2199人，共有21家企业挂牌上市。[1]发展至今，北京留创园已经真正成为留学人员归国创新创业的"梦工厂"。

---

[1] 《北京市留学人员创业园发展报告（1997—2011年）》。

多元主体参与北京留创园建设

北京留创园经历了由综合园向专业园、由单一建设主体向多元化建设主体的发展，如今，北京留创园中将近半数为大学留创园，大都有着自己的专业特色优势。如清华留创园在清华大学科研优势及高新技术转化经验的基础上，叠加广泛的校友网络资源，进一步将孵化功能向企业发展的上下游延伸，形成完善的孵化体系；北京科技大学留创园主要依托以"新材料研究与制备技术、制造业信息化技术"为主的办园特色，这与北京科技大学的科研优势密不可分；中关村国际企业孵化器留创园主要聚焦新一代信息技术、软件和信息服务等领域开展企业孵化；汇龙森留创园重点围绕生物医药、医疗器械、新材料等领域开展企业孵化……这些留创园内的企业均以高新技术企业为主，开展产学研合作、科技成果商业化等活动。发展至今，北京留创园已然成为北京服务归国留学人员创新创业中一道独特的风景线。

清华留学人员创业园：以"跨洋创业"理念引领留学生创业

> 2002年12月15日，清华大学与中关村科技园区管委会签订协议，共同建立清华留学人员创业园。清华留学人员创业园在完善创业环境、提升孵化能力、培育创业企业、探索孵化器发展模式等方面做了大量的工作，成为承载海外清华学子归国创业的"第一站"。

中关村，享有"中国硅谷"之美誉；而位于中关村核心区的清华科技园，曾被媒体誉为中关村"皇冠上的明珠"。中关村与清华科技园，犹如同一片天际的明星，相互照耀，携手点燃着中国的科技创新之火。1993

年，清华大学为加快科研成果向生产力的转化、更好地实现大学服务社会的功能，提出创建清华科技园的构想，并得到教育部和北京市的确认和批准，清华科技园作为清华大学社会服务功能的有机外延，为创业企业孵化、高新企业研发、创新人才培育、科技成果转化提供发展空间和卓越服务。1994年，组建清华科技园发展中心，正式开始建设科技园。2002年，清华大学与中关村科技园区管委会共建，成立清华留学人员创业园。

清华留学人员创业园，位于中关村科技园区核心区清华科技园内，面积4万平方米，作为清华科技园的"园中园"，吸引了大量的清华校友回国创业。自创立伊始，为积极吸引众多清华大学海外校友归国创业，清华留学人员创业园提出了"跨洋创业"的理念，得到了海外留学生的热烈响应。园区的运营机构——清华大学孵化器公司（现启迪孵化器）在总结清华科技园成功经验的基础上，提出"建设精品园区、孵化精品项目"的留学人员创业园的建园宗旨，留创园为入园企业提供创业、投融资、生活、物业等服务，包括第一年为每家企业免费提供40平方米的孵化场地，设立总额为2亿元的创业投资资金支持，邀请清华各领域的专家学者为企业提供管理咨询、运营顾问和技术开发指导，清华校内实验条件、图书阅览等资源充分对入驻企业开放等。作为共建单位的中关村管委会，则对入园企业在创办和经营过程中给予支持，如在办理工商注册登记和高新技术企业认定等方面，给予优先办理并减免相关费用；可以申请获得中关村科技园区留学人员归国创业发展资金；享受园区留学人员企业贷款贴息和担保政策等。同时，留创园依托清华大学的科研优势及在高新技术成果转化方面积累的经验，通过产学研的结合、孵化体系的完善，吸引、发掘、培育一批创业团队完备、跨洋研发能力出众、拥有自主知识产权的国际领先技术、产业化潜力巨大、国家重点支持领域项目的高质量留学人员创业企业，如今在芯片领域的佼佼者——武平创办的展讯、朱一明创办的兆易创新都是从这里诞生、成长的。

作为清华科技园的"园中园",留创园依托清华科技园,搭建了一系列专业技术支撑平台。2004年3月,创业园与清华大学分析中心共同建立"首都科技条件平台——清华科技园公共测试平台",借助这一平台,园内创业企业通过科技条件资源共享的方式得到了专业化的技术服务,降低了研发成本,提升了创新能力;同时,借助这一平台,学校大型仪器设备的综合利用率得到提高,科研方向更加贴近市场,留创园也进一步拓展了园区服务职能、提升了技术孵化能力。2005年,清华创业园与北京集成电路设计园强强联合建立了"微电子科技条件平台",通过在留创园设立专线、设立设计室提供技术培训,使留创园的"芯"片设计企业与北京集成电路设计园的"芯"环境有机地结合起来。平台的建立,有效地降低了园区内芯片设计企业的研发成本,提高了企业自主创新能力,也使得北京集成电路设计园的EDA平台使用率得到提高,降低了北京集成电路设计园的运营成本。2006年5月,启迪控股股份有限公司与清华大学医学院达成合作,共建"生物技术支撑平台",打造符合GMP标准的净化车间、公用的实验场地和必要的仪器设备,解决了初创的生物技术企业对实验条件的需求,降低了企业的研发成本及运营成本,形成了对生物技术企业的专业化服务体系。

类似这样的平台,留创园还有很多。作为清华科技园创新服务支撑体系的有机组成部分,这些平台的建立与运营,彰显出清华科技园与留创园整合资源、促进科技成果转化及提升技术孵化的能力。

由于入园企业大部分都是由海归人员创立的科技型创业企业,这些企业往往具有较高的技术水平,但在资金、品牌及国内市场开拓等方面往往处于劣势。而清华科技园与启迪孵化器,则很好地帮留创园内的企业弥补了这些短板。在清华科技园之前的企业孵化器只是一个"二房东"的概念，主要是给创业者提供一个低成本的创业空间环境，而清华科技园一开始就在模式创新上走到了最前沿。时任留创园主任罗建北提出，园区"多余的钱可以用来做投资"，于是在中国的企业孵化器历史上，"孵化+投资"的模式成型。从那时候起，清华创业园就开始30万元、50万元不等地往孵化器里的创业项目上投钱，并且逐步形成了"多位一体"的科技服务能力，为园区创新型科技企业提供覆盖全生命周期的金融服务。留创园依托清华科技园与启迪孵化器资源网络，也构建了"孵化+风险投资"的运营模式，以留创园的日常运营服务为基础，对园区企业的运营状况进行考察，并对其中具有高成长性、优良素质的在孵企业进行重点跟踪，并适时进行种子期投资。这种运营模式，不但搭建起创业企业通向资本市场的桥梁，促进园内优秀企业的快速成长，而且便于对投资进行监管，有助于降低投资风险，提高资金的良性运转。在园区"孵化+风险投资"体系的支持下，一大批企业实现了成长与上市，成为北京市科技创新的中坚力量。除了专注于清华大学科技成果转化的孵化和投资的启迪创投之外，荷塘创投、清控银杏、清华控股、水木基金等都与清华有着千丝万缕的联系。

> 截至2022年年底，清华留学人员创业园累计孵化海外人才企业311家，在园海外人才企业83家、海外人才103人，依旧在不断为清华学子归国创业贡献力量。面向未来，清华留学人员创业园也将持续作为海外留学人员回国施展才华的舞台，承载海内、外清华学子实现科技成果转化、跟踪世界科技成果、实现创业梦想！

北京科技大学留学人员创业园：聚焦特色领域吸引全球校友归国创业

北京科技大学留学人员创业园成立于2003年6月，由北京科技大学和中关村科技园区管理委员会共同揭牌成立。北京科技大学留学人员创业园是一家拥有鲜明创新创业特色和以"新材料研究与制备技术、制造业信息化技术"为主的国内一流留学人员创业园，已成为中关村科技园创业体系的重要组成部分。

北京科技大学留学人员创业园成立之初，依托北京科技大学新金属材料国家重点实验室、高效轧制国家工程研究中心、教育部金属电子信息材料工程中心等8个国家级、省部级实验室和工程中心，建立了8个二级专业孵化器建设专业平台，其中新材料领域的实验室和工程中心有5家。创业园与5个新材料领域二级专业孵化器实现了市场与技术的良好对接，打破原有传统的纯技术研发模式，引入市场机制和多元化资源，创造出生态化的孵化平台。

2004年，创业园与中关村科技园区管委会合作建立"北京市留创企业新材料共性技术支撑体系"，该体系由专家支撑体系、实验检测体系和行业信息体系组建而成。专家支撑体系能为企业提供新材料行业发展分析研究、行业发展动态分析、技术难题诊断、新产品研发等服务；实验检测体系能为企业提供新材料检测与分析、实验和检测方法研究、实验室建设方案指导以及新材料检测标准研究与制定等服务；行业信息支撑体系能为企业提供新材料行业发展动态、技术人才、业界交流、国际交往等信息支持。针对材料类留学人员创业企业，创业园不定期通过以上三大体系提供技术方面的支撑和补给。

同年，在北京市科委的领导下，由北京新材料发展中心牵头，创业园联合北京科技大学、国家钢铁材料测试中心、国家有色金属及电子材料分析测试中心、国家建筑材料检测中心、北京市理化分析测试中心、北京有色金属与稀土应用研究所、北京化工大学等9家单位共同发起组建了"北京材料分析测试服务联盟"。创业园在联盟中具体负责平台的商业化运作，把分散在各个机构的分析测试资源科学有效地组织起来，利用规模效应和政府资助等便利条件使测试成本相应下降，减少中小企业的研发成本，缩短中小科技企业开发新产品的周期，从而提升企业的科技创新能力。

2005年12月，北京科大材料分析检验中心有限公司正式成立，开始市场化经营、公司化运作。公司根据分析测试资源的具体情况，整合形成"材料力学测试""物理性能测试""化学分析""金相及热处理""岩石力学测试""组织结构测试"等六大分析测试服务体系，并以材料分析测试为基础，发挥北京科技大学的科技资源和专家资源优势，尝试开展了材料失效分析、技术培训、实验室建设咨询、仪器设备开发等相关业务，为客户提供全方位的服务，使平台逐步成为园区专业化建设的重要支撑力量。

2005年，创业园在条件平台建设上再上新台阶，联合北京航空航天大学、北京理工大学、首钢总公司、北京伟豪铝业有限公司共同组建"北京新材料技术转移中心"，旨在改善北京地区技术交易市场交易渠道不畅、技术商品不能有效供给的局面，实现高校资源与企业需求对接，促进地区产业升级和高校科技成果转化，推动北京新材料产业持续发展。

孵化服务的专业化趋向使北科大留创园充分认识到，要提高孵化效率和成果，必须使各方资源形成合力。因此，北科大留创园以创业园为中心，寻求孵化资源的共享、孵化服务的互补、服务成本的降低和服务效率的提高。除创业园与大学之间的网络化组合之外，创业园与政府之间、创业园与创业园之间、创业园与各类中介服务机构之间也有必要在多方面开展网络化合作。创业园最开始就是通过行政审批方式建立在各高新区的，政府、政策支撑是创业园赖以生存的土壤，创业园可以从政府获得政策等优惠条件，从而对自己的发展进行方向性指导；多个创业园之间可以通过服务、技术、信息等资源流通互换实现孵化功能上的互补，形成和提升区域产业链；创业园处在企业与中介服务机构的中间环节，可以降低双方之间相互了解和信任并最终形成交易的成本，同时，通过与中介服务机构的联系，弥补创业园本身功能上的缺失或不足。

北科大留创园努力深挖内部潜力、整合多方资源，为企业提供专业的孵化服务。园区引进5家合作机构——北京昌久律师事务所、北京技术交易中心、联合信用有限公司、北京峰荟财智知识产权顾问有限公司以及金诚国际信用评级有限公司，并分别与之建立战略合作伙伴关系，加上原有已经建立紧密联系的10余家服务机构，充实了公共服务平台网络，共同为园区及企业提供更到位、更专业化的孵化服务。同时，园区将孵化功能向异地进行辐射和扩张。

> 北科大留创园依托北京科技大学在新材料与先进制造方面的学科优势，在国内率先打造了聚焦专业领域的大学留创园发展模式，成为促进新材料、先进制造等领域海外先进科技成果的交流与应用的重要窗口。作为北科大科技园的一部分，时至今日，北科大留创园已形成"政产研用金服"生态圈，成为连接海外人才与政府、企业、社会之间的桥梁和纽带，形成了促进国内、国际创新链与产业链深度融合的重要平台。

中关村国际孵化器："政府引导、市场运作"的模式实践

中关村国际孵化器创立于2000年12月，是科技部认定的"国家级高新技术创业服务中心"及创新基金服务机构。中关村国际孵化器利用政府及社会资源优势，率先开展了"政府引导、市场运作"的模式实践，为留学人员归国创业提供全方位服务，孕育了一批令人瞩目的留学生创业企业。

中关村国际孵化器创办于2000年12月，由中关村高科技产业促进中心、北京首创科技企业投资有限公司、北京实创高科技发展总公司、北京北辰实业集团、北京科技风险投资股份有限公司、北京高科技企业服务中心和北京市留学人员服务中心7家股东单位投资建立。这7家股东单位中有3家是中关村科技园区管委会、北京市科委和北京市人事局下属的事业单位，另外4家是市属大型国有企业。

作为中关村科技园区创业环境的组成部分，自创立伊始，孵化器就确立了"政府引导、市场运作"的经营机制，由企业出任经营主体，股东会是公司的权力机构，董事会是公司的决策经营机构，日常经营则由经理人承担。相对于大多事业单位性质的孵化器，中关村国际孵化器在用人与经营机制上实现了制度的创新。在用人机制上，从公司总经理到普通工作人员，全部通过公开招聘，择优录取、竞争上岗；在经营机制上，通过提供优质的服务和科学的投资、资本运作，在扶持留学人员创业发展的同时，获得较好的回报，保证孵化器的正常经营并不断发展、壮大。这一系列的创新举措，不仅保证了孵化器自给自足的运转，同时也为当时正在进行的国企和事业单位改革做出了具有创新意义的探索。

与此同时，政府在引导和支持孵化器发展中发挥了突出作用。中关村管委会、市科委、市人事局等政府机构在中关村国际孵化器的发展过程中给予了巨大的支持。孵化器成立时购买办公楼的资金大部分是通过银行贷款，因此公司背上了沉重的还贷负担。2003年，中关村高科技产业促进中心注资，偿还了公司的银行债务。2004年，中关村高科技产业促进中心又投资购买了另一栋办公楼以扩大孵化面积。这两次政府资金的支持使得国际孵化园从此轻装上阵，为其后的发展奠定了基础。另外，在政策优惠上，中央和北京市政府相继出台的对孵化基地支持的各项有力措施，以及留学人员创业扶持资金的实行，对孵化器和在孵企业的发展起到了极大的推动作用。

2001年，在没有任何风险资本进入的情况下，孵化器开始探索以部分房租和服务换取企业股份比例的运营模式，换取了近1/2入孵企业不同比例的股份。但在全面评定和观察之后，孵化器发现，存在优秀企业中孵化器不占股份、占股份的企业反而不发展的不合理布局。因此，孵化器从2004年起，逐步开始"孵化+创投"运营模式的探索，通过每年设立200万元的投资资金，对有融资需求的园内企业进行项目筛选，聘请专家进行评估，形成投资报告，董事会授权公司经营管理班子单笔不超过50万元的投资决定权，公司经营班子选择后续筛选项目进行小规模现金投入，优化孵化器在优秀企业中的持股布局。通过这样的方式，以小金额的现金投入优化孵化器股权占有布局，孵化器通过资本运作和企业发展获得利益回报。同时，通过这笔投资，再加上政府配套资金的跟进，能够极大地增强风投机构、民间资本投资的信心，发挥资金杠杆的放大作用，从而撬动更多民间资本投资孵化器企业。

在此基础上，孵化器也在不断协助入孵企业拓展"金融活水"的来源。一方面，孵化器不断为企业争取国家和地方政府各项专项资金的支持，如各级创业扶持基金、创新基金、留学人员择优资助、重大产业化支持、技术标准补贴、集成电路资助、专利申请补贴等专项资金的支持。另一方面，孵化器与中关村科技担保公司签订"大家抬"合作协议，为有贷款需求并遇到贷款困难的企业实施担保，以降低担保公司风险，提升企业贷款额度和成功率。此外，孵化器也探索与美国IDG创业投资基金、中国风险投资公司、日本集富亚洲投资公司、美国龙桥投资公司等国际知名投资机构合作，共同搭建企业投融资平台，根据资本运作与市场开发的需要，不断促成孵化企业之间的整合、合资与并购，以此提高孵化企业抗风险能力与成长速度。

中关村国际企业孵化器具有得天独厚的地理条件，紧靠北大、清华、中科院等高校院所集中地区，与北大方正、清华紫光、联想等产品、技术供应商联系紧密，因此电子信息等产业成为孵化器重点关注的产业领域。围绕留学人员创业需求，孵化器构建了一整套涵盖留学生回国创业政策咨询、企业注册登记服务、行政管理服务、财务管理服务、投融资服务、企业发展服务、公关市场服务的服务体系。同时，孵化器聚焦留学生群体生活需求，协助海归人员解决子女教育、居住等生活问题。

与此同时，孵化器自设立伊始便十分注重品牌的打造。一方面，孵化器公关市场部以提高公司知名度来配合吸引入孵工作为目标，通过各种渠道宣传孵化器的性质与工作内容，宣传政府政策及各类政府基金的情况，以及报道孵化器重点扶持的优秀入孵企业，《人民日报》、中央广播电视总台等中央级媒体的关注使发展中的孵化园如虎添翼，公关宣传让留学归国人员了解了孵化器，成为合作伙伴，也将中国广泛吸引留学生归国创业这项政策在海外留学生圈广为流传。另一方面，孵化器也打造了自己的品牌活动。孵化器以促进入孵企业间的横向联络和沟通为导向，打造信息技术产业联盟，同时定期组织"企业家沙龙"，活动由企业为主导筹办，并由孵化器内企业作为轮值主席，从企业普遍关心的技术、管理、知识产权、市场开拓、投融资等方面确定主题，孵化器给予全程服务支撑，推动企业实现沟通交流与商业合作。在这样的品牌战略推动下，中关村国际企业孵化器逐渐成为北京市乃至全国留创园的标杆。

> 经过多年实践,中关村国际孵化器探索出一条有特色的新路,在实现支持科技创新和服务留学人员创业等社会效益的同时,也实现了国有资产保值增值的经济效益。截至2022年年底,园区累计孵化海外人才企业819家,目前在园海外人才企业53家、海外人才88人,成为北京市乃至全国留学人员创业园的标杆。

汇龙森留创园：从烂尾楼起步的民营留创园之路

> 全国首家由民营企业建设的留创园——汇龙森留学人员创业园（以下简称"汇龙森留创园"），由北京经济技术开发区人才交流服务中心与汇龙森国际企业孵化（北京）有限公司共同创建，重点发展领域包括生物医药、医疗器械、新材料等产业。2005年被认定为"北京市留学人员创业园"，2006年3月被纳入中关村科技园区留学人员创业服务体系。汇龙森留创园凭借自身的优势，不仅带动高端科技的发展，更是形成了全产业链孵化格局。

汇龙森留创园的故事，起源于20年前位于北京经开区中和街上的一座烂尾楼。2002年，北京市科委发布企业孵化器扶持政策，对于想要建设企业孵化器、培育企业发展的汇龙森国际企业孵化（北京）有限公司董事长刘泳来说，站在了政策风口。新建项目来不及，他便在北京经开区推荐下，收购了一座烂尾楼，开始设计、改建企业孵化器项目。

随着硬件设施建设完毕，如何吸引企业入驻？"作为企业孵化器运营单位，为入园企业提供全方位的服务是第一要务。"刘泳说。在北京经开区支持下，汇龙森留创园形成了最早期的"服务包"，涵盖工商注册、税务办理、高新技术企业认定等全方位代办服务。与当时市场上动辄需要几万元的工商注册代办费不同，汇龙森留创园免费为企业提供核心业务以外的各项服务，以此吸引企业"拎包入驻"。

"在服务升级的不断探索中，我们总结出企业孵化器要打造两个能力：组织资源的能力和要素整合的能力。"刘泳说。当园区聚集起越来越多同领域企业后，如何盘活市场和产业链资源、研发生产要素，促进科技成果的转化落地，成为新的发展方向和增长点。为了能更好地疏通产学研合作壁垒，以此解决行业共性问题，汇龙森留创园将搭建专业的公共技术服务平台作为破题思路。

走进汇龙森留创园的生物医药公共技术服务平台，以细胞实验室为代表的各个先进技术实验空间中，拥有能够完全满足细胞研究相关的洁净实验条件以及实验、检测设备。"对细胞研发型企业来说，单独建设实验室和购置相关实验设备至少需要上百万元，同时也需要花大量的设计、建设、采购时间。通过租用我们平台的实验室和设备，只需要支付少量使用费用，极大减轻了初创企业的研发成本负担。"该平台有关负责人说。不仅如此，依托平台链接的高校院所、金融机构、服务机构等资源，汇龙森还能为企业提供早期研发验证、后期注册认证、市场渠道对接等全流程服务。

在生物医药公共技术服务平台的启发下，汇龙森留创园越来越意识到平台建设的重要性。同时，该园区聚集着生物医药、医疗器械、新材料、信息技术、先进制造等领域的600余家企业，也陆续成为新平台入驻共建的一大引力。

2021年10月，北京市产业计量技术创新中心在园区启动建设，这是全市首家产业计量技术创新中心。"产业要发展，标准和计量须先行，我们就近满足区内企业在标准、计量、检验检测、认证认可等方面的服务需求，打造'源头培育—资本催化—中试扩大—量化推广—技术转移'的科技协同创新平台。"计量创新中心总经理徐科英说。除此之外，汇龙森留创园依托北京市产业计量技术创新中心，联合园区企业——远大恒通，共同搭建了太赫兹生物医学创新平台与无损检测新技术创新平台。"疫情期间，我们通过租用创新医疗器械公共技术服务平台的设备，完成了不少研发工作。"远大恒通副总经理兼CTO金玉环说。

蓄一池好水，养好一池活鱼。截至目前，汇龙森留创园已经建起9个公共技术服务平台，引进、培育并向北京经开区输送了神州细胞、康龙化成等生物医药知名企业，华测检测、唯迈医疗、亿一生物等越来越多的新生力量也扎根壮大起来。在北京经开区搭建的"概念验证平台—公共技术服务平台—打样中心—中试基地"生物医药产业全环节服务体系中，汇龙森成为重要一环。"未来，面向高科技园区建设，我们将以更全方位的服务，助力企业高质量发展，打造产学联动、开放创新的产业生态。"刘泳说。

> 作为北京经开区的首家国家级企业孵化园，在多年的运营中，汇龙森留创园形成了"政府指导、企业运作"的市场化模式，充分发挥园区自主经营、高效便捷的机制优势，集中资金、人才、市场、管理、政府等各种资源，为园区留学人员和海外高层次人才企业提供多层次、多角度的创业服务。汇龙森留创园优质企业层出不穷，建设规模也从1万多平方米扩增至30万平方米，成为国内民营留创园模式的标杆。

海归创业梦想从留创园起飞

改革开放后,"创业中国"事业成为当代留学人员最鲜明的时代特征。进入21世纪初,一批批出国留学人员带着报效祖国的情怀以及实现个人价值的强烈愿望,抓住国内创新创业的大好机遇,毅然选择归国创业,这些归国人员主要有两方面特征。一方面,他们大部分是本科就读于清华、北大等国内顶流大学,拥有强大的校友人脉资源网络,回国后直接选择母校留创园或科技园,借助校友圈将创业想法变成现实,如清华学子朱一明将存储芯片技术从美国硅谷带回至清华留创园,在清华校友们的投资支持下创办公司;同样出自清华的张剑辉,带着在美国国家半导体公司工作多年的先进经验和想法回到清华留创园,在留创园、清华启迪等支持下不断壮大公司;北大学子曹立宏将掌握的最先进技术和最新研究动态带回中关村国际孵化园。另一方面,他们大多是被北京留创园良好的创业环境所吸引,在北京市、中关村的资金政策支持下落户留创园。如充满创业灵感的南京大学学子蒋亚洪在美国多次创业后,将回国创业"战场"放在中关村国际孵化园;毕业于中国科学技术大学的陶建辉选择在中关村探索中国互联网大数据赛道……这些留学归国人员的创业为北京创新创业注入了新动能、激发了新活力。

朱一明:做闪存领域的"中国第一"和"中国唯一"

朱一明,江苏盐城人,1972年生,本科就读于清华大学,硕士毕业于美国纽约州立大学石溪分校,曾任iPolicy Networks Inc.资深工程师。2005年,朱一明从美国硅谷回到中国创办了兆易创新,填补了国内企业在存储芯片领域的空白,成为中国存储器领域的开拓者和领导者。

1972年7月，朱一明出生在盐城市阜宁县的一个普通工薪阶层家庭，他从小便是同龄人中不折不扣的"学霸"。在1990年的高考中，朱一明以阜宁县高考榜眼的身份考入清华大学，并先后获得学士和硕士学位。

20世纪90年代初的北京，中关村创业如雨后春笋般萌芽，在清华读书的朱一明，察觉到中国新产业的发展更需要科技工程人员的加入，加之清华浓烈的工科氛围影响，朱一明改变了他的人生目标——从浩瀚的宇宙规律探索转向一条实业报国之路。读书期间，朱一明参与多家公司的项目开发，这使他逐步认识到集成电路才是信息革命的底层核心技术。于是，从清华硕士毕业后，他决定赴美进一步深造，找寻从事集成电路行业的入口。

朱一明在纽约州立大学石溪分校电子工程系进行半导体方面的学习和研究，顺利取得硕士学位，而很多人需要两三年才能通过的博士资格认证，他一次考试通过。留学期间，朱一明非常注重实践，很长一段时间，他在iPolicy Networks公司从事研发网络处理器搜索引擎芯片组的工作，并于2001年加入Monolithic System Technologies Inc.公司，从事存储器芯片开发工作，作为项目主管和主要设计者，他完成了多种基于逻辑工艺的存储器研发。积累了丰富经验之后，朱一明决定自己创业，他和朋友们四处游说，终于得到第一笔风险投资，很快，公司有了起色，得到更大的风险投资跟进，一切进入良性循环。这时，朱一明又有了新的想法：回国！

"人们都会选择适合自己生存的环境发展，我认为回到中国才能有更好的发展。中国不仅有市场，且产业链开始发展，更能在价值体系中实现自身价值，并且为国内IC产业作出贡献。"回国，更源于朱一明在行业研究历练多年后，深刻地认识到一点："我们不能'无芯'，无芯就是无魂。不掌握主要核心技术，国家的强盛只是建立在沙滩上。"于是，他带着理想，带着一颗中国心，回到祖国。

然而，朱一明的回国创业之路却并不那么顺利。21世纪初期的中国，电商火热,房地产热闹,刚上市的腾讯故事动人。互联网加速了"地球村"的形成,全球分工欣欣向荣,国外芯片源源不断供应,想买多少买多少。谁会给深不见底的自主制造芯片投钱?

2004年年初,在美国硅谷一家星巴克咖啡厅里,朱一明试图说服清华企业家协会TEG发起人、1980级自动化系的李军,希望他能投资自己的天使轮。但第一次见面,朱一明并没有打动李军。第二次,朱一明拿出了更为成熟的存储器IP计划,李军才同意。打动李军的,是朱一明的两句话。第一句是:"存储器产业逐步从美国转向日本、韩国和中国台湾,而中国大陆在这个领域发挥重要作用的时机已经到来。"第二句是:"我们要做成中国最大的存储器设计者和制造者。"

以李军为首的清华校友们,成了朱一明的天使投资人。2005年4月,朱一明携着清华校友和其他投资人拼拼凑凑的92万美元,在清华留创园注册了"北京芯技佳易微电子科技有限公司"(简称"芯技佳易",兆易创新前身)。同为清华校友,也是彼时清华科技园技术资产经营有限公司的总经理薛军,帮朱一明融到了100万美元A轮融资。投资当时名不见经传的芯技佳易的是清华留创园,这个仅有50万元的启动经费和两层毛坯房的羽翼未满的机构,当时几乎把所有的优势资源都给了高风险的芯技佳易。同时承担这一高风险的还有邓锋、李军等一众清华校友。

所幸的是,芯技佳易引来了不错的发展态势。2005年当年,朱一明就拿到了第一个订单,下单的是主营MP3芯片的Rockchip(瑞芯微电子股份有限公司),Rockchip看中了芯技佳易的SRAM IP低功耗、低成本的优势,这个订单价值10万元。接到来自Rockchip的电话时,朱一明和投资人薛军正在开会,朱一明为订单仅10万元感到很抱歉,但薛军认为,存储企业成立第一年就能拿下订单,是莫大的成就。后来,Rockchip集成了芯技佳易存储器的MP3销量飙升,打响了芯技佳易的名声,也让芯技佳易成为首家涉足存储器产品的中国本土IC设计公司。之后用了3年的时间，公司确定了专注于储存器细分领域的NOR Flash方向，2008年5月，芯技佳易推出了国内第一款8M SPI NOR Flash芯片，这是一款极具潜力的产品，由于其指令协议简单、信号引脚小、体积小等特性，在手机、数码相机、电脑、汽车电子、IoT等诸多领域均可实现广泛应用。

然而好景不长，正当朱一明带领芯技佳易开始崭露头角、准备大干一场时，国际金融危机来了。原本的收获时节，变成了芯技佳易的"至暗时刻"，大量商品积压使得公司已经没有多余资金能够调动，还导致超过2亿元的负债。雪上加霜的是，这时"狼"也寻味而至，来自美国的存储芯片巨头ISSI储存公司提出以1000万美元收购芯技佳易，而当时的NOR Flash龙头企业Spansion（飞索半导体）同样希望收购，出资更高。但朱一明都没有同意。

这个时候，仍是清华留创园的金融服务体系，为芯技佳易提供了支持，芯技佳易在2008年和2009年分别完成了B、C两轮融资，共计3000余万元，投资方为荷塘创投、盈富泰克和启迪之星，其中盈富泰克管理着财政部和原信息产业部的电子发展基金及财政部和国家发改委的国家新兴产业创投引导基金，而启迪之星正是清华留创园的投资操盘方。与此同时，在市场方面朱一明也取得了突破，芯技佳易获得了一个日本企业项目的竞争资格，当时入围的有三家企业，除了芯技佳易之外，其他两家企业都来自美国，最终芯技佳易的产品凭借"高密度、大温度范围"两项优势，赢得了订单，获得资金续命。

在这样的资金与服务的助力下，国际金融危机时期，芯技佳易非但没有按下暂停键，反而获得了不错的发展。2009年，公司实现了SPI NOR Flash芯片大规模量产；2010年，公司512K—32M容量芯片产品全部实现量产，公司存储类产品销售约1亿颗。也是在这一年，公司从芯技佳易正式改名为兆易创新。

国际金融危机之后，兆易创新NOR Flash业务飞速发展，产品线得到了不断丰富，同时在工艺节点上也不断提升：2011年，公司64M—128M容量芯片产品实现量产，同时将工艺节点水平提升至90nm；2012年，公司成功将工艺节点水平提升至65nm；2013年，公司65nm的产品开始大规模销售，存储类产品销售约8.1亿颗，累计出货超17亿颗。随着三星、美光等巨头退出NOR Flash市场，兆易创新市场占有率从2012年的3%提升到2015年的7%，又在2019年二季度、三季度分别以13.9%、18.3%的市场占有率排名全球第四、第三。

与此同时，兆易创新也持续发掘新机会，布局新市场。这一次，兆易创新将目光瞄准32位MCU和SPI NAND Flash。2013年，该公司推出了首款基于ARM Contex—M3内核的32通用MCU产品——GD32产品系列，打破了国外公司的垄断，填补了国内该领域的空白，同期发布了全球首颗SPI NAND Flash。以GD32产品系列为起点，此后兆易创新MCU产品序列不断被丰富，到2017年，兆易创新的MCU已经拥有19个系列300余款产品型号可供选择，广阔的应用覆盖率稳居市场前列，产品广泛应用于工业和消费类嵌入式市场。

目前，兆易创新已成为中国半导体产业的龙头企业，存储器市场占比已经达到24%左右，在NOR Flash领域已经成为全球三大供应商之一。兆易创新以自身发展，带动中国存储器产业基础不断夯实，从而提升了中国IC软实力。

> 朱一明创业时曾说过要让中国大陆在产业转移之际发挥作用。他做到了，兆易创新打破NOR Flash领域垄断，成为存储芯片领域

的"中国唯一"。同时，朱一明及其兆易创新的故事远未结束，在当前自主可控的浪潮中，兆易创新作为中国存储芯片领域的领军企业，还将继续为中国自主可控生态建设贡献自己的力量。

陶建辉：打造全球领先物联网开源生态的"创业达人"

> 陶建辉，湖南长沙人，1968年生，1986年考入中国科学技术大学，1994年到美国印第安纳大学攻读天体物理博士。1997年起，先后在芝加哥Motorola、3Com等公司从事无线互联网的研发工作。2008年年初回到北京创业，先后创办和信、快乐妈咪和涛思数据三家科技企业。

1984年，邓小平同志一句"电脑要从娃娃抓起"，拉开了中国信息化时代即将到来的序幕，同时，也为正在读高一的陶建辉隐隐明确了未来的人生方向。凭借就读学校长沙县一中由团中央赠送的6台Laser310，陶建辉学会了用BASIC语言编写程序，成为湖南第一批编写程序的中学生，也与编程就此结下了近40年的缘分。

高中毕业后，陶建辉成功考入中国科学技术大学近代力学系，但用他自己的话说就是"无心钱学森留下的事业，天天就在倒腾计算机"。彼时他刚刚学完8031/8035汇编语言编程，就开始踌躇满志开发浮点数运算子程序库和傅里叶变换。与此同时，还为实验室重新开发了LB膜全自动天平，从设计电路板到采购元器件，再到写控制、数据处理和显示程序，花了近两个学期的时间开发成功。

从中国科学技术大学毕业后，陶建辉开始了赴美留学的旅程，学业结束后顺理成章地选择了所热爱的"写程序"作为自己的职业方向，开启了人生中的第一份正式工作——摩托罗拉手机部门软件工程师。拿着高达6万美元的年薪，在和妻子共同努力下，成功购置了人生的第一栋房子，实现了"美国梦"。

"上班后，我和太太有了自己大大的房子，车也不是留学生开的破车了，心里觉得自己的'美国梦'已经实现，当时的满足感和幸福感真是足够。但人就是那么奇怪，在这大房子里住了几年后，看惯了芝加哥的蓝天白云，心里觉得这应该不是我的终极理想和目标，我不能满足于这大房子，我应该做些比上班更有意义的事情。"陶建辉如是说。

2000年，随着《中华人民共和国电信条例》《互联网信息服务管理办法》等一系列互联网法规出台，标志着中国互联网产业进入快速发展阶段，与此同时移动互联网的种子也在悄然萌芽。在这样的机会下，陶建辉觉得，自己应该回到中国来。

2002年，陶建辉找到一个机会，辞掉在美国的工作，回到北京担任武汉邮电研究院北京研发中心（北方烽火）的CTO，负责3G网络系统的研发，随后2003年离开北方烽火在北京寻找更好的发展机会。然而，2005年春节一过，彼时还在芝加哥的家人给陶建辉下了必须回美国的通牒，因此，2005年5月其又重回芝加哥，回到了摩托罗拉上班。

重回摩托罗拉的日子，陶建辉每天想的都是要如何打发工作日的8个小时，太过于轻松的上班被他描述为"几乎是坐牢的感觉"。每天的娱乐项目就是早早下班去打高尔夫球，用他的话说，"感觉自己已经快成为一个专业的高尔夫球手了"。这样的日子过得越久，发现越不是滋味，陶建辉觉得，移动互联网产业有着极大的潜力与机遇，自己必须重新回到中国去闯荡一番，不能错过这个机会。2008年春节一过，陶建辉再一次辞去美国的工作，辞别家人只身来到北京，在国内的广阔天地间开始了新的"折腾"。

和众多创业者一样，初次进入创业赛道的陶建辉并不是一帆风顺的。陶建辉从1997年加入摩托罗拉时就开始做手机、研究移动互联网，到2007年iPhone的出现，开始出现了智能化的软件，这正是他所期待的。经过与同事讨论，陶建辉认为有几个方向可做，比如即时通信，再比如在手机上加入听音乐功能、拍照功能、阅读功能等。于是，在回到北京后，陶建辉创办了和信，选择做即时通信，和信类似今天的微信，具备即时、免费信息服务功能，把邮件、短信、彩信包括即时通信融合在一起。

但陶建辉并没有马化腾的幸运，仅仅发展了两年，他的公司就陷入了严重的"经济危机"，因为欠缴房租以至于连办公室都被人封了，"十几个员工离职了一半"。但陶建辉一直保持着作为一个创业者应有的美好品质——诚信和乐观，他并没有陷入怨天尤人的情绪当中，而是收拾心情开始四处借钱，先把房租交了，然后又把员工的薪资一一发放。尽管他仍然认为自己一手打造的"和信"一定有市场，移动互联网的春天也一定会到来，但美好的期许并不能打败骨感的现实。距离这次事件7个月后，陶建辉便决定将和信卖给前来收购的联发科。

第一次创业尝试并不算圆满，很快，陶建辉便在母婴市场中再次发现"商机"。2013年，他开始创办专注母婴智能硬件的快乐妈咪，造出的第一款产品是胎心监测——通过超声波的多普勒效应，实现用智能手机测算胎儿心跳。原本以为这个产品的实现是一件简单的事情，结果刚起航没多久就遇到了问题，研发计算出的心率不准。合作厂商告诉陶建辉，"全中国只有5个人知道胎心的正确算法，很有技术挑战"，让他"快找清华的老师来帮忙解决"。

但陶建辉却不信邪，他用了几天时间废寝忘食地研究资料，发现可以用他的天体物理专业所学的相关函数方法来解决这个问题。"先用快速傅里叶变换对胎心信号做滤波，然后通过滑动窗口计算相关函数，从相关函数计算出的最大值对应的滑动窗口大小定出周期，600多行程序，就这样简单。"

在后续的测试中，这一款经过陶建辉改良过的胎语仪，可以准确且快速地在iPhone上计算出胎心，与价值200多万元人民币的惠普专业胎心仪计算出的结果一致。经过数年发展后，陶建辉所创建的快乐妈咪也终被收购。第二次创业的结果比第一次好了太多，但是却仍然没有达到陶建辉的理想目标。如同鹰隼一般，他的目光一直在寻找创业森林中的捕食良机。总结了一下前两次创业的失误和经验，陶建辉便又开始踏上新一轮的征程。这一年，他已经49岁。

2017年年初，在两个月的时间里陶建辉写出了1.8万多行程序，也就此在北京（望京）留学人员创业园开启了他的第三次创业之旅。

"原本我是想做一个物联网平台的，但是在调研后发现中国物联网已经太多了，且已经进入靠资源取胜阶段，进去也是瞎折腾"，但在这个过程中，他却发现物联网大数据领域的机会，目前国内市面上大部分物联网数据平台几乎无一例外地都是用Hadoop生态搭建，还需要拼装Kafka、Redis、HBase等诸多组件，过重的体系会在一定程度上提升研发、运维成本。同时，传统工业软件收费非常贵，且这些系统往往封闭，与第三方软件对接很难或根本就没有接口。

正因如此，在看到上面这些问题之后，从物联网大数据平台的10个特点出发，陶建辉开始创建专为物联网、车联网、工业互联网所设计和优化的物联网、工业大数据平台TDengine，其核心是高性能、集群开源、云原生、极简的时序数据库。用他的话说，"搭建一套车队管理系统，你只需要写一个Java应用，再加上TDengine就够了"。通过这个模块，工业场景里流行的各类系统都可以通过简单配置，将数据实时、源源不断地写入TDengine，而且能够通过可视化工具呈现出来，实现远程监控、实时报警、可预测性维护等功能，甚至可以从微信小程序里直接看设备运行状态、查看报表。

但中国有大大小小至少300万家制造企业，怎么让这些企业能用上，而且用得起呢？即使开源，企业还需要找服务器、安装部署、配置、调优等，仍然有点门槛。为了解决这一难题，陶建辉想到了云服务。2022年9月，TDengine Cloud正式推出，这是涛思数据打造的一款全托管的物联网、工业大数据云服务平台，免费注册后，只要在TDengine网站上做好配置即可使用，对于简单的远程监测、报警、实时分析、报表，零代码即可完全搞定。

陶建辉坦言，"虽然离成功还有距离，但很庆幸自己在做一件难而正确的事情"。他庆幸自己赶上了物联网、工业互联网的爆发，赶上了大家对国产基础软件的狂热支持和期盼，并且选择了"开源"这一正确的推广方式。陶建辉带领下的涛思数据，未来也将持续尝试新的途径、打破垄断，为中国制造业智能化、数字化升级贡献自己的力量。陶建辉对于未来也有着诸多期望："希望我和团队努力奔跑，不辜负这个时代赋予我们的机会，让中国这个制造大国拥有全球领先的工业数据处理系统。"

> 陶建辉可以说是众多创业者里比较能"折腾"的幸运者，他始终坚持做难而正确的事，对计算机编程的热爱抵过万难。创新灵活的思维使陶建辉擅于发现市场的商机，对程序的热爱让他始终冲锋在产品的第一线，屡次碰壁却从未消磨他的创业热情，三次连续成功的创业，让陶建辉成为国产基础软件国际化的开拓者。

张剑辉：深耕储能领域的"储能匠人"

> 张剑辉，1978年生，辽宁沈阳人，1995年进入清华大学电机系学习，1999年本科毕业，2001年硕士毕业。2001—2010年，张剑辉在美国学习和工作了10年，在美国加州大学伯克利分校获得博士学位，而后在美国国家半导体公司工作了6年。2010年，张剑辉毅然辞职回国，联合在美国半导体公司的老部下钱昊、舒鹏，在清华科技园一间20平方米办公室里成立了海博思创，成为中国储能系统集成商冠军。

创业之前，张剑辉身上已有多个名校光环，毕业后成功跻身大公司高层，距离财富自由仅有一步之遥。从2001年赴加州大学伯克利分校攻读博士起，张剑辉的生活一直简单而专注。毕业后，张剑辉进入美国国家半导体公司就职。美国国家半导体公司曾是最大的半导体制造商，在1987年收购了大名鼎鼎的仙童半导体公司。无论是在伯克利还是后来的硅谷，张剑辉都如鱼得水。出众的技术水准和研发能力让他在5年时间里职位连升4级，成为高级设计经理，这在公司相同资历的同事中堪为翘楚。甚至在他离职之前，公司给了他折合50万—60万美元的股票。

日后，很多人问起他为何放弃国外的优越条件回国。他的回答一直都是"想做点什么"。这句话换个角度的表达是，张剑辉对未来有自己的期待。虽然彼时已经出类拔萃，但张剑辉能一眼看到职业生涯20年后的样子，"毕竟你是华人，有文化背景等的差异，天花板还是存在的"。显然，他并不觉得这块可见的天花板是他的极限。

在硅谷，张剑辉负责两项重要的技术研发，其中一项是电动汽车电池管理系统研究，另一项则是电池管理系统集成电路设计。张剑辉相信，环境的压力让发展电动汽车成为大势所趋。与此同时，身边越来越多的朋友回到国内发展，陆续传来的利好消息也促使他加快考虑回国发展。

"我们这一代人受教育的环境，让我们不免还有一些报效祖国的想法。"除了事业的考量，张剑辉坦言亦希望对中国的发展有所助益。出于对祖国的热爱，也为了心中的使命感和梦想，张剑辉放弃了美国优渥的生活，毅然选择了回国，为中国的新能源汽车和储能产业的发展贡献自己的一份坚定力量。

归国之初，张剑辉为了筹集资金，还进入西门子（中国）担任了一年首席技术官，年薪达到了百万元。对比教育经历和工作履历，这个职位对张剑辉来说几乎是量身定做。2011年10月，他放弃西门子的高薪挽留，拉上两位在美国半导体公司的老部下钱昊、舒鹏，在清华科技园一间20平方米的办公室里，海博思创启动了创业的征程。

海博思创，意为"海归的博士想创业"，英文名Hyper Strong，希望公司发展更大更强。创始人团队中，三人分工明确，舒鹏负责销售，钱昊负责研发，张剑辉负责综合事务。

"任何困难和障碍在当下都是艰巨的，可当我们跨过它再回头看时，却只是云淡风轻，留下的是一串坚实的脚印。"10多年前，刚创业的张剑辉每天苦恼的是，要到处奔走宣传其核心技术的价值：所谓的电池管理系统就是把几百块电池中有问题的找出来，并在电池系统内部利用计算机技术，控制电池间的互相充放电，实现电池再均衡，延长电池寿命。

基于电池管理、电池成组、热管理仿真、大数据采集和分析的整体集成能力正是海博思创的核心竞争力。这一技术放到现在或许很好理解，但在那时张剑辉经常要向人打比喻："就像手电筒中有一节干电池出问题，就不亮了，必须换掉全部电池才行。换几节干电池没什么，但是要更换汽车的电池包那损失就大了，因为电池的成本占电动汽车的50%至60%。"

率先对其技术认可,并下了第一笔订单的是湖北东风汽车。利用海博思创的电源管理系统,东风电动汽车的电池效能会提高30%,行驶里程至少可以提高20%。2012年,海博思创也因此拿下了450万元的订单,同时基于与东风的合作不断拓展动力电池的电源管理系统业务,客户包括东风汽车、中通客车、金龙客车等商用车企。截至2015年,海博思创动力电池pack系统出货量达到了5000套。

在这个过程中,北京市、中关村与清华留创园为海博思创提供了大量的支持。谈到回国创业的感想,张剑辉认为自己选对了路:"我很幸运,赶上了国家鼓励海归创业的好时机。2012年,我们公司刚成立就得到了北京市有关部门一笔100万元的资金支持。要知道,这笔钱对于我们这样一家注册资金只有100万元、靠我个人薪金收入支撑的小公司无疑是一场及时雨。"2012年6月,张剑辉参与留创园与中关村组织的人才培训活动,现场认识了清华启迪的投资人。张剑辉的工作得到了清华启迪方面的高度认可,第一笔1500万元天使轮融资就此到来。张剑辉说:"有了这笔资金,我们可以从100多平方米的办公地点搬到新的800平方米的办公场所,可以招募更多的员工。但现在我们感到最缺的是人才。"此后,海博思创陆续获得了北京市政府、海淀区、中关村管委会的大力扶持,而张剑辉本人也获得北京市有突出贡献的科学、技术、管理人才等多项荣誉。

大型储能是典型的B端生意,下游客户主要是"五大六小"电力豪门、两电网,这些公司是下游光伏电站投资的主力,也是储能电站的最大需求方。有媒体比喻,大型储能就是新能源行业的"龙脉"。在2021年之前,大型储能业务还寥寥无几,而海博思创踩中大型储能商业化浪潮,实现快速增长的秘密,也正是在于其入局时间足够早,建立了渠道优势。

2010年,海博思创就与电网公司建立联系。南方电网"大容量储能系统设计及其监测、管理与保护技术"科研项目于2010年立项，这一项目被列入国家"863计划"，而海博思创作为参与单位贡献了相关储能技术。2013年，张剑辉还从电动汽车延展到微电网领域，参与青海玉树的国家级4兆瓦光伏发电、17兆瓦时储能项目建设，最终实现并网发电。有了早期的小型项目合作，在储能爆发之时，这些公司就发展成为海博思创的大客户。

随着碳达峰、碳中和"双碳"战略的推进，中国新能源产业面临着巨大的机遇与挑战，储能在解决可再生能源消纳、保障能源电力安全、提升电网综合能效水平等方面具有良好的应用前景，新能源结合储能是产业发展的必然趋势。产业的发展和技术的进步，为新能源取代化石能源夯实了基础。海博思创，也以技术和专注获得合作伙伴、厂商、客户及资本的青睐。

2018年，东风汽车集团与海博思创合作，合资成立东风海博新能源科技有限公司，迅速成为新能源汽车三电、储能系统、车辆运营调度系统的技术厂商，得到吉利、福田、中通客车、金龙客车等客户的青睐。方电网与海博思创合作，发展电网侧储能项目。中国电力与海博思创合资打造的新型储能技术创新、集成应用专业化平台公司——新源智储。海博思创很快赢得了市场的认可。从2020年开始，海博思创连续两年成为国内大型储能系统市场占有率第一，领先于行业。2020年中国新增投运的电化学储能项目中，海博思创功率规模超过240MW，成为行业领先，已广泛应用于电网侧、发电侧、用户侧以及海外市场，出口到日本、韩国、美国、欧洲等地。2021年度，海博思创荣膺国内市场储能系统集成商出货量冠军，储能整体应用规模超过1GWh。海博思创也得到资本市场的青睐，从成立至今陆续获得了启迪孵化器、启明创投、IDG资本、清华控股、华能等知名机构的投资，成为资本市场的宠儿。乘上政策之风，借由渠道优势和资金优势快速扩张规模，海博思创已成为目前大储能赛道的"头部玩家"。

> 谈到公司的未来，张剑辉如是说："一个企业，只有站在一个比较高的位置上，它才能走得更长，所以，一定要有一个远大的理想。但无论有多大的理想，还是要脚踏实地。"未来的海博思创面临储能市场的"强敌环伺"，也将继续在张剑辉的带领下，一步一个脚印，为中国大储能赛道的发展贡献自己的力量。

曹立宏：专攻类脑智能前沿领域，让类脑智能技术散发光彩

> 曹立宏，北京市欧美同学会一届理事会理事，1962年出生于江苏省宜兴市，1988年赴美国弗吉尼亚州立医学院攻读博士学位，曾在美国国家卫生总署做博士后研究实践。在美国留学和研究实践过程中，掌握了最先进的类脑智能技术和最新的研究进展动态。回国以后，于2002年6月在北京中关村国际孵化器创办了北京联飞无线通信技术有限公司，2005年6月，在成功实现业务拆分和并购后，创建了北京智科通技。

1979年，曹立宏刚刚入读北京大学数学系。专业之余，他被两样东西迷住了：一是武术，一是人工智能。前者让他成为北大首届大学生武协的大队长，并师从武术名家秦庆丰；后者则改变了他的人生轨迹，让他在一门选修课上不能自拔。

人的智力是从哪里来的？爱因斯坦们的大脑是怎样进行工作的？人的思维、精神、意志和体能到底是什么样的关系？如何实现的？如果说世界是物质的，人的思维系统也是由物质组成的，那么以物质的手段来模仿人的思维可以还是不可以？这些问题在不修边幅的曹立宏心中既神秘又充满了诱惑。

1988年，曹立宏如愿以偿地考取了留美博士，而且是同时被几所学校录取。为了实现自己研究类脑智能的理想，他一头扎进了弗吉尼亚州立医学院，把大量的时间花在了生理实验室里。曹立宏相信，人的神经系统的工作原理是在接收到外界的信号刺激以后，把外部信号转换成电信号形成指令，从理论上讲，神经元的活动基本上是可以用物理方法模仿的。

取得博士学位以后，美国几个著名的大药厂都向曹立宏发出邀请，开出优厚的薪资条件。为了继续自己的研究，他选择了到美国国家卫生总署（NIH）进行博士后研究工作。NIH是全世界医学界最权威的研究机构。在那里，曹立宏越来越感觉到人工智能的重要性。他记得："当时整整有两个星期，耳朵旁仿佛总有一个声音，不断地跟我说，你要去学神经生理学！"于是，1992年，曹立宏回到弗吉尼亚州立医学院，用三年时间，读完神经生理学博士所需的所有课程，并常常没日没夜地浸泡在动物大脑电生理实验室。

1995年，曹立宏进入美国第一资本金融公司（Capital One Financial Corp）做金融数据分析模型。他是该公司聘用的第一位博士。但公司却是金融数据分析领域实力最为雄厚的企业。当时的第一资本金融公司只有十来名员工，现在国内MBA教材上讲到的金融数据分析模型，就是曹立宏当时研发的。曹立宏将人工智能方法运用到金融业，效益巨大，坏账率从6%多，降低至3%多。"我的确赚到了一些钱，但钱这样的财富不是我最想要的。"在波谲云诡的金融帝国里，他拥有着一颗冷静的科学家的心，在人工智能领域有所建树，始终是曹立宏的理想。

1997年，曹立宏离开第一资本金融公司，前往美国硅谷创业，和几位留美博士一起创办Neuronamics Group，从事媒体技术的研发和管理工作。

在此期间，曹立宏对HH方程创新性地做了特殊处理，发明了神经元NiMi模型，这一模型产生的信号和大脑真实信号有很好的可比性，而且计算速度比传统方法快100倍。1998年，曹立宏应邀在美国伯克利大学实验室用他的笔记本电脑成功演示了这一大脑模拟算法。著名的物理学家、诺奖得主Glasser先生也在现场观看并给予高度评价。

2002年6月，曹立宏在北京中关村国际孵化器创办了北京联飞无线通信技术有限公司，获得中关村科技园区管委会10万元创业资助。其后，公司进行了业务拆分和并购后，更名为北京智科通技术有限公司，依托因特网和移动通信网络，面向企业和个人客户提供个性化网络产品服务。

2003年，一个名为"实时智能虚拟人物运动系统及其应用"的项目，获得北京市科委"数字奥运"研发扶持基金110万元，引起社会的关注。项目的递报人就是曹立宏。曹立宏博士技术的核心，就是使多媒体领域里的虚拟世界、虚拟人物具有仿生的神经网络系统的功能，可以接收信号、产生反应，拥有丰富的动作表情，在表现上具有及时性和实时性。依托这一核心技术，智科通初步推出了实时智能人物运动模拟系统、三维智能动画以及类脑智能宠物游戏等产品。

然而，过于前沿的技术与产业应用端的对接总是有着时间差，在人工智能这一概念尚未普及的年代，智科通较为超前的类脑智能技术应用产品并未获得市场的认可，企业发展也逐步陷入低迷。

在曹立宏眼中，以类脑智能为核心技术的领域，市场的前景巨大。他认为，智科通所开发的类脑智能宠物游戏还只是利用了类脑智能技术的一些基本功能。类脑智能游戏，可以做到虚拟的人物和动物具有和生理意义上的人或者动物一样的特征。不仅如此，将来许多游戏都可以做到具有类脑智能的特点，其中的人物性格变化万千，从而使故事多姿多彩，不拘泥于一种固定的模式。另外，曹立宏也认为，目前类脑智能的价值还远远没有被充分开发，在行业与产业中的应用有待进一步拓宽。

曹立宏在智科通创业失败后，依旧耕耘于类脑智能技术的前沿。他认为，当前人工智能发展遇到了瓶颈，当下人工智能对于解决感知类的任务可以做得相当不错，但是对于开放场景下需要有认知功能解决的任务则表现不好。而类脑智能是人工智能的一个延续、后续的阶段，就是要改变这些现有的人工智能算法，通过对人类情感思维、喜好、潜在需求等的模拟与计算，从而产生类似大脑"思考"的功能。在类脑智能领域，曹立宏仍在持续探索。目前，曹立宏担任中国传媒大学脑科学与智能媒体研究院院长、中国人工智能学会第八届理事会理事、中国人工智能学会智能传媒专委会副主任等职务，专注于仿生大脑/类脑计算模拟平台的建设及应用，采用深度学习和类脑计算相结合的方法，实现现代传媒技术的智能化。

> 在类脑智能的道路上，曹立宏深耕近30年，是国内、国际相关产业的先驱者。对他而言，将前沿类脑智能技术推向产业应用始终是最终的目的。目前，他深耕于智能媒体领域，聚焦于研究并发展为人脑所用并受益的智能媒体技术和内容。进脑入心，并非易事，而曹立宏将持续在这条道路上探索前行，引领中国相关行业的发展。

蒋亚洪：聚焦生活与文化，打造中国最大的舆情监测服务商

蒋亚洪，1962年出生于江苏宜兴。1983年毕业于南京大学大气科学系，1987年自费赴美留学，1993年获得西北大学应用工程数学博士学位。曾创办美国最大中文学校——希望中文学校，创办美国首份中文简体字报纸《新世界时报》并任社长，多次受到国家领导人接见。2006年，蒋亚洪归国创办优讯时代（北京）网络技术有限公司，历时多年发展，优讯时代已成为中国最大全媒体舆情监测和资讯服务商。

1979年，蒋亚洪顺利考入当时的南京大学大气科学系，学习大气物理专业。毕业后，蒋亚洪决定继续深造，出国读研究生对于当时的他来说是一个很好的选择。

20世纪80年代，出国并不是一件容易的事情，托福考试要跑到上海外国语学院参加，还要出具多个政府部门开出的介绍信。蒋亚洪一边办理这一系列繁杂的手续，一边申请奖学金，终于在1987年经过层层考核，成功申请到美国伊利诺伊大学奖学金，赴美攻读应用工程数学专业，并于1989年顺利拿到应用工程数学硕士学位。他趁热打铁，毕业后成功申请到西北大学的奖学金，在美丽的密歇根湖畔攻读博士学位。博士毕业后，蒋亚洪进入位于美国首都华盛顿的美国海军医院从事生物流体力学方面的工作，这样一份在美国军方的工作也许在大多数人眼里是非常具有诱惑力的，但出人意料的是蒋亚洪却选择了放弃。

蒋亚洪相信身在异国他乡，不能安于现状、只求眼前的暂时稳定，只有适应美国社会的要求才能闯出自己的一片天空。从美国海军医院辞职之后，蒋亚洪进入一家小公司做软件开发等工作。在此期间，他和朋友们一起发现了第一个创业契机。20世纪90年代初，越来越多的中国留学生毕业后选择在美国工作和生活，为了确保在美国生活成长的孩子能够认同和继承中国文化，一般都会选择在周末送小孩上中文学校，学习中文和中国文化课程。当时，蒋亚洪的儿子5岁，在选择中文学校时，发现华盛顿的中文学校基本都是中国的香港人和台湾人创办的，提供的是繁体字教学，这让从小就接受简体中文教育的蒋亚洪无从选择，于是他就和几位朋友一起，开办了希望中文学校。学校成立以后，受到了华盛顿地区华人家长的普遍认同和支持，在短短4年间，又相继开设4个校区，成立了少儿艺术团和体校，学生总数已经超过4500人。蒋亚洪先后担任学校的校长和理事长等职。

随着在华盛顿生活的大陆移民越来越多，蒋亚洪抓住机会，创办了美国第一份简体中文报纸《新世界时报》，亲任社长，服务当地华人，使他们能够及时获得当地生活资讯、了解国内最新发展动态、分享在美生活经验等。经过几年的努力，《新世界时报》已经成为华盛顿地区最有影响力的华文报纸，在拥有20多万华人的社区中，始终将发行量稳定在2.5万份。基于他为在美华人所作的贡献，1999年中国国务院侨办给他颁发了"优秀华文教学工作者奖"。在时任国家主席江泽民1997年访美和时任国务院总理朱镕基1999年访美时，蒋亚洪作为华侨代表，受到了亲切接见。1999年蒋亚洪还应邀回北京参加了国庆50周年庆典活动。

"只有超前，才能发现还没被人'折腾'过的空间，这就要逼着自己不断地超前，寻找能让自己尽情'折腾'的空间。"蒋亚洪判断，Web2.0时代的到来，使人们的生活方式、日常商业运作方式，甚至可以说让整个时代都发生了变化，网络领域不断渴望新技术的涌现，并迅速把新技术商业化应用，蒋亚洪认为，这绝对是个发展契机。同时，美国生活期间，蒋亚洪每年都要回国几次，他强烈地感受到祖国日新月异的变化，触摸到了祖国经济建设跃动的脉搏，并敏锐地看到了国内市场广阔的发展空间。随着国家一系列优惠政策的出台，软硬件条件的改善，海外高层次人才创业基地的建立，蒋亚洪知道，属于他的又一个创业春天即将开启。

2006年，蒋亚洪又一次作出了人生中的一个重要选择，毅然回到中国，入驻中关村国际孵化器，创办六维时代网络技术有限公司。六维时代致力于视频搜索技术的研发和应用，蒋亚洪敏锐地发现了国内电视台大量的音频视频资料还不能实现内容检索，如果想要查阅以往的音频或者视频资料，只能通过烦琐的人工手段进行查找的问题。基于这个问题，六维时代开发了新型的视频内容搜索技术，针对音视频这类非结构化数据，使用了自动数字化、语音识别、自动抽帧和内容自动关联等技术，真正做到了从内容上对视频进行搜索，这项技术使得国内电视台大量的音视频资源实现数字化管理，避免资源闲置、管理成本较高等情况。

"随着媒体和网络的快速发展，每个政府部门和企业，都需要全面及时掌握相关资讯，确保科学决策和有效处理危机。"在这样的判断下，蒋亚洪博士及他的团队更进一步将音视频识别技术应用到舆情监测领域，在全国率先开展了电视新闻搜索和监测业务。2010年，六维时代改名为优讯时代，凭借自主研发的技术，优讯时代能够提供电视、报刊、网络、论坛、博客、微博、微信、移动客户端、网络视频、广播、外媒的全媒体舆情监测服务，服务的用户囊括众多国家部委、地方政府和知名企业。优讯以自己研发的技术平台、优质的服务，以及众多的签约客户数量，发展成全媒体舆情监测领域的领军企业。

在优讯时代发展的过程中，北京市与中关村给予了鼎力支持，蒋亚洪博士荣获了2007年度中关村科技园区优秀创业留学人员嘉奖，曾兼任北京中关村国际孵化园企业家沙龙会长和北京民营科技企业家协会常务理事。蒋亚洪给自己的称谓是"新北京人"，他喜欢那个"新"的感觉。蒋亚洪特别强调，他目前的成功是和各级政府对人才的重视和贴心的服务分不开的，如国务院侨办和中关村国际孵化园领导的大力支持，让他感受到在国内创业的快乐。同时，依托中关村的区位优势，优讯时代实现了与清华大学的产学研合作，于2011年联合清华大学新闻与传播学院成立清华优讯舆情实验室，结合清华大学的学术研究资源和优讯的市场经验，开展舆情监测领域的研究、教育、培训和咨询，使得优讯时代技术实力与影响力持续提升。

在美国生活工作了近20年，蒋亚洪充分把握住机会，不断地从中积累经验，为一次次创业打下了良好的基础。蒋亚洪认为，创业必须做自己喜欢做的，这样一天忙到晚也不觉得累。现在的优讯，正是蒋亚洪热爱的事业，目前优讯时代服务的用户囊括众多国家部委、地方政府和知名企业，已成为中国最大的全媒体舆情监测和新闻资讯服务商。

而优讯时代的这些成绩，在勇于创新的蒋亚洪心中还不够。蒋亚洪认为，如果把2000年称为PC互联网时代、2010年称为移动互联网时代，现在就是元宇宙时代。2020年，蒋亚洪敏锐捕捉到元宇宙领域的未来潜力，创办了国内首家元宇宙3D数字人服务商优链时代，其自主研发的3D云阵相机成为全球首创的商用级创建元宇宙数字人智能设备，为元宇宙技术商业化落地持续贡献着力量。未来，优链时代也将继续拓展"数字人"在传媒、教育、文旅、企业服务、直播等领域应用落地，让普通人尝到元宇宙的美妙体验，更为各种场景创建了全新的可能性，改变各行各业的场景体验。

在蒋亚洪的构想里"数字人是无所不能的"，在元宇宙的空间中，数字人可以和偶像同台表演，和好友玩耍，甚至可以和已故的人们对话。面对未来的发展，蒋亚洪十分坚信，完美的数字人一定会成为现实。"我们的愿景，就是为14亿中国人拍摄数字分身。"蒋亚洪如是说。在蒋亚洪持续的"折腾"中，相信他能够带领中国元宇宙产业，闯出一片不一样的天地！

三、风险资本，从"无"到"有"

"为何不用市场的力量来实现科技成果的转化，让它尽快地商品化？"20世纪80年代，被称为"中国风险投资之父"的成思危赴美做访问学者时，敏锐地注意到催生苹果、惠普、IBM等大公司、新经济的秘密武器就是风险投资，成思危因此萌生了将风险投资引入中国的想法。

北京风险投资发展简史

自20世纪80年代起，中国风险投资开始建立并逐步完善。1985年《关于科学技术体制改革的决定》首次提出设立创业投资机制来支持较大风险的高技术开发，这标志着我国风险投资的开端。1988年至1996年期间，国家又多次强调发展风险投资的重要性。直到1998年3月，成思危在全国政协九届一次全会上提交了《关于加快发展我国风险投资事业的几点意见》的提案，该提案因立意高、分量重被列为"一号提案"，建议将发展风险投资作为推动科技和经济发展特别是高科技产业发展的基本政策，这引起了政府和社会各界的支持和关注，自此掀起了风险投资发展的热潮。同年，中关村在全国范围内率先鼓励风险投资的发展，成立北京中关村创业投资发展有限公司，通过直接投资和母基金投资等方式推进技术与资本的有效对接。此后，国家部委也陆续跟进，1999年七部委联合出台了

《关于建立风险投资机制的若干意见》，科技部"科技型中小企业技术创新基金"正式启动，对风险投资行业支持力度不断加大。

在这个时期，作为风险投资获利退出并进入良性循环的通道，多层次资本市场体系开始启动建设，中小企业融资难问题得到关注和重视。2003年之前，我国融资结构以间接融资为绝对主导，直接融资占比较低，不但很难满足不同类型企业的融资需求，还存在很多金融风险隐患。在这样的背景下，2003年党的十六届三中全会首次提出"建立多层次资本市场体系"来满足不同企业融资需求，包括场内市场的主板（含中小板）、创业板和场外市场的新三板、四板市场、证券公司主导的柜台市场等。2004年5月，深圳中小企业板正式登场，一批符合条件的成长型中小企业获得上市融资机会，为本土风险投资退出创造了另一条国内途径。2006年1月，在中关村园区倡议和推动下，由中国证券业协会牵头的非上市股份有限公司股份报价转让系统（"新三板"）正式推出，以机构投资者和高净值人士为参与主体，为中小企业提供融资、交易、并购、发债等功能。2009年，深交所又设立创业板，意味着整个人民币基金的募投管退全链条被打通，PE/VC机构在国内可以通过创业板上市退出获得收益，多年来苦无退出渠道的中国本土创投迎来了爆发式的收获。

与此同时，风险投资基金的合法化在法律形式上也开始走向成熟，逐步与国际接轨。2001年1月，北京市人大颁布实施的《中关村科技园区条例》，专门对风险投资机构在园区内开展风险投资业务、组织形式、注册资本和回收方式等四个方面作出了规定；同年2月，为增进和规范中关村科技园区有限合作制风险投资机构的发展，依据《中关村科技园区条例》，北京市政府出台了《有限合伙管理办法》。这是中关村先于全国人大修改"合伙法"，率先实施"有限合伙制"，成为全国范围内大胆和超前的首创政策。2002年11月，合格境外机构投资者（QFII）制度正式实施，证监会、中国人民银行共同颁布《合格境外机构投资者境内证券投资管理暂行办法》（以下简称《QFII办法》），允许境外机构投资者使用境外外汇资金投资境内金融市场，自此，QFII相关的运转模式在我国正式拉开了制度化序幕。2011年11月，证监会、中国人民银行、国家外汇管理局联合出台《基金管理公司、证券公司人民币合格境外机构投资者境内证券投资试点办法》，标志着人民币合格境外机构投资者（RQFII）制度也随之进入立法轨道。

到2012年，风险投资已经成为支持科技型中小企业成长壮大，推动我国新兴产业发展的重要力量。随着风险投资机构、风险投资人的聚集，中关村涌现出"车库咖啡""创新工场""联想之星""摇篮计划""雏鹰500创业助推计划"等多种创业服务模式，一批战略性新兴产业的平台型公司和行业龙头企业也开始通过"创业投资＋孵化"的模式，为初创期企业提供资金、平台与业务相结合的组合支持，如由李开复博士创办的创新工场开创了"一揽子创业服务＋持股孵化"模式，孵化了"豌豆荚""魔图精灵""行云"等项目，所投公司的总估值已经超39亿元。电子商务一度成为中关村风险投资的热点领域，快消、互联网、医疗健康、数字娱乐等产业也获得一定份额的创业投资。

国际风险投资进入中国

国际风险投资资本是中国创新创业的重要推动力量。20世纪末至21世纪初，大批留学人员回国创业，给国内带回了大量风险投资，这些投资促进了国内创业的热情，促进了一大批海归企业和国内中小企业的发展，同时也带动了国内风险投资行业的进步，彼时国内几乎所有国际风险投资公司的掌门人都是清一色的海归。这些海归掌门人的特点是熟知风险资本运作的基本规律，具有国际知名投资机构工作经验，或者掌握世界先进的投资理念或投资模式，同时思维活跃、擅长社交。如推动中国互联网行业发展的"风投教父"熊晓鸽，是中国第一家合资风险投资公司——IDG资本的掌门人；从传奇创业者到传奇投资人的"独角兽"猎人沈南鹏，联合美国红杉资本共同创立红杉资本中国基金；专注于价值投资的长线投资者张磊，将耶鲁的投资理念引入中国，并以此为基础衍生发展出更适合中国市场的投资模式；曾任美国华源协会秘书长的陈亦工，在硅谷与中国大陆之间的技术和资本对接上发挥了桥梁作用；在硅谷高科技企业工作后从事创业投资的华人叶东，把在硅谷10年的投资经验带到北京，成立了第一只小规模的中国环保基金。这些海归掌门人纷纷将国际资本引进国内，开启了国际资本的"中国时代"。

熊晓鸽：推动中国互联网行业发展的"风投教父"

> 熊晓鸽，湖南湘潭人，出生于1956年，1981年毕业于湖南大学英语专业，1984年至1986年就读于中国社会科学院研究生院新闻系英语采编专业，1987年获波士顿大学新闻传播学硕士学位，1996年秋毕业于哈佛大学商学院高级管理班。作为IDG资本创始董事长，熊晓鸽于1993年带领团队率先在中国开展风险投资业务，是将国际资本引入中国的代表性人物之一，启蒙了中国风险投资行业与互联网产业的发展。

1956年，熊晓鸽出生在湖南湘潭，当他到了弱冠之年，便从父亲的手里接棒，到湘潭钢铁厂轧钢分厂当电工。电工的身份，并没有给熊晓鸽的命运定型。从湖南大学、中国社会科学院、新华社再到波士顿大学，熊晓鸽的求学之路从未停止过，似乎离他"战地记者"的梦想越来越近。

熊晓鸽与麦戈文的初遇是在1988年，时年33岁的熊晓鸽刚从波士顿大学拿到硕士学位，还在美国卡纳斯出版公司打工。当时卡纳斯想在中国出版一本叫作《电子导报》(Electronic Business)的杂志，可就在杂志送印厂之前，卡纳斯发现了一个问题——没有刊号，无法在中国境内合法发行。1988年9月，时任中国国际信托投资公司董事长荣毅仁访美考察，担任助理编辑的熊晓鸽向他在卡纳斯的上司提议，由卡纳斯出钱，演讲后举办一场餐会。"当时我想，如果能请荣毅仁给杂志题词，也许能帮助杂志在中国顺利发行。"熊晓鸽说。这个想法得到了支持。那场餐会熊晓鸽有两大收获，一是荣毅仁的题词，并且真的将《电子导报》运进了中国；二是认识了美国国际数据集团创始人兼董事长麦戈文。1989年6月，卡纳斯决定全面撤出中国，让有意回中国发展的熊晓鸽颇为失望；1991年8月，熊晓鸽找到麦戈文，表达了想回中国做出版、做风投的想法，两人一拍即合。1991年11月，熊晓鸽正式加入IDG。

熊晓鸽在1991年12月初回到北京时，被派往IDG旗下太平洋科技50万美元入股的北京理工大学校办工厂出任董事。熊晓鸽发现，当时公司持续亏损不是技术问题，只是产品与市场不对路，于是牵头与美国健身公司Pacific Fitness谈下了一笔600台器材生产的合同，让工厂扭亏为盈。麦戈文乐坏了，由此更加肯定熊晓鸽的能力，当即承诺给熊晓鸽投资1000万美元，让他在中国再找1000万美元，成立一只合资基金。

在1993年，这一切并不容易。20世纪90年代的中国，没有人知道什么是风险投资，没有人相信"投资开公司"是靠谱的。熊晓鸽回到深圳，请同学吃饭顺便讨论自己的创投大计之时，那时每个月拿着120元工资的同学都认为他是骗子。然而就在这样的客观环境下，熊晓鸽带着1000万美元资金回国，努力争取与上海科委达成合作，双方共同出资2000万美元成立中国第一家合资风险投资公司，也就是如今的IDG资本，从事信息服务与风险投资。IDG集团总部派了一名董事来中国考察，他临走前对熊晓鸽说："机会确实不错，但也确实没人能管，要不你来吧。"于是，记者出身的熊晓鸽阴差阳错地成了IDG中国的"掌门人"。彼时熊晓鸽只是"光杆司令"。他找到的第一个"合伙人"是在美国的好友周全，1994年同是技术出身、留学德国多年的章苏阳加入，并陆续迎来林栋梁、杨飞、王树、王功权、李建光、过以宏的加盟，凑齐了一支中国风险投资拓荒队伍。

熊晓鸽用这2000万美元的学费，开始在国内一片陌生而荒芜的领域开拓。按照当时的法律，国内的自然人不能和外资股东合资成立公司，IDG只能在中国设立合资风投，这种"合资公司模式"给被投企业的管理带来很大困难，同时缺乏退出机制也使得IDG在中国早期的发展步履缓慢，直到2000年才有了在中国市场第一笔通过股权转让实现的退出。1999年，在中国市场上度过了漫长摸索期之后，IDG资本开始从"合资公司"的泥潭中脱身，成立国内第一家真正意义上的实行合伙人制的投资机构。同年，规模为1亿美元的IDG技术创业投资基金II成立，其在1998年、1999年对金蝶软件共计2000万元的两次注资，成为IDG资本在中国IT互联网领域投资的开端。

1994年，麦戈文在一次差旅途中遇见了刚刚诞生的网景公司的创始人，他在飞机上向麦戈文介绍自己的公司，麦戈文一下飞机就给集团财务打电话，给网景投资了200万美元，13个月后，网景上市，200万美元变成了2亿美元。尝到了甜头的麦戈文跟熊晓鸽说："在中国应该多投互联网公司。"这句话成了投资腾讯的引子。1999年，刘晓松向IDG团队引见了马化腾，彼时的马化腾正拿着改了6版的商业计划书寻找风投，马化腾以ICQ的用户量和出售价格类比谈腾讯的价值。后来IDG资本向腾讯投资110万美元，获得了20%股权。就这样，IDG资本陆续遇到了靠着10万美元"桥式"贷款度日的张朝阳，互联网泡沫破灭后在寒冬中进行A轮融资的李彦宏，以及众多在中国互联网发展史中曾经或现在还占据着重要位置的企业：8848、搜房、携程、土豆、奇虎360……可以说，近半数中概股互联网企业，都可以看到IDG资本在不同阶段进入的身影。2000年，IDG资本通过股权转让实现了第一笔退出。由于布局够早，同时赶上中国经济的高速成长期和互联网创业的勃发，IDG资本发展迅猛。

2010年以后，人民币资本逐渐崛起，IDG资本完成了旗下第一只人民币PE基金——和谐成长基金的募集。这期间，IDG资本的投资行业从互联网领域拓展至TMT领域，投资阶段也从原来的早期，延伸为早期、成长期、Pre-IPO投资并存。眼下，IDG资本在中国耕耘已经30年，投资的公司数量超过750家，已经在跨境金融、医疗、汽车、能源等多个领域布局，同时通过收购并入IDG Ventures，对方在美国、越南、印度、韩国等地都有多年的专业团队，大大完善了IDG资本的全球投资网。

> 作为引领中国互联网行业发展的投资人，20多年来，在公众熟知的众多互联网公司背后，几乎都有熊晓鸽的身影。在经历过多年的风雨洗涤，当被问及对于未来的期望，熊晓鸽说道，最大的期望就是能够在离开这个世界的时候为世界做一些事，也因此，近年来熊晓鸽聚焦关注脑科学研究、新能源（环保）、减碳等关乎人类未来命运领域，依旧通过他最熟悉的资本的力量，不断启发着行业的发展、推动着世界的进步。

沈南鹏：从传奇创业者到传奇投资人的"独角兽"猎人

沈南鹏，1967年出生于浙江海宁，是上海交通大学首届免试直升的试点班学生，1989年赴美留学，1992年获耶鲁大学硕士学位。耶鲁大学毕业后，沈南鹏在汇聚了全球最优秀毕业生的华尔街开始投行生涯。2005年，沈南鹏离开自己担任总裁兼CFO的携程网，联合红杉资本成立红杉中国，专注于科技、消费、医疗健康三个方向的投资机遇，红杉中国成为近年来命中独角兽企业最多的投资机构，坐拥"中国互联网半壁江山"。

1967年，沈南鹏出生于浙江海宁，在中学时期，他展现出公认的数学天赋，获得多项全国数学竞赛大奖。他是上海交通大学首届免试直升的试点班学生，大学期间又以优异表现当选系学生会主席。1989年赴美留学，1992年获耶鲁大学硕士学位。

耶鲁大学毕业后，沈南鹏在汇聚了全球最优秀毕业生的华尔街开始投行生涯。从进入美国第三大证券公司雷曼兄弟负责中国区项目，到进入德意志银行担任中国资本市场主管、继而回国创业，转做投资，沈南鹏一步步准确地踏着节拍。1993年，深圳证券交易所的一个高层代表团访问华尔街，领队正是总经理夏斌，当夏斌兴致盎然地讲述中国证券市场的时候，沈南鹏兴奋地意识到，是时候回国了。"这个机会来得很突然，国内的资本市场一下子起来了。"回忆当时，他这样说道。1994年，沈南鹏踏上回国征途，立足香港。他在雷曼兄弟、德意志银行等多家知名投行得以历练，积累了丰富的资本运作经验，为诸多中国企业在海外市场的成功融资提供了帮助，对中国经济发展趋势的洞察也愈加深刻。

1999年，当互联网大潮由美国席卷到中国，敏锐的中国留学生们正在急迫地将硅谷的创新模式复制到中国大地：张朝阳成立搜狐、马化腾创办腾讯、陈天桥创建盛大、中华网在纳斯达克上市，甚至只出过一次国的马云，回国便创办了中国黄页。沈南鹏敏锐地捕捉到由此带来的产业升级再造的良机，与梁建章、季琦、范敏一起创办了令传统旅游产业耳目一新的旅游网站——携程旅行网，软银中国、IDG等多家知名上市公司为其投资；

随后，沈南鹏又于2002年顺势缔造了一家全新的经济型酒店——如家连锁酒店。这两家创新公司以令人惊讶的速度发展壮大，分别于2003年和2006年相继登陆纳斯达克，奠定了持续至今的行业龙头地位。其中，携程是第五家在美股上市的中国互联网概念股，并成为"中国互联网公司第二轮海外上市"的起点，目前市值已高达280亿美元。而如家在美国的成功上市，则催发了中国整个经济型酒店行业的蓬勃发展。

在3年内带领2家高成长公司在纳斯达克挂牌上市，都是创业4年多即成功上市，速度之快超乎想象，沈南鹏后来回忆说："当携程市值在上市几年后变成40多亿美元时，说实话我们都没想到。成功来得很快，当然这里有我们的付出。但我认为，在大潮当中，我们很大程度上是被推着往前走。"

世界上有比创业成功更让人有成就感的事情吗？如果说有，可能就是投资了。8年投行，加上创办两家上市公司的经历，沈南鹏已经具备了作为一个优秀投资人最关键的经验，而且，2000年至2005年间，他还曾以个人身份参与投资了分众传媒、易居中国。对于实干家来说，所有的决策都是快速的。在携程上市18个月后，沈南鹏与红杉资本（总部美国）共同创立了红杉资本中国基金，这个"创造中国互联网的男人"，正式开始了自己在投资领域的征程。

美国红杉的理念是专注于买"赛道"，而沈南鹏选择的赛道，就是互联网。2008年，沈南鹏迎来至暗时刻。国际金融危机爆发，红杉中国的合伙人张帆离职，红杉中国投的50多家企业里，没有一家特别成功。但沈南鹏坚持"相信自己、不要抱怨也不要放弃，专注做最重要的事"。一年后经济复苏，红杉资本在2008年的投资取得了巨大的回报。2010年之后，红杉中国渐入佳境，当年12家超过100亿美元估值的独角兽中，红杉捕捉到9家。沈南鹏说，"创业就像在曲折的山路上长跑，真正的收益往往在基金的第六七年才能看到",在红杉中国的成员企业当中,像美团网、今日头条这样的明星企业,都是经过数年才兑现其潜力,"我们有一套自己的投资逻辑和思路,有一些投资没有做成,但是做成的公司的投资逻辑是一致的,这种投资方式是让我们满意的"。沈南鹏说,"根据我们的逻辑,有一些公司我们会放弃,但是有一些企业,我们愿意花更多的时间、精力去追。有观点,有所为,有所不为,特别重要"。

如今,沈南鹏已是创投圈的传奇,红杉中国目前管理基金规模已经近1000亿元人民币,在中国已经投资了超过500家企业,包括京东商城、阿里巴巴、蚂蚁金服、京东金融、今日头条、美团、饿了么、滴滴出行、爱奇艺、蔚来汽车、新浪、360、唯品会、拼多多、快手等众多互联网巨头和独角兽,说他坐拥"中国互联网半壁江山"可能并不夸张。其中,有超过50家企业成功完成IPO,包括快手、BOSS直聘、京东物流、泡泡玛特、小鹏汽车、满帮、贝壳、达达、九号公司、稳健医疗等。

在高成长企业中扮演最早、最重要的投资人的角色——这无疑是关于红杉中国投资策略十分精准的描述。红杉中国过往在市场上完成了不少动辄数亿美元的大额投资案例,因此有时会被认为专注于增长期投资,但从"最早、最重要"的投资策略,以及其表述的先后顺序来看,红杉中国反而在早期企业中下注最广。沈南鹏透露了一个数字:在红杉中国所有的操作案例中,大概65%的投资都在A轮完成。这证明了红杉中国深耕市场最前端的决心,也成为其矗立于行业最前沿行之有效的方法。

"社会资本不能只关心投资回报,还要承担更多的社会责任。"这是沈南鹏一直信奉的准则。所以,除了投资界,在慈善领域,也常常可以看到沈南鹏的身影。从结果上考量,良好的慈善运营与优秀的商业经营可谓殊途同归,同样推动社会正向提升效率。因此,对沈南鹏来说,这两种选择只是身份角色的差异,并无心态的不同。沈南鹏运用他最为擅长的投资理念来落实慈善公益,去搭配出一个"商业+慈善"的最佳结构,这种思考方式也被视为一种"最有效的慈善":他为自己的捐助找到明确目标,且是既可以产生正面影响,又值得长期培养的领域及企业。

2010年,红杉中国与世界银行共同投资了中和农信,将其从中国扶贫基金会小额信贷部的公益项目转型为一家社会企业,并帮助其开发出一整套适宜中国农村的小额信贷模式。与纯粹的财务投资截然不同,红杉中国投资中和农信后,不但为其提供了包括技术、风控、资本等多方位的资源支持,还在其战略发展方向与模式创新方面提供了很多有价值的建议。如今,中和农信已成长为中国最大的农村小额信贷机构,累计发放农户小额贷款218亿元,超过400万贫困人口受益于此项普惠金融服务。2017年6月,中和农信荣获"中国年度社会企业奖"。

沈南鹏还积极参与了多项公益慈善领域的事业,尤其在教育领域,除了对母校上海市第二中学、上海交通大学进行多项捐赠外,在国际交流方面,沈南鹏在过去3年发起并创办了耶鲁北京中心(Yale Center Beijing)、耶鲁中国情商基金会(Yale China Fund for Emotional Intelligence),这些公益组织关注推动教育、人文等领域的交流与合作。与此同时,沈南鹏作为共同发起人,推动成立了旨在弘扬科学精神的"未来论坛",该论坛设置了中国第一个百万美元的民间科学奖项——"未来科学大奖",分为"生命科学奖""物质科学奖""数学与计算机科学奖"三个年度奖项,旨在打造"中国民间的诺贝尔奖"。

在前沿科技投资、慈善事业以及其他类型的社会活动中,沈南鹏与红杉中国向世人所展现出的眼界、格局以及实干精神,其背后有一套统一的价值观作为思想基础,即沈南鹏的商业哲学思想,这

> 也正是沈南鹏作为中国当代杰出投资家所承担的社会责任所在。面向未来,沈南鹏非常期待中国的技术公司能在全球发挥影响力,而他与红杉中国,也将继续支持中国高科技企业的成长。

张磊:专注价值投资的长线投资者

> 张磊,1972年出生于河南驻马店,1990年,以河南省高考文科状元的身份考取中国人民大学国际金融专业,1998年赴美国耶鲁大学求学,2000年延期毕业回国创办中华创业网,后获得耶鲁大学工商管理硕士及国际关系硕士学位。在创立高瓴之前,张磊曾在耶鲁捐赠基金工作,并曾在全球新兴市场投资基金负责对南非、东南亚和中国的投资。2005年,张磊创立高瓴集团,始终支持创新,专注于长期投资、支持实体经济转型升级和价值创造,为我国高质量发展作出了重要贡献。

张磊于20世纪70年代初出生于河南省驻马店市的一个村庄,家境普通,但从7岁时就展露出经商的天分。当时张磊的家在京广铁路的火车站旁边,放暑假时,张磊就在车站旁摆上小椅子,把自己的连环画书租给候车旅客以及散步者看。刚高考完的那个暑假,他扩大了自己的租书生意,大量购进后再转手倒卖,后来又开始卖矿泉水、方便面及湖南腊肠。等大学开学到北京时,这位经验丰富的"推销员"已净赚了800元人民币,这在当时,已经足够支付自己的学费了。一直以来,张磊都是大家口中的"学霸""别人家的孩子",1990年,张磊以河南省高考文科状元的身份考取中国人民大学国际金融专业,毕业后赴美国耶鲁大学深造,取得工商管理硕士以及国际关系硕士学位。

在耶鲁大学，张磊遇见了求学路上最重要的贵人，与股神巴菲特齐名的美国投资"教父级"人物——大卫·史文森（David Swensen），张磊的投资技巧也正是跟随掌管耶鲁大学投资基金的史文森习得的。张磊时常津津乐道地谈及他如何得到了史文森的赏识。刚刚来到耶鲁大学的张磊，新鲜劲儿还没有过去，就因为囊中羞涩面临了严重的财务危机。经过大大小小的面试后，他终于在耶鲁投资办公室找到了一份实习工作，也是在这里，他找到了自己事业的坐标系，选择进入了投资行业。

张磊在投资上表现出极高的天赋，同时拥有出色的基础研究能力与极为不凡的洞察力。通过师从史文森，张磊更加意识到要找到优质的公司，最好的方法是做基础研究，而且只研究价值能长时间复合增长的领域。"要研究，只有研究才能让你对变化有理解。研究是基于深刻地对事物本质的研究，方法见仁见智，有的人看一两个季度，有的人看一两年，有的人看盈利，我是看五年、十年、二十年的东西。我看的不是形式，而是一个人本质上有没有给社会创造价值，只要你给社会创造很大的价值，早晚你会给所创的公司创造价值。"张磊如是说。

自1999年下半年开始，以互联网为代表的新经济以极强的渗透力影响了全球，张磊敏感地认识到，作为年轻人靠自身的才能、理想、干劲儿为祖国、为社会、为自己创造财富的机会已经到来，互联网会为他们提供一个成就事业的平台。于是，张磊决定延期毕业，选择回国创业。由于职业关系，张磊了解到国外的投资者对中国的互联网和高科技越来越看好，他运用经济学的原理不看起点，也不看终点，而是看到这落后起点和先进终点之间的巨大距离，决心在中国举起创业大旗，开办私人的风险投资俱乐部。2000年，在中关村两间14平方米的某证券公司的大户室里，SinoBIT中华创业网诞生了，中华创业网意图建立起本土化、适合中国、面向中国大众的服务网络，从资本、人才、技术等各方面帮助国内企业、组织中国企业去国外巡回交流，为诸多国内企业创造了二次创业的机会。小有成绩后，张磊一时成了"网红"。他的名字和他的中华创业网上了《纽约时报》的头版，还出现在《华尔街日报》《韩国经济日报》等世界十几家主流媒体。

但风光过去，张磊和他的中华创业网落得一地鸡毛。无奈之下，张磊在2005年从耶鲁大学毕业后，在全球新兴市场投资基金工作过一段时间，主要负责南非、东南亚和中国的投资。此后他又担任纽约证券交易所首任中国首席代表，并创建了纽约证券交易所驻香港和北京办事处。2005年，张磊意识到中国即将崛起——"整个国家焕发勃勃生机，每个人都能发大财。国内涌现了众多朝气蓬勃的创业者与高科技创业公司"。他成功地把耶鲁的投资理念引入中国，并以此为基础衍生发展出了更适合中国市场的投资模式。"虽然现代金融投资的工具和方法大多源于西方，但如何使用好这些工具，我还是更推崇我们优秀的中国哲学思想和传统民族文化。"张磊的第二次创业并没有急于求成，而是说服耶鲁大学捐赠基金，以耶鲁大学投资基金的名义出资提供2000万美元，用于投资中国新兴公司。一回到国内，史文森就从耶鲁投资基金拨出2000万美元启动基金，帮助他创办高瓴资本公司，随后又追加了1000万美元。

刚刚回国，张磊把大部分高瓴的资金投入中国最大的网络服务与社交门户网站——腾讯公司，准确地说，是在二级市场买入腾讯的股票。这笔投资给高瓴赚到了丰厚回报，但真正让高瓴拿到顶级投资圈门票的，则是2010年对京东的投资。2010年，京东只有7500万美元的融资需求，但张磊告诉刘强东："这个生意要不让我投3亿美元，要不我一分钱都不投，因为这个生意本身就是需要烧钱的生意，不烧足够的钱在物流和供应链系统上是看不出来核心竞争力的。"这是当时国内早期互联网企业的投资中单笔投资量最大的交易之一，日后京东的成功，验证了张磊的眼光和魄力，也给投资圈留下"眼光毒辣、肯下重注"的狠人形象。

京东定义了早期的高瓴，2012年高瓴开始募集一级市场基金，到2020年2月，高瓴正式宣布成立高瓴创投，杀入VC行业。截至2020年，在陪伴京东、腾讯、美团、格力等众多中国伟大企业由诞生到成熟的15年发展之后，高瓴管理的资产规模超过5000亿元人民币，投资平均年回报率超过40%，成为亚洲最大的投资机构之一。

在价值投资的实践探索方面，张磊则认为，真正的"重仓中国"，就是要帮助中国制造业更好更快地实现转型升级。具体而言，他认为创新的新起点是对实体经济巨头的价值重估，重仓中国制造激发经济新动能。在这样的理念支持下，高瓴投资过一大批国内外优秀企业，特别是实体制造企业，其中包括百度、腾讯、京东、格力、百济神州、蓝月亮、美团、孩子王、GrabTaxi、Saltside、CarDekho等。受托管理的资金主要来自目光长远的全球性机构投资人，包括大学捐赠基金、养老金、慈善基金会、家族基金及主权财富基金等。

张磊是巴菲特长期投资理念的坚定支持者："超长期投资是我的信念和信仰。总结来讲，第一点是把基金做成超长期结构的基金，第二点是所投公司和投资基金的理念要完全一致。"他想做企业的超长期合伙人，带领高瓴的使命就是发掘最具有长期竞争优势的企业，用最长线的钱来帮助企业实现长期价值。随着经济复苏，张磊的影响力与日俱增，高瓴或许正迎来它最好的投资时代，而中国实体经济企业也将与高瓴同步成长，支撑中国经济走向更好的明天。

来自硅谷的海归风险投资人

进入21世纪后，中国创业投资从市场到人才都已日渐成熟，不少在海外已经成功创业的海归人士，纷纷回到国内成立新的创投基金或孵化基金。这些海归的特点是或者从创业者转型到投资人，或者在投资领域具有独特的创新想法，他们具备前瞻性眼光，能够敏锐地发现前沿新事物，并通过实际行动探索创新，成功后便会通过投资的方式去发现更多具有广阔前景的新赛道。如李开复从谷歌离职后投资创办创新工场，开辟中国风险投资和创业新模式；在美国和加拿大留学定居的新东方联合创始人徐小平，历经创办教育机构新东方后转型创立了真格基金，在人工智能、芯片与半导体、医疗健康、新能源等领域寻找投资机会；邓锋从宾夕法尼亚大学沃顿商学院和南加州大学毕业后创办了NetScreen，之后回国创立北极光，专注于"中国概念"的企业投资；陈宏从纽约州立大学博士毕业后创立Gric公司，后回国创办汉能投资集团；丁健从美国留学回国后先是创办了亚信科技，后加盟成为金沙江创投合伙人，专注于互联网、无线和新媒体领域的创业投资。在这些海归风险投资人的引领下，北京本土的风险投资体系不断完善。

李开复：从微软研究院到谷歌终造就"创新工场"，开辟中国风险投资和创业新模式

李开复，1961年12月出生于中国台湾省新北市，祖籍四川成都，曾就读于卡内基梅隆大学，获计算机学博士学位。他是一位信息产业的经理人、创业者和电脑科学的研究者。1990—1997年，他曾在苹果、SGI等多家IT公司担当全球副总裁等要职。1998年7月，李开复加入微软并在中国创建领导了微软中国研究院，2000年担任微软全球副总裁。2005年7月，他担任谷歌全球副总裁兼大中华区总裁。2009年9月，李开复从谷歌离职后在北京创办了创新工场，并任董事长兼首席执行官。

40多年来，李开复一直是世界计算机科学领域的先锋人物，是华人中最早进入硅谷，也是最具有光环的顶尖人才之一。1988年，李开复的博士论文开创了全球首个"非特定人、大词汇量连续语音识别系统"Sphinx，当年被《商业周刊》授予"最重要科学创新奖"。1990—1996年，李开复在美国苹果电脑公司历任语音组经理、多媒体实验室主任、互动多媒体部全球副总裁等职位。1996—1998年，李开复在美国硅谷图形公司SGI电脑公司担任互联网部门副总裁兼总经理、Cosmo软件公司总裁，负责多平台、互联网三维图形和多媒体软件的研发工作。

1998年7月，李开复加入微软并在中国创建和领导了微软中国研究院（现为微软亚洲研究院），2000年，担任微软全球副总裁。2005年7月19日，Google宣布将在中国设立产品研发中心，李开复负责中国研发中心的运营，并担任谷歌（Google）全球副总裁兼大中华区总裁。

然而，在光环与荣誉之下，李开复有着自己真正想做的事业。2009年9月4日，谷歌全球副总裁、大中华区总裁李开复正式宣布从谷歌离开，回国创业。三天后，李开复在北京宣布创立"创新工场"，并担任董事长兼首席执行官。听到此消息，中经合的刘宇环立马送来500万美元作为创新工场启动资金，联想控股、新东方、红杉、IDG、联发科争前恐后成为创新工场的合伙人，柳传志、俞敏洪等大咖更是出马担任创业导师。创新工场几乎从一诞生，就为公众所知。

关于为何选择回到中国，李开复给出了几个原因。一是对中国市场的看好。李开复认为，中国有着庞大的人口、快速的经济增长、活跃的创业氛围等优势，是一个充满机遇和挑战的市场，他希望能够把自己在美国积累的经验和资源，用于帮助中国的年轻创业者，打造更多的创新产品和服务，推动中国的科技发展和社会进步。二是对中国文化的认同。李开复虽然在美国生活了27年，但他始终保持着对中国文化的热爱和尊重，他认为，中国文化有着悠久的历史和深厚的底蕴，也有着不断创新和变革的精神，他希望能够用自己的行动，向世界展示中国文化的魅力和价值。三是对中国社会的责任。李开复不仅是一个成功的商人和科学家，也是一个有社会责任感的公民。他关心着中国社会的各个方面，包括教育、环境、公益、民生等，他希望能够用自己的力量，为中国社会的改善和进步作出自己的贡献。

李开复回到中国后，带领864家企业进入中国市场，这些企业包括创新工场投资的初创企业，以及李开复在美国合作或联系的企业。这些企业为中国新一代信息技术市场提供了大量的资金、技术、人才、管理等资源，促进了中国新一代信息技术的发展，增强了其在全球竞争中的优势和地位。李开复一直是全球电子计算机产业中引领潮流和风向标的人，他凭借自己在美国取得的成就和影响力，深刻促进了跨国产业科技交流的步伐。

创新工场是什么？李开复说，创新工场是一种新的天使投资和创新产品的整合，创新工场是创业者的"黄埔军校"，创新工场填补了中国天使投资的空缺。创新工场是一个崭新的模式，是一条通向未来之路。他的创新工场也以"天使投资+创新产品"的独特模式为我国风险投资带来一股清新的风。

自2000年以来，中国的风险投资快速发展，但绝大多数投资公司喜欢选择短、平、快的项目，因此比较成熟的大型项目（如接近上市的公司）融资相对容易。但风险系数相对高，更需要全方位扶持的创业型企业，较难获得支持。而创新工场的诞生填补了这个空白。它通过针对早期创业者需求的资金、商业、技术、市场、人力、法律、培训等提供一揽子服务，帮助早期阶段的创业公司顺利启动和快速成长，同时帮助创业者开创出一批最有市场价值和商业潜力的产品。

在运营中，创新工场也形成了自己的商业模式，通过资金、创业人才的定位和结合，投入创新产生创意和产品或服务，将成功项目、产品或服务推向市场，独立上市或被收购，当然创新工场持有其部分股份，持续获得回报。创新工场让人们在中国看到了一个"财与才"的风险投资新模式，也是天使投资与创新产品的高度规模化的风险投资新模式。相比传统意义上的风险投资，创新工场更加"亲力亲为"。创新工场关注于产业链，从招聘工程师、创业者开始，打造多个精英团队，对不同项目进行研发和市场运营，其间提供丰富的后援，包括法律、财务、机房等服务；也提供共享的软件平台和模块，还有搜索引擎优化等服务；最重要的，还有利用最好的工程师提供产品工程化阶段的一揽子服务，直至项目成熟，剥离母体成为独立子公司，甚至最后上市或被收购。截至2020年年底，创新工场累计为百余家企业提供创业服务，孵化了美图、豌豆荚、知乎、友盟、魔图精灵等知名项目，所持股的公司市值保守估计超过1000亿美元，过亿美元估值的公司有10多个。

当前，李开复开始关注人工智能赛道，积极探索着前沿领域的投资布局。2022年1月，由创新工场孵化、李开复担任董事会主席的创新奇智在港交所上市，成为港股"AI+制造"第一股。2023年2月，李开复发文宣布入局AI大模型领域，亲自筹办新AI 2.0公司，致力于打造AI 2.0全新平台与AI-First生产力应用的全球化公司，11月，"零一万物"正式发布名为"Yi"的首款自研开源人工智能大模型，其中，Yi-34B模型在多项评测基准中全球领跑。

> 创新工场开创的"天使投资＋创新产品"模式，为中国初创科技企业的发展注入了强大的力量。而从最知名的跨国企业高管到最具"光环"的投资人，李开复在带动国际前沿技术与模式回到中国与帮助中国青年成功创业方面，都作出了无与伦比的突出贡献。在人工智能技术不断发展的当下，李开复表示，未来将聚焦于 AI 2.0 智能应用、AI 2.0 平台、AI 基础设施三大领域，助力中国企业形成巨头、中小微创新企业一起发展的"创新综合体"，从而带动中国人工智能产业持续发展。

徐小平：专注早期投资，成为天使投资的重要参与者

> 徐小平，1956年出生，江苏泰兴人，1978—1983年本科毕业于中央音乐学院音乐学系，1983—1987年先后任职于北京大学艺术教研室、北京大学团委、北大艺术团，1987—1995年在美国和加拿大留学、定居，并获加拿大萨斯喀彻温大学音乐学硕士学位。1996年，在俞敏洪的邀请下，徐小平回国参与创办新东方教育集团，是新东方"三驾马车"之一。2011年，离开新东方创立"真格"天使投资基金。

徐小平从小就对音乐有着浓厚的兴趣，1978年考入中央音乐学院音乐学系，1983年毕业后就开始任职北京大学艺术教研室教师、团委文化部部长、艺术团艺术指导。在那个年代，能够拥有这样的一份工作，其实已经十分体面了。但是，热爱学习的徐小平觉得，这并不该是自己求学的终点。于是，在任教期间，他开始努力考研。虽然多次落榜，但最终他还是如愿考上了加拿大萨斯喀彻温大学音乐学院，1987年顺利出国深造。

然而让徐小平没有想到的是，自己千辛万苦地出国留学，最终却无法在国外找到一份像样的工作。为了生活，一个文艺青年被迫成为送比萨的外卖员。这样的生活，一度让徐小平感到十分抑郁。虽然路是自己选的，但是徐小平不甘心就这样度过一生，在深思熟虑之后，他决定回国发展。

幸运的是，徐小平在1996年接到了俞敏洪的邀请，于是回国加入新东方，担任副校长，负责留学咨询业务，他和俞敏洪、王强成为新东方的"三驾马车"。徐小平加入新东方之后，他的才能才真正得到发挥，并与新东方一起进入了飞速发展的阶段。2006年，新东方在纽约证券交易所上市，但是徐小平和俞敏洪之间的分歧也日益加深，主要涉及新东方的管理模式、股权分配、亲属任职等问题。最终，他决定离开新东方，另谋发展。

退出新东方后，徐小平觉得拿着这么多钱不做些什么，似乎又对不起自己。思来想去，徐小平开始做转型创投。刚开始做创投的时候，徐小平没有任何经验，也曾经历了多次的失败，但是随着对行业的逐渐了解，他慢慢地找到了感觉，投资也变得越来越成功，便开始了个人的天使投资，投资的创业项目涵盖教育、互联网、科技等领域，如世纪佳缘、拉手网、爱奇艺、小米、滴滴等。2011年，他和王强、红杉中国联合创立了真格基金，专注于早期投资，帮助创业者实现梦想。

徐小平的投资风格被称为"拍脑袋决策、热脑袋决策"，即凭借直觉和感觉，快速作出决定，不看报表，不问细节，只看创业者的激情和潜力。他的投资理念是"真格不打折"，即不为了短期的回报而牺牲长期的价值，不为了占据更多的股份而压榨创业者，不为了控制权而干涉创业者的自主权。他的投资成就，也得到了业界的认可和赞誉，多次入选福布斯全球最佳创投人榜、胡润百富榜、中国留学人员50人榜等。

徐小平的故事还在继续……未来可能还会有更多的精彩和惊喜。他曾经说过："我不是为了赚钱而投资，而是为了看到更多的创新和变革，为了让这个世界变得更好。"他的愿景,也是中国的愿景。在新的时代背景下,需要更多像徐小平一样的创业者和投资者,用智慧和行动推动社会的进步和发展。

> 徐小平曾被誉为"新东方最有思想的人""新东方的大脑",他是一个充满激情、智慧、创新的人,他也是推动中国新经济产业萌芽和创新最成功的思维风险投资家之一。他的故事充满了挑战、困难、选择和转折,让我们看到了一个真实的徐小平、一个不断追求自我实现的徐小平、一个为中国的创业与投资作出贡献的徐小平。

邓锋:聚焦"中国概念",助推中国技术驱动型企业走向世界

> 邓锋,欧美同学会会员,1986年毕业于清华大学电子工程系,1990年赴美后先后获得南加州大学计算机工程的硕士学位和宾夕法尼亚大学沃顿商学院工商管理硕士学位,1997年创立NetScreen,2001年NetScreen在纳斯达克上市。2005年,邓锋回国创立北极光创投。北极光专注于早期和成长期技术驱动型企业,扶持中国科技企业家与中小科技企业共同成长。

邓锋出生于1963年,在那个物质并不富裕的时代,他的家境也很一般。1986年,邓锋毕业于清华大学电子工程系,而接下来的1987年,他则继续在清华大学读研究生。在校读研期间,他在校园里租了3间房,领着一帮学弟成立了一个实验室,他们承接各种项目,其中还包括电脑快照,经过一段时间的摸索与尝试,邓锋的实验室很快变得小有名气,口口相传,他们的生意也越做越好。1990年,邓锋先考入美国南加州大学攻读

计算机工程专业硕士学位，而后又到沃顿商学院攻读MBA。读书期间，邓锋抓住机会进入英特尔公司做工程师，凭借自己的勤奋努力过上了待遇优厚的"金领"生活。随着互联网的发展，邓锋逐渐意识到，网络安全将会是未来影响网络应用的重要问题，于是，他开始和好友商议创立公司的计划，打算专做网络安全产品。

在英特尔实习的时候，邓锋学习到了大公司的经营和管理模式，这无疑为他以后在NetScreen的杰出成绩作了结实的铺垫。1997年春天，邓锋和同伴们下定决心，准备在硅谷谱写自己的梦想，创造属于他们的神话。在硅谷文化影响下，邓锋和他的同伴们以自家的车库作为起点，开始了创业之路。NetScreen采用了嵌入式的RISC处理器和一个专用的操作系统，为业界在虚拟专用网领域设立了新的安全解决系统的标准，核心技术优势突出，在1998年推出了第一款产品以后，迅速在竞争激烈的美国市场站稳了脚跟。1998年年中，以投资雅虎而闻名于世的红杉资本等多家风险投资商正式向NetScreen投资。一年后，红杉资本又对NetScreen追加投资，资金注入加速了NetScreen技术转化为产品并投放于市场的发展进程。2001年12月12日，NetScreen在纳斯达克首发上市，上市当天，它的股价就上涨了50%，与此同时NetScreen也成为美国股市在"9·11"事件后第一家实现上市的高科技公司。

邓锋和他的NetScreen公司在美国谱写了40亿美元的并购神话，就此，他的"造梦"历程可以说是以"完美"收官，然而，他并不打算做一个花火般的传奇——在夜空留下一道令人赞叹的绚烂后便消逝一空，他的梦想仍在继续，相应的新动作也浮出了水面。

2005年10月，从创业者转向风投人的邓锋开始在中国内地进行投资，而这次身份的转变并不是一时间的冲动。在美国时，邓锋就是"华源科技协会"的会长，一直致力于帮助在美国的华人成功创业，他也曾作为天使投资人，支持华人创业。也正是VC这个新的身份，使邓锋为更多的中国人所熟知，邓锋的影响力逐渐增强，而他也萌生了二次创业的想法。

最终，邓锋与老搭档柯严共同创立了北极光，他们把北极光定位于中国概念的风险投资公司，专注于中国内地早期和成长期技术驱动型的商业机会投资。通过多年发展，北极光在高科技、互联网、消费及健康医疗等领域已领导投资数百家企业，主导了多个早期项目的深度孵化，他直接负责投资及投后管理的部分公司包括美团网、中科创达、兆易创新、山石网科、艾诺威科技、展讯通信、腾讯音乐、蓝港互动、中文在线、连连科技、百合网、华大基因、泽璟制药、中信医药、燃石医学、太美医疗等。

在投资策略上，北极光投资强调了"团队""市场""创新"三个词，这不难理解。其中，"团队"是邓锋格外看重的一点，无论是自己的团队还是被投资对象的团队，邓锋都有自己的标准，对于自己的团队邓锋最强调的就是默契，他曾经说过如果要取胜，就一定要有一支共同经历过风雨的团队，那样的团队经过高潮和低谷仍然凝聚在一起，才是最好的。而关于北极光还有另外一个关键词——"中国概念"，顾名思义就是指充分利用中国具有比较优势的生产要素，或中国自主研发的具有独立知识产权的技术，或以中国为主要市场的投资战略。在这样概念与投资策略的引导下，北极光在圈内声名鹊起，培育了一批世界级的中国企业和企业家。

> 邓锋与北极光，已成为目前中国技术驱动型硬科技企业的重要早期投资人，为中国硬科技创业企业的成长贡献了不可或缺的力量。"赚钱是越多越好吗？不见得。早期投资是雪中送炭不是锦上添花，能带来更多的精神愉悦。"邓锋说，他更愿意在大浪到来之前就和优秀创业者们并肩作战，伴随中国科技企业家与中国科技企业共同成长。

陈宏：中国新经济投行的"先行者"

> 陈宏，出生于1962年，1982年毕业于西安交通大学计算机科学专业，1985年赴美国纽约州立大学学习，1991年获得纽约州立大学计算机科学博士学位，历任多项加拿大联邦和工业企业研究基金的首席调查官，并具有深厚的工业咨询服务经验。1999年，陈宏创立Gric公司，2003年，回国创办汉能投资集团。

陈宏人生第一个重要的选择路口出现在1978年，当时，工人、农民、知识青年、复员军人等千万名考生纷纷拿起书本，加入求学大军，尽管陈宏刚刚初中毕业，但"不限资格"的报考条件让他激动不已。"能不能直接跳级上大学呢？为什么不试试看？"陈宏凭着扎实的学习功底，在自学了6个月之后，考上了西安交通大学计算机专业。年仅15岁的陈宏直接从初中生变成了大学生。在班上，他是年龄最小的学生。毕业那年，陈宏还未满20岁，但还是凭借优异的成绩留校任教，担任计算机系统结构、专业英语等课程的辅导老师。

在当教师的日子里，有一件事让他印象深刻。当年国家给几所高校分配了一些小型计算机的采购名额，但是由于手续复杂，陈宏受学校之托，赴北京领取采购批文，一待就是两个星期，为了节约成本，他住在北京的地下室里，白天去教育部、电子工业部跑批文，拿到批文才能进行采购谈判。陈宏的谈判对象是日本IBM的一名员工，谈判地点在北京民族饭店。那个时候的酒店门卫，看到不是酒店的客人是不让进去的。陈宏只好买了一套价格很便宜的西装，大摇大摆地走进去，然后跟日本人谈判，出乎意料的是谈判非常顺利。第一次坐飞机，第一次进大酒店，这算是陈宏人生经历中最初的商务活动体验。

1983年，新的机会又来了，教育部选拔青年教师出国深造。"当然要去!"陈宏几乎想都不想就去争取这来之不易的机会。在广州接受了两年的强化英语训练之后，他怀揣着几百美元，踏上了美国的土地，开启了人生的新征程。

1985年，陈宏乘坐的飞机降落在美国肯尼迪机场，曼哈顿城市的灯光、马路上川流不息的车辆，构成了他最初关于"美国梦"的印象。来到美国的第一站，陈宏进入美国纽约州立大学，继续在计算机专业深造，并于1991年获得计算机专业博士学位。值得一提的是，陈宏在攻读博士时所研究的方向便是如今火热的人工智能方向。

毕业后，陈宏最初的想法还是做一名科学家，但他心中关于创业的激情也一直在燃烧。在咨询过学长后，陈宏来到了美国硅谷，成为一名软件工程师。不过，向来外向且头脑灵活的他并没有只待在实验室里，而是身兼数职。他既有过硬的技术，又主动帮助销售人员解答产品问题，还主动为大客户进行演示，堪称"非典型工程师"。正是这种外向、负责任的性格，使陈宏练就了一身与人打交道并且让客户愉快"买单"的本领。在工作中的游刃有余，一方面让陈宏觉得成就感颇丰，另一方面也让他心里的"创业种子"生根发芽。随着日渐成熟，逐梦的念头也愈加强烈，最终，梦想推动他正式决定踏上创业之路。

于是，陈宏选择放弃已经拥有的优渥待遇，抱着"大不了再从头当工程师"的决心，迈出了创业的第一步。陈宏的第一次尝试，便怀揣着回报祖国的初心回到中国。1991年，大量的中国企业对国外的情况一无所知。于是，陈宏成立了一家名为"万事通"的咨询公司，希望在中美企业之间架起一座沟通的桥梁，但公司仅仅运作了半年就歇业关门。1993年年底，陈宏开始了第二次尝试，拿着从亲朋好友间筹集来的50万美元"天使投资"，创立了专门为互联网提供服务的公司Aimnet。在陈宏的用心经营下，

Aimnet仅用了两年时间就成为北加州最大的拨号网络接入企业之一。但是，作为网络运营商对于资金的需求始终很大，50万美元的启动资金很快花完了，陈宏不得不再次开始"找钱"。最终，他仅仅得到200万美元的投资。屡屡"找钱"而不得的经历，也是促使陈宏后来想成立一家投资银行的原因之一。

1997年，随着几大竞争对手的公司开始在资本推动下上市，公司处于更加不利的位置，陈宏以壮士断腕的决心以1000万美元的价格将公司卖给别人。卖掉公司后，陈宏依靠在行业内长期的探索与钻研，敏锐地发现了国际网络漫游领域的机会，他带领10名员工组建了新的公司GRIC（Global Reach Internet Connection）。随着客户越来越多，公司开始赚钱了，并很快成为行业的第一名。1999年12月15日，年仅36岁的陈宏带领GRIC在纳斯达克成功上市，而他也成为第一位带领企业在美上市的中国留学生。

在创业期间，陈宏便深感中国留学生话语权的薄弱，他萌生了如何更好地尽自己所能帮助中国留学生的想法。当时在硅谷，已有一批像丘吉尔俱乐部、印度科技协会等这样的非官方精英社团，却没有来自中国的专业人士发起的科技人才组织。GRIC上市后，陈宏已然成为旧金山湾区一带最出名的华人CEO之一，同时又因为他热衷于组织活动，便当仁不让地将这份责任揽在肩上。

为了团结在美国硅谷的中国优秀创业公司，增强中国留学生的影响力，2000年，陈宏参与创立了"华源科学技术协会"（简称"华源"），并担任首任会长。当时陈宏的梦想就是帮助中国留学生打造一个以他们为核心的科技协会，做一些跟中国相关的商业论坛，让中国的企业与国外的企业有一个对接。彼时华源的华人企业家还都做得不是很大，但却都是中国留学生在硅谷的顶尖创业者。当时硅谷还有一个风险投资协会，是中国留学生创办的，华源也把它吸收进来，变成华源的VC组。就这样协会打通了创业者、企业家与VC之间的通道。

在做华源的时候，陈宏逐渐发现中国市场越来越大，便萌生了成立一家中国金融企业的念头。那时中国互联网行业方兴未艾，在华源的影响下，许多优秀的留美人才选择归国投资或创业，如创立百度的李彦宏、中微半导体的尹志尧。除此之外，华源还是很多企业的"红娘"，2005年，在华源和数字中国联合举办的美国硅谷圆石滩中美IT领袖峰会上，雅虎和阿里巴巴相遇，此后便有了雅虎向阿里巴巴投资10亿美元的合作，为当时正和易贝打得不可开交的阿里巴巴提供了充足的"弹药"，也自此改变了阿里巴巴的命运。

2002年，陈宏卸下GRIC CEO的身份，踏上新的征程。这一次的转身，是陈宏从企业家向金融家的转变。2003年4月14日，回国的陈宏创立了汉能投资集团，目标就是要打造中国的顶级投行，为国内的创业者们插上资本的翅膀。在初期，陈宏很善于盘活过往的资源，他在朋友圈中的好口碑也令大家可以放心地将资金托付于他，名声便慢慢打响了。同时，在美国的经历也锻炼了陈宏独到的投资眼光与精准的判断能力。与单纯的投资银行不同的是，陈宏为汉能投资选择了一条"投行＋投资"双轮驱动的发展路径，在创立之初，陈宏就广泛招募了来自高盛、CSFB的杰出人才，组建了一支在投资银行、经营管理和风险投资方面经验丰富的优秀管理团队，并将汉能投资的主要客户锁定在潜力无穷的中小企业领域，致力于成为企业家们创业路上的重要朋友与合作伙伴。

在过去多年中，汉能帮助饿了么完成与阿里巴巴集团的牵手，力推去哪儿与携程、百度的股权置换，助力字节跳动收购百科名医，操盘了京东工业品的拆分重组……互联网的并购大案背后，总有汉能的身影。同时，在投资端汉能的业绩亦十分出色，仅中文在线一案，就为汉能带来12.34倍的回报，IRR的回报高达79%，其下注的BOSS直聘、京东物流，都为汉能带来了丰厚的回报。

> 低调沉稳，可能是汉能投资最贴切的投资注脚，而这正取决于陈宏的行事风格。陈宏直言："网红总会过时，深耕行业才能走得更远。"他始终认为，作为一个投资机构，能否在资金以外其他外部资源方面给予企业更多赋能，是决定机构与企业成长的关键。既能"投得对"又能"投得到"，正是陈宏带领汉能多年以来持续成长的核心。

四、职业经理人，走向世界

"作为职业金领，他们飞跃大洋、连接中外，他们是中外管理文化的翻译者与诠释人。他们的职业生涯丰富多彩，他们在帮助中国走向世界的同时，也在帮助世界走进中国。"全球化智库（CCG）创始人兼理事长王辉耀在《巅峰职业》一书中如此评价海归职业经理人。

北京海归职业经理人群体涌现

20世纪80年代，随着外资企业来华投资办厂，一批海外管理层职业经理人随之进入中国，形成了中国第一代职业经理人群体，并将国外先进的管理模式在中国本地化。时间追溯至1978年，改革开放后的中国迎来了外商投资的热潮，一大批外企进入中国设立合资企业，如可口可乐、摩托罗拉、IBM等，主要开展销售、生产制造等活动，其中摩托罗拉首先在北京设立了办事处。1992年，邓小平发表南方谈话后，掀起了新一轮对外开放高潮，更多跨国公司纷纷选择进入中国投资办厂。这对于中国来说，不仅引进了国外先进的技术，还拥有了一批掌握国外先进管理模式的职业经理人，为本地企业的管理提供了经验借鉴，如学习外企"按劳取酬"的薪酬管理制度。

到20世纪90年代初，外企在华直接投资领域开始从生产制造向研发拓展，随之带来了一批研发层职业经理人，这批人的出现，不仅引进了世界先进技术，还提升了我国整体研发管理水平。1994年，加拿大北电网络公司在北京投资设立了合资研发中心，成为首家在中国设立研发中心的跨国公司。2006年，据联合国贸发会议的调查研究，中国当时已经成为全球跨国公司海外研发的首选地，有高达61.8%的跨国公司将中国作为其2005—2009年海外研发地点的首选，美国以41.2%排在第二位。跨国公司在华进行R&D投资，直接将世界先进技术带进中国，引进了先进的研发管理经验，培养了一批高水平的研发和管理人才，部分弥补了我国R&D投入的不足；同时，促进我国本地企业R&D管理水平的提升，为进行面向市场的科研体制改革提供了借鉴。

直到21世纪初，职业经理人的发展受到国家重视，海外职业经理人群体迅速壮大，形成了以外籍华人和中国籍海归为主的职业经理人群体。2001年，中国加入世界贸易组织（WTO）后，中国的进出口成本大幅降低，跨国公司开始将中国作为制造业中心，国外各行各业的外资企业或机构纷纷涌入中国，大量外籍职业经理人也随之外溢，形成了中国高端外籍人才群体。与此同时，国家也开始关注到职业经理人的重要性，以2002年中共中央办公厅、国务院办公厅印发的《2002—2005年全国人才队伍建设规划纲要》为标志，初步提出探索与制定职业经理人资质评价体系。在这样的背景下，国内催生出了一大批外籍华人或中国"海归"职业经理人，许多跨国公司在华负责人的面孔，逐渐由以往的欧美人换成外籍华人或中国归国留学人员。

中国跨国企业海归职业经理人

随着21世纪初跨国企业在中国的迅速发展，形成了一批在中国外企就职的海归职业经理人。这些海归职业经理人的共同特点是拥有国内外经历叠加的优势，他们接受过国内和国外两边的教育，对两边的文化有深层的了解，相比外籍人员，他们能够帮助跨国企业相对顺畅地在中国本土转化；在和国外企业打交道时，跨国企业对他们也有信心，从而形成一种良性循环。如原微软中国区总裁兼总经理高群耀，用实际行动改善了微软长久以来与中国政府的"僵化"关系；原微软全球副总裁、微软亚太研发集团张亚勤，将微软完整的创新链条全面布局在中国市场，帮助无数中国本土IT企业快速成长；还有曾在国企任职，现担任西门子（中国）副总裁的王春岩，用其两段完全不同的任职经历，证实了外企海归经理人在引入国际先进管理经验进入中国的重要作用。

高群耀：与三大商业巨头共舞的金牌职业经理人

> 高群耀，1958年生，1978年恢复高考后的第一批大学生，先后毕业于中国哈尔滨工业大学和美国加州大学，分别获得工程力学学士与博士学位，1999年11月成为微软中国区总裁兼总经理，2006年担任新闻集团中国区总裁，2015年担任万达国际事业部CEO，成为与微软的比尔·盖茨、新闻集团的默多克、万达的王健林三大商业巨头共舞的金牌职业经理人。

1978年夏天，恢复高考后的第一批大学生无疑是幸运的，改革开放一声春雷，唤醒了他们当中很多人的留洋梦。也正是这些人，后来学有所成，或成为世界500强企业中第一波土生土长的中国CEO，或成为中国民企出海的排头兵，或成为当今数字化转型浪潮的急先锋……他们不仅是中华民族伟大复兴的中流砥柱，更是连通中国与世界的桥梁，在传播中华文化方面作出了不可磨灭的贡献。高群耀正是他们之中的佼佼者。

1999年，全球目光聚焦到高群耀的身上，此前他是欧特克（Autodesk）全球副总裁兼亚洲最大发展地区总裁，当年11月，他接受微软聘书，成为微软中国总经理。这一年，微软在华面临"反盗版"风波，"高管大逃亡"。"上班那天起，门口堵了300多个记者。一拐弯，一个电视台摄像机对着你——央视财经节目。我还跳过窗户，门口出不去了。"在专访中，高群耀向21世纪经济报道记者回忆。

在领导微软（中国）的两年半中，最让高群耀感到自豪的一件事，就是改善了微软长久以来与中国政府的"僵化"关系。当时，尽管微软进入中国市场多年，但一直没有找到与政府沟通的有效方法和途径，这就像两个彼此关系紧密相连的伙伴，尽管合作将会带来"双赢"，但由于一直缺乏有效的对话，就分别抱着各自的想法彼此观望，而矛盾就在这个过程中逐渐升级。

处理与政府的关系，一直是高群耀的长项。首先，他要找到一个"突破口"，以此来扭转微软在政府和公众中的负面形象。正如当初在Autodesk时，用实际行动协助中美两国避免了贸易战一样，当一年一度的美国国会对中国最惠国待遇讨论之时，微软这次表现得极其积极主动，为中国政府摇旗呐喊。而这在微软历史上，还是第一次。为了保证步调一致，高群耀这次和美国的同事一道行动，而具体操作基本由坐镇美国的团队进行。一方面，他们对一部分摇摆不定的国会议员进行游说；另一方面，还在美国的主要媒体上发表评论，倡导美国政界支持中国的最惠国待遇。而在5月份投票的那一天，《华盛顿邮报》上刊发了一篇比尔·盖茨的文章《清华大学联想》——这也是微软打出的最后一张王牌。当美国最后通过了给予中国最惠国待遇时，时任外经贸部副部长龙永图特地到微软（中国）的总部表达了感谢之情。

同时，高群耀重新梳理公司在华业务内部结构，渠道下沉。为了修补各种关系，微软（中国）请来了中美建交关键人士基辛格（Henry Alfred Kissinger）担任顾问。组合拳下，微软（中国）实现"软着陆"。

正当IT、互联网开始改写所有行业的底层操作系统之时，他又跳出舒适区，转向媒体娱乐产业。2006年，高群耀加盟新闻集团，成为新闻集团全球资深副总裁兼中国区CEO。直到现在，他都对与默多克的见面记忆犹新。"在美国，没有人不知道默多克及旗下的福克斯新闻、福克斯电影、《泰晤士报》、《华尔街日报》。他打电话要见面，我是非常震惊的，硅谷这帮人，跟媒体那种板板正正的，简直两个世界。"他对21世纪经济报道记者说。

有了微软经验，这次高群耀作为"在华特使"，实现了直接向默多克汇报。随着退出星空卫视运营，新闻集团在华业务演变成战略投资，而伴随着默多克与邓文迪婚姻终止，其后，新闻集团加速撤离中国市场。对于外企在华沉浮，高群耀认为，中国市场的特殊性，是重要因素。"中国的经济发展非常快，需要政策'补丁'，于是，国内出现了这么多密密麻麻的纵向行业条例、横向地区落地政策，你把它放在地图上，这是一种什么图？如果没有一个很好的眼神，看得懂吗？看不懂，就是墙，看得明白，则是一个栅栏，里面充满了可能性。可以跳过去，甚至有些是有意留开的门，让你试一试。跳过去就过去了，这就是在中国的竞争优势。"这也是这一代海归职业经理人的优势，他们通过自身学历及从业背景，成为沟通中外企业与文化的桥梁。

2015年，高群耀开启了新的职业尝试，在万达文化集团担任集团高级副总裁兼国际事业部首席执行官。在任期间，他全面负责文化集团海外战略资产的收购和运营，其中包括好莱坞传奇娱乐影业公司，全球最大电影院线AMC娱乐公司（NYSE：AMC），巴黎欧洲城项目，万达青岛影视产业园和英国圣汐豪华游艇公司等。在万达，高群耀深刻体验了阶级分明、充满序列与特权的原始、粗放的企业管理模式，而他唯一的目标，从协助外企融入中国文化，转换成不要让万达那种压迫式的军事化管理传入美国，以免最终影响万达的海外战略。

无论是担任微软中国区总裁、新闻集团中国区CEO，抑或后来担任万达国际事业部CEO，高群耀都是两种产业、两种文化、两种结构的缝合者。"很幸运，在大时代的浪潮中成为最早的一批踏浪者。"高群耀如是说。过往的丰富经历让他感慨良多，而其中最重要的一点，就是让他深刻认识到文化产业的重要作用，尤其是电影作为文化载体，在全球化进程中所拥有的独特力量。

于是，这位曾与比尔·盖茨、默多克、王健林等商业巨人共事的资深职业经理人，摇身一变成为"老骥伏枥"的创业者，在2018年正式发布"移动电影院"，以移动互联网技术赋能传统的电影放映商业模式，为行业带来颠覆性变化。回顾创业背后的驱动力，高群耀直言："在某种层面来看，我们是这个时代的受益者，尤其是今天回顾起来，更需要向这个伟大的时代致敬，它赋予了每一位创业者明显的烙印或标志。"

> 高群耀的一步步"闯关"，某种意义上也成为这一代职业经理人在适应东、西方不同企业文化与市场环境中的缩影。"中国市场作为一个消费市场非常重要。外企怎么来占有或者在这个市场里扮演一个角色，这是大多数人困惑的地方。因为在中国做生意、做事的方式，跟西方国家非常不同。原因是，中国的环境和他们了解的非常不同。"正如高群耀所说，中国与西方不同的市场环境，为海归职业经理人提供了职业空间，而海归职业经理人也成为带动外资企业融入中国市场的重要力量。

张亚勤：将微软中国研究院推向世界前沿的科学天才

> 1978年，年仅12岁的张亚勤考入中国科技大学少年班，成为当届中国年纪最小的大学生。7年之后，他毕业赴美深造，1989年获得美国乔治·华盛顿大学博士学位，1997年荣膺美国电气电子工程协会院士。1999年1月，张亚勤回国加盟微软中国研究院，出任该院首席科学家，2004年1月升任微软公司全球副总裁，进入微软决策层，带领微软中国研究院走向辉煌。

1966年，张亚勤出生于山西太原。很小时的张亚勤就显露神童天分，他拥有惊人的记忆力和强烈的辨别能力，3岁识字，5岁上学，11岁张亚勤就上到了初三，然后用了一年时间，把高考相关知识学完。1978年，12岁的张亚勤如愿进入中国科技大学少年班。在中国科技大学良好的环境和氛围下，张亚勤的学习能力、求知欲望、创新能力等诸多方面都得到了提升。8年后，张亚勤顺利获得无线电电子工程硕士学位。

1985年之前，张亚勤并没有出国的打算，没有考托福和GRE。只是在临近硕士毕业时，张亚勤在做通信方面的硕士论文的过程中，读到了一篇他看不懂的文章，然后写信向通信领域的学术权威皮克·霍兹请教。皮克·霍兹虽然没有给张亚勤回复，但两个月后，他来到中国科技大学讲学。张亚勤没有放过这个好机会，向皮克·霍兹请教了他一直想了解的问题。张亚勤的智慧和热情，打动了皮克·霍兹。回到美国后，皮克·霍兹给张亚勤写信，询问他是否愿意到美国读博士，并承诺给他奖学金。张亚勤欣然接受，获得了美国乔治·华盛顿大学的邀请函。

在乔治·华盛顿大学，跟着扩频通信领域最顶尖的大师，张亚勤学到了很多东西。1989年，23岁的张亚勤顺利获得博士学位，在导师的推荐下，张亚勤到著名的GTE研究中心从事研究工作。在GTE的5年里，张亚勤全身心投入数字视频的传输和通信研究领域，成为该行业最出类拔萃的专家之一。1994年，张亚勤离开GTE，受聘于位于新泽西州普林斯顿的桑纳福多媒体实验室，3年后成为该实验室的主任，成为获得该研究领域最高职位的首位中国人。其间，在他的带领下实验室创造了几百项新技术，申请了无数专利，并在工程界最权威的杂志 *IEEE Transactions* 上发表了数十篇文章。1997年，年仅31岁的张亚勤荣膺美国电气电子工程协会院士。这是全球范围内电气和电子学研究领域最高的学术荣誉，他也成为该协会百年来获此荣誉的最年轻的科学家。1999年1月，美国电子工程师荣誉学会将1998年唯一的"杰出青年电子工程师奖"颁发给张亚勤，他也因此成为首位获此奖的中国人。

1998年11月，33岁的张亚勤随李开复回国创办微软中国研究院，一年后接过李开复的担子，担任微软中国研究院院长兼首席科学家。在张亚勤的带领下，微软中国研究院逐渐走向辉煌。2004年，研究院获评MIT Technology Review全球顶级的计算机科学研究院。2004年年初，张亚勤再次返回美国，出任微软全球副总裁，负责开发微软移动通信及嵌入式系统在全球的业务。3年后，张亚勤领导Windows Mobile分割了全球窗体顶端智能手机操作系统25%的市场份额，他也赢得了比尔·盖茨的倚重，成为其智囊团的核心成员。

2006年，张亚勤再次返回中国，领导成立微软亚太研发集团。目前该集团整合了微软十多年来在中国的研发资源，是微软公司在美国之外最大的进行基础研究、技术孵化、产品研发和产业合作的基地，也是跨国公司在中国设立的规模最大的综合性研发机构。同时，在张亚勤的促进下，微软亚太研发集团于2012年7月在北京设立"微软加速器"，整合微软内部业务、市场、研发等强大的全球资源，提供免费的办公场地、导师及计算资源给北京初创科技企业，同时为企业进行技术创新、市场推广、资本对接、销售和客户渠道拓展等提供支持，帮助中国本土IT企业快速成长。

在张亚勤的带领下，微软亚太研发集团拥有超过3000名科学家和工程师，成为微软在美国之外规模最大、功能最完备的研发基地。旗下拥有微软亚洲研究院、微软亚洲工程院、微软亚洲互联网工程院、微软亚洲商务软件事业部、微软亚洲硬件技术中心、微软（中国）云计算等多个部门，覆盖基础研究、技术孵化、产品开发和产业合作等方面，已形成完整的创新链条。同时，微软亚太研发集团也向业界输出了大批中国人工智能领域的骨干，如商汤科技创始人汤晓鸥、CEO徐立、联合创始人杨帆都曾在微软亚洲研究院或长或短地工作过，还有旷视科技、依图科技负责人，等等。张亚勤说："微软在中国的研发机构就像是中国IT产业的黄埔军校，培养了大量优秀的人才，构成了微软核心创新力的重要组成，同时也为本地创新和产业的发展作出了贡献。"

2012年，张亚勤率领微软亚太研发集团面向中国的科技初创企业成立了微软创投加速器，致力于做"最专业的创业服务"。每年，微软创投加速器都会在大中华地区进行两期海选，每期有15—20家公司最终入选，获得为期6个月的免费孵化加速，由思想领袖、行业专家及技术专家组成的导师团给予扶植与指导，并享受价值300万元人民币的其他多种资源及终身校友制服务。通过微软创投加速器链接赋能，微软亚太研发集团在中国及亚太地区构建了汇聚行业领军企业、投资机构、合作伙伴、创业园区、政府政策支持等多方力量的创业生态，为中国新一代信息技术领域的高科技初创企业发展提供了强大支持。

2014年，张亚勤加入百度，任职总裁，和百度创始人李彦宏一起带领团队发展无人驾驶、芯片、智能云、量子计算和人工智能等新的研究方向，搭建了百度人工智能体系架构。2020年，张亚勤加入清华大学，创立了智能产业研究院并担任院长。智能产业研究院定位于以人工智能作为技术引擎赋能产业、推动社会进步的产业化研究机构，研究方向基于数字智能、物理智能和生物智能融合，为这三大领域提供中间的、横向的AI技术、平台、模块和算法。

> 以张亚勤为代表的职业经理人，他们将跨国公司的技术研发体系与人才培养体系引入中国，外溢的知识与人才资源充分哺育了中国IT产业的发展，为中国"智"造走向世界作出巨大贡献。从职业经理人回归科学家，张亚勤仍旧在为中国人工智能产业的发展添砖加瓦，他表示："通过培养人才、驱动产业来回报国家和社会。人生这么长，每个阶段都要有不同的重点，这个阶段我就想从台前到幕后，为社会培养点人，低调做点实事。"这也是这一代海归职业经理人的人生注脚——回报国家，回报社会。

王春岩：跨国企业管理经验的中国实践者

> 王春岩，1990年出国深造，毕业于美国阿肯色大学电力工程系，于1997年加入阿尔斯通，担任中南区大区总经理。1999年，王春岩加入西门子（中国），历任西门子输配电集团北方区总经理、西门子（中国）有限公司副总裁及石油天然气全球客户经理等职务。在王春岩任职期间，西门子（中国）成为在华拥有最多员工的外资企业之一，同时，以王春岩为代表的职业经理人也将西门子的前沿技术与管理经验带到中国。

王春岩大学毕业于山东工学院（今山东大学工学院），出国留学前，他一直在国有企业工作，电力工程专业出身的他，当时已经是一家大型国企年轻的副科长，有了一个不错的职位，有了一份不错的收入，也组建了一个幸福的家庭。

他的人生转折发生于1987年。这一年，王春岩被单位派去大亚湾核电站，这是他工作之后真正接触的第一个国际化标准运行的工程。他震惊于项目现代化的管理、实施、运作。他的内心被触动了，原来自己冗繁的国有企业生活之外，还有这样一种世界，"一直在国有企业，心里有些压抑，觉得如果不改造，是有问题的，但依靠我自己的力量，又改造不了"。

1988年，王春岩第一次出国，这次经历让他大开眼界。1990年，王春岩到了美国阿肯色大学攻读硕士学位，选择了自己的老本行——电力工程专业。在美国留学的几年时间里，王春岩碰到了许多新鲜的人和事，长了很多见识，而其中最让他欣赏的，是那里人与人之间的关系，"那是一种简单但很人文的关系，人和人之间是互相关爱的关系，从而使人感受到社会对生命价值的尊重，对个体的尊重"。

校园的时光总是美好而短暂的。毕业之后，王春岩首先在IBM工作了一段时间，后来又去了它的一个供应商SVI处。1995年，王春岩出差到香港，顺便去见了自己从前在国内工作时认识的一些朋友。没有想到，这次见面，就好像让一块石头投进了湖里，产生了改变他人生轨迹的波纹。"阿尔斯通要在中国扩大业务，我们打算大干一场，不如你考虑加入阿尔斯通吧。"从前在大亚湾工作时认识的阿尔斯通的一位高管向王春岩发出了邀请。

和很多在外留学的人一样，王春岩在亲身经历后，对于国外职业上升道路有了清醒的认识。他知道，像他这样的外国人，在美国充其量也就只能是一个企业里优秀的工程师，而在中国的大环境中工作则是完全不一样的情况。因为在当时，国内外差距的存在，王春岩接受的教育在国内有着绝对优势，他可以把自己的能力放在一个更重要的位置上，做更多的事情，发挥更大的功用。因此，王春岩选择回到中国，在阿尔斯通开始了自己职业经理人的生涯。

回国的经历，也证明了王春岩这个想法的正确性。1997年，阿尔斯通派王春岩到武汉，任中南区大区总经理，在其辖区内就有举世瞩目的三峡工程。这也是阿尔斯通历史上第一个由中国人担任的大区经理。

1999年，王春岩加入了西门子（中国）有限公司，任输配电集团北方区总经理。在短短9年的时间里，王春岩历任输配电集团北方区总经理，西门子（中国）有限公司一体化副总裁，到今天，成为西门子（中国）有限公司副总裁、石油天然气全球客户经理，取得了作为一个职业经理人能够在外资企业中达到的最大化成就。

王春岩说："西门子更像一个国企，不光是运营上，而更是制度上的，是一种独特的沟通、执行上的方式。"一个公司要做好需要好的法规。"要落到实处来讲，西门子的一个原则，就是'四只眼睛原则'。在任何一个大的事情上，任何一个比较关键的机会上，全球这种机会可能上万个，都要有四只眼睛，要由两个人来共同决定。"

在西门子里，内部管理制度的改革，是王春岩认为能够对企业的长远发展带来一些更好的变化的事情，而这正是中国企业管理者都应该注意到的问题。随着与国际的接轨，国内企业的行为越来越多地被放在放大镜下检查，"很多我们今天做的觉得是正常的事情都会变得不正常，我们做的非常多的认为是灰色的事情，实际上是黑色的，我们认为是白色的，实际上是灰黑的，这个情况会出现很多"。

作为一个职业经理人，王春岩认为，海归职业经理人群体，从更广的范围和更深的层次上来看很好地发挥了种子的作用，不但带动了人才的流动机制，也传入了理念和技术等物质层面以外的同样先进的东西，形成了很好的示范作用。比如，在中国出现的高速火车，里面都或多或少可以看到西门子高速列车的影子，"这种贡献，我认为我们应该不客气的，该沾这个光就沾。我认为这也是跨国企业对中国产品技术含量提高的一个重大促进。无论是通过竞争的原因还是通过带动的原因，我认为这是外企发挥的一个作用"，王春岩说。

> 西门子（中国）作为在华拥有员工数量最多的外商投资企业之一，在以王春岩为代表的一系列职业经理人的耕耘下，将其自身管理与技术经验带到了中国，对中国企业管理模式带来了显而易见的帮助和影响，正如王春岩所体会到的："我想我们今天的管理人员和10年以前不可同日而语，我想10年以后和今天又是不可同日而语。"在成熟外企经验引领下，中国企业管理模式不断迭代更新，为中国企业走向世界打下了良好根基。

外国大企业外溢的海归职业经理人

在21世纪初，随着海归潮的掀起，一批在海外留学后就职于外企的职业经理人选择回国发展。这些从外企外溢出来的海归职业经理人的共同特点是掌握了外企管理的精髓，积累了丰富的实战经验，对于国内企业走向全球来说，他们更加具有前瞻性和国际化战略视野，更加了解国际市场，更加有利于企业快速打入国际市场，提高国际市场竞争力。如曾任美国IBA、BEA等企业技术经理的周洪波帮助同方摆脱被用户和大厂商牵着鼻子走的局面，甚至引领同方参与国际竞争；曾任跨国公司通用汽车（中国）首席财务官的李昕晢，将在通用14年积累的经验灵活应用于解决百度困境，帮助百度渡过了一道道难关。

周洪波：引领同方参与国际竞争的中国物联网行业先行者

> 周洪波，1983年获电子科技大学（成都）计算机工程学士学位，1985年获西安电子科技大学计算机科学硕士学位，1987年考入北方交通大学（今为北京交通大学）攻读博士，1989年年初赴瑞士学习，1993年获苏黎世大学计算机科学博士学位，1993—1995年曾任美国橡树岭国家实验室博士后/研究员，1995年以后历任美国IBA、BEA等企业高级工程师和技术经理。2003年，周洪波回国加入同方集团，现任同方股份有限公司首席软件专家，同方泰德国际科技公司CTO、董事。

回忆当年出国路，周洪波说："（20世纪）80年代在北京交通大学读书的时候，中国还比较落后，如果有机会都是要出国的。"当年硕士毕业每月工资只有70元，夸张一点说，出国一个月挣的钱都快赶上国内一辈子的收入了。而且当时大家都是申请奖学金出国，没有了经济上的烦恼，只要拿到奖学金自然不会错过这个好机会。照周洪波的评价："当年，有不少人把出国当成一个事业了。"对当时出国用一句话评价：只要有机会就出去，无论理性非理性，哪怕在国外待两年回来，对个人发展都非常有好处。

1993年至1995年，周洪波在美国Oak Ridge（橡树岭）国家实验室做博士后研究（美国第一颗原子弹材料由本实验室提供），在此期间，他不断在分布式与并行（网格）计算领域的国外中高水平的杂志和学术会议上发表过10多篇论文。1995年以后，周洪波先后在IBM和BEA以及几家硅谷的新兴企业做软件研发和技术管理方面的工作。1996年至1997年参与IBM为美国能源部/国防部建造的当时世界上最快的超级并行计算机ASCI Blue-Pacific的软件研发工作，负责作业调度系统软件的设计与开发。2000年曾领导开发出一个基于J2EE多层结构和高性能GRID计算技术的系统并成功地在世界上首次全面注释了人体基因组（Human Genome），被CNN、《旧金山纪事报》及世界各大媒体进行了报道，并直接为公司创造3000多万美元的收入。

谈起自己当初不回国的决定，周洪波很坦诚："当时出国的人极少有回来的，由于很多方面的研究，国内与国际的差距太大，即便有学成归来的也没有好的平台，做不成事情。"另外，正值IT蓬勃发展时期的美国，对学计算机的周洪波来说，遍地是很不错的工作机会。遇到那么好的机会，周洪波评论当时的心情："你没法拒绝。"

然而在美国待久了，英语说得再好，语言上、文化上还是隔了一层，周洪波感觉到缺乏"归属"。而且，阅尽在外生活的景象，周洪波感觉中国人在美国即便工作很成功，大都也只是高级雇员，自己开公司的没有几个，而且更多的人在美国公司职位也并不是特别高。

在美国工作10年间，周洪波没有回过国内。2002年6月，他第一次回来，发现中国发展很快，变化很大，对中国还是有抹不掉的亲切感，按周洪波的话就是"且不说有报国热情，首先有种亲情，就觉得回来做一做挺好"。于是，本来只打算回国看看就回美国的周洪波，却被国内生机勃勃的景象和蕴藏的巨大发展机会给"俘虏"了。"如果说在这两个国家一样工作养家糊口，还是回来好。"周洪波就此结束了在国外的漂泊。

2003年，作为国内第二大系统集成商的清华同方为了摆脱国内系统集成商被用户和大厂商牵着鼻子走的局面，决定加强自身的软件技术。清华同方总裁陆致成和副总裁李吉生盛邀周洪波加入，担任同方股份IT本部的

CTO。周洪波回国后发现，当时中国整个IT行业普遍有一种急功近利的浮躁心理，各个公司蜂拥而上代销国外的产品，根本不能静下心来做产品。即便是国内大的IT公司也缺乏自己的核心技术和领军人才，在研发软件产品上很少有作为。IT产业要发展，还需要企业拿出自有核心技术。"所以我来的目的就是要做出一个产品。"周洪波不禁跃跃欲试。

多年的国外中间件软件厂商的工作经历，使得周洪波对技术的整合以及趋势了如指掌，他提出打造通用基础软件平台的设想，搭建一个能够支撑各种行业应用的框架，行业解决方案可以基于整个平台来构建，其他厂商的产品和解决方案可以作为整个系统中的子系统挂接，这样同方在业务上将更加主动，可以和国际性大厂商在同一个甚至更高的层面上合作。于是，周洪波带队开发了ezOne基础软件平台，为同方突破业务发展瓶颈、摆脱行业同质化竞争、提升核心竞争力的全新发展之路奠定了坚实的基础，也揭开了同方在物联网应用领域探索的第一页。

自此，数年如一日，周洪波带领100多人的研发团队，在ezOne的基础上逐步开发出先进的ezM2M物联网业务基础平台，以及40多个物联网行业应用套件，获得各类奖励20多项。尤其值得一提的是，ezIBS智能建筑集成软件产品，在业界一直占据市场份额第一，获得了国家级住宅科技精瑞奖金奖，并被写入相关专业高校教材，成为研究生论文研究对象，同时在包括安防、消防和应急在内的"大安防"领域也有很多成功案例，在200多个大中小型项目中得到较广泛应用，创造产值近亿元。

除带来海外先进技术，周洪波也带来了海外的先进管理模式，进入同方公司后，周洪波花了一段时间和大家沟通并达成共识，组织了专门力量仿照IBM的模式，给公司做了一个"柜子"，把硬件和软件产品都分门别类搭建在这个"柜子"里，为公司梳理形成了信息化产品管理架构。在物联网产业方法方面，周洪波也致力于一致化中间件的普及及推广，并于

2004年开始一直致力于推动把M2M中间件列为业界认同的应用软件之一。

> 作为中国物联网领域的先行者,周洪波为同方及中国物联网产业的发展作出了重要贡献。像周洪波这样具有海外留学与工作经验的职业经理人,为中国本土企业管理模式与技术水平的提升作出了弥足珍贵的贡献。

李昕晢:以跨国公司财务管理背景为百度国际化发展作出重要贡献

> 李昕晢(Jennifer Li)于1990年毕业于清华大学,1994年获加拿大英属哥伦比亚大学工商管理硕士学位,同年加入美国通用汽车公司。加入百度之前,李昕晢任通用汽车(中国)首席财务官,主管通用汽车及其合资企业在中国的相关财务事宜。2008年3月,李昕晢加入百度,担任百度集团首席财务官(CFO),负责全集团的财务运营;2017年4月,李昕晢转任百度资本CEO。

不论是接受采访还是开分析师电话会议,李昕晢总是思维清晰语速超快,相比于李彦宏谨慎思考再作答的风格,她显得很麻利。这与她在美国通用14年的工作经历有关。这位在清华念本科、在英属哥伦比亚大学修MBA的华人女性,先后担任过美国通用汽车公司财务总监、通用(中国)首席财务官、通用汽车金融服务公司北美区财务总监。如同大多世界500强企业培养出的高管,李昕晢聪明、高效、稳健、追求完美。她曾举例介绍通用对项目汇报的要求,向最高层和董事会汇报时,即使再庞大的国际并购项目,每个人也只能用一张纸去描绘项目背景,做财务分析和结论。当时在美国上市的百度,正需要这样的规范与成熟。

2008年对于百度来说是难熬的一年。新年前夕,时任百度CFO王湛生在三亚休假时溺水身亡,对李彦宏打击巨大。下半年,央视曝光百度的竞价排名体系,称百度允许没有资质的医疗机构购买关键词,导致消费者进入虚假网站而受骗,百度股价随之暴跌25.04%。之后,李彦宏道歉并宣布整改措施,但当季财报还是出现了上市以来的首次环比负增长。

李昕晢正是在这个情况下作为"救火队长"收到李彦宏的邀请的。在说服李昕晢加入百度时,李彦宏说的一段话很打动她:"世界上有三种财务ABC。A是auditor,审计;B是banker,银行家;C就是controller,是对整个业务有掌控能力的人。"在李昕晢的建议下,两人几天后在旧金山见了面。最后,李昕晢接受了百度CFO的聘请。

从美国回到国内的她,怀着一颗赤子之心期待着在新经济下能打造属于中国的大企业。从世界500强到国内互联网公司,李昕晢此前14年的工作经验并不能全盘套用,她需要自己琢磨,逐步建立内部成本控制体系、提升管理体系能力等。2009年,百度推出取代此前竞价系统的凤巢系统后,股价一路上涨,当年营收同比增长40%,超出华尔街分析师的预测,年底更一度创下新高。当年,李昕晢入选英国《金融时报》"全球最值得关注的五十位女性榜单",2010年又入选《福布斯》"亚洲最佳女强人"。

作为百度CFO,李昕晢要求财务成为公司里最具全局观的部门,管理者要对业务有判断,甚至要比业务员更了解业务,从事前决策到最后收尾,都要全程跟进。在担任百度CFO期间,李昕晢曾兼管人力资源、市场公关、政府关系、采购、投资并购、法务、工程建设等部门。在她看来,"百度当时的发展速度非常快。百度搭建了一个不错的舞台,并给我提供身兼数职的机会,而我自己也具备这样的能力。因此,这是一个相互成就的过程"。

2017年4月,在所有人都惊叹李昕晢转任百度资本CEO时,她却显得十分淡然。李昕晢表示,"很多国际成熟大企业的CFO都可以成为CEO。一名好的CFO就是CEO的左膀右臂,他(她)对业务最了解并且具有全维度视野,如果能够充分发挥作用是可以为企业贡献巨大价值的。我之所以做投资是因为看到了人工智能、产业赋能的投资机会"。2017年的百度AI开发者大会上,百度宣布全资收购人工智能创业公司KITT.AI。有趣的是,这家入选CB Insights人工智能创业100强的公司,曾经拒绝过包括Facebook在内不少硅谷巨头的意向,最终选择了百度抛来的橄榄枝。曾被视作在投资并购市场上缺乏野心的百度,2017年向外界展示了异常清晰的投资架构。回顾全年,由刘维、李昕晢带领的百度风投、百度资本和百度投资并购部组成了"三叉戟"之势。在百度公司"All in AI"焕然一新的背景下,百度投资重新梳理业务脉络,重新开始运筹帷幄。由此,李昕晢再一次用行动,向外界证明了自己。

2018年4月,百度发起成立"长成投资"基金,由李昕晢专门负责,不再同时兼任百度资本CEO。从CEO到投资人,李昕晢又走向了人生的新一个阶段。

> 在百度的10余年时间里,李昕晢从百度财务体系的架构运营到公司战略制定等工作中,充分发挥了在通用等跨国企业积累的经验与工作要求,逐步建立起内部成功控制体系、提升管理体系,使得百度渡过了一道道难关。

五、"筑巢引凤",搭建平台

"海归是相对在国内学习、工作的本土人才而言的,指有国外学习和工作经验的留学归国人员。"2002年,人民网总结的"五年成就100词"中对"海归"第一次有了一个全面的解释。"海归"这一现象名词的出现,与我国的经济发展,还有投资环境的一步步完善,以及中国庞大的市场密切相关。随着中国综合国力的强大和中国在国际上地位的不断上升,给越来越多的个人提供了巨大的发展空间,海归创业群体开始涌现。

新世纪北京海归群体新特征

北京作为中国的首都与创新中心,拥有全国最丰富的科创资源、完善的政策支持和精准聚焦海归创业需求的服务体系,这使得北京成为海外留学人员归国创业的"第一选择"。根据《中国海归发展报告(2013)》统计数据,2012年归国的海归人员中,仅有10.1%的海归出生在北京,而创业在北京的海归比例则高达36.1%。根据教育部留学服务中心的调查,在北京范围创业的海归人员,绝大多数的原户籍不在北京,北京已然成为海外留学人员归国创业的首选地。随着时代不断发展,北京海归创业群体呈现富裕化、年轻化趋势,尤其是在归国目的、创业贡献、人员行业分布等方面的特征也在随之变化。

在归国目的方面，投身国家建设与实现自身发展成为21世纪初海归人员归国创业的主要目的。与过去留学生回国后主要从事"拯救中国"的事业相比，新中国成立后，留学生归国主要投身"建设中国"事业，在经济、科技、文化、教育等领域参与国家历史进程。改革开放以来，国家以经济建设为中心，大批归国留学生在市场经济领域掀起了"创业"大潮。国际金融危机之后，以欧美为首的西方发达国家经济遭受重创，量化宽松的货币政策并没有对经济复苏产生预想的效果，发达国家创造财富的机遇持续缩水与低迷，经济下行也带来发达国家对外来移民的排斥。与美国等发达国家相比，中国政治环境稳定，市场前景广阔，商机丰富，将国外成功经验和商业模式复制过来，会有很多机会获得成功。在此背景下，很多海外留学人员看中了国内蓬勃的市场机会，选择回国建设国家、实现个人价值。

在创业贡献方面，新世纪的海归创业人员不仅为中国带来了前沿的技术与商业模式，也为中国带来了崭新的理念与方法，改变了国内产业创新生态。海归人员将国际领先的技术与商业模式带回北京，催生了北京及中国新经济的发展，随着海归创业企业的发展壮大，新一代信息技术、生命健康、新能源新材料等新兴产业集群初见雏形。同时，随着海归人员创业带来的风险投资、天使投资、"创投+孵化"等一系列投资模式，使得中国创业服务、资本服务体系发生了翻天覆地的变革。在海归创业企业的牵引下，面向初创企业的服务体系逐步建立完善，使得北京市新兴产业逐步孕育发展。此外，海归人员也将海外先进的公司、人力、资本等运营管理模式带回中国，这也深刻地改变了中国企业的运营组织方式，让企业与市场焕发勃勃生机。

在人员行业分布方面，高新技术密集型行业是海归回国创业的主要行业，有65.9%的海归创业者在回国创业时带回了国际先进技术。其中，新一代电子信息（32.9%）和新生物医药（18.7%）是海归回国创业分布最多的两个行业，其次是新能源行业（9.6%）和新材料行业（6.3%）。同时，我国文化产业战略地位提升吸引了一批海外留学人员，海外精英也纷纷在文化创意领域寻求创业机会，文化创意产业异军突起。在海归创业者中，文化创意产业的创业者占比13.3%，文化创意逐步成为海归创业的重要领域之一。

随着"海归"创业潮的到来，北京市为了打造更好的创业生态环境，采取"筑巢引凤"的有力措施，延揽全球人才来京创新创业，建立了功能不同的海归服务平台。

欧美同学会汇聚留学英才创新创业

欧美同学会因负笈留学而孕育、因留学报国而诞生。1913年，欧美同学会于民族危亡之际，在创立共和的时代洪流中，由顾维钧、蔡元培、周诒春、詹天佑等一批留学先贤发起在北京成立。建会伊始，欧美同学会追求民主、科学，践行爱国思想，积极组织会员参与爱国民主运动、投身民族救亡和人民解放事业。新中国成立后，在党和政府的领导下，号召海外留学人员冲破重重阻挠，回国参加社会主义建设事业。改革开放以来，借改革开放的春风，发起"报国计划"，组织留学人员服务团，助力国家经济社会发展，为改革开放和社会主义现代化建设作出了积极贡献。2003年经中共中央批准，欧美同学会增冠"中国留学人员联谊会"会名，将联系对象扩展为全体海外中国留学生，成为影响更加广泛的人民团体。2013年，在欧美同学会成立100周年庆祝大会上，习近平总书记发表重要讲话，充分肯定了欧美同学会及广大留学人员在中国近现代历史发展进程中的重要贡献，赋予欧美同学会"留学报国的人才库、建言献策的智囊团和民间外交的生力军"的职能定位。2023年,在欧美同学会成立110周年之际,习近平总书记专门发来贺信,站在实现中华民族伟大复兴的战略高度,立足百余年留学报国的实践,阐明了欧美同学会新时代的使命任务,对广大留学人员寄予殷切期望、提出明确要求,为做好新时代留学人员工作提供了根本遵循。

欧美同学会下设15个国别分会以及青年委员会、商会、建言献策委员会等工作平台,从各方面服务留学人员事业发展。进入21世纪,欧美同学会搭建"双创"大赛、创业学院,建设海归特色小镇、海创中心等平台载体,相互融合、相互赋能,聚焦新一代信息技术、人工智能、生物医药与健康、智能制造等前沿科技和新兴产业领域,助力留学人员归国创新创业,成为服务留学归国人员创业的重要平台。

2017年8月,北京市欧美同学会(北京市留学人员联谊会)正式成立。在北京市委领导下,北京市欧美同学会加强组织建设,锚定"人才库、智囊团、生力军"的职能定位,围绕北京科技创新中心、国际人才高地建设,团结凝聚首都教育、卫生、文化、经济、科技等各个领域的广大留学人员,汇聚海归英才,组建创新创业专委会,设立创新创业基地,举办专家大讲堂,打造"海外名校博士北京行""留学英才创新创业论坛"等品牌活动,为留学人员创业企业引进人才、成果转化、对接资源、国际科技交流合作等搭建桥梁,努力建设首都广大留学人员的温暖之家、团结之家、奋斗之家。

北京海外学人中心服务海归创新创业

"我们每天拿着打满'北京双高'的A4纸广告,到各家企业分发,骑着自行车去拜访企业,吹着西北风,乐在其中……"时任北京双高人才发展中心主任袁方在访谈中怀念着20多年前的创业经历。2008年12月，在北京市委、市政府的支持下，北京海外学人中心成立，成为全国首家省级海外人才服务机构。

作为北京市面向海外高层次人才和广大留学生回京创新创业的专业服务窗口和引才引智平台，北京海外学人中心承担着引进和服务海外人才的重要职能。15年来，北京海外学人中心以"聚天下英才而用之"和成为服务于广大留学生的"海外学人之家"为重点，构建了人才延揽、人才评价、人才开发和人才服务等较为完善的政策配套服务工作体系，为广大海外留学人才回京创新创业提供了可靠的改革支持和工作生活服务保障，为成千上万的海外留学人员创新创业发挥了巨大助推作用，共吸引了1800多名海外高层次人才来京创新创业。

自成立以来，北京海外学人中心形成了一系列"服务功能"，为海外人才搭建交流平台，提供便捷服务、创业培训和创业资金支持。"海外赤子北京行活动"是北京海外学人中心打造的最具活力的品牌活动，每两年举办一届，每届都会吸引100名左右的海外高层次人才来京参访，目的就是让这些人才了解北京、引进北京、创业北京、服务北京。北京海外学人中心的综合服务平台是代表北京市唯一的为广大留学人员回京工作创业开展"一站式办公"的服务窗口，已接待来京留学人员办理各类政策性配套服务5万余人。北京海外学人中心联合北大、人大共同开发的创业课程培训项目，以及联合北大创业营每年开展的"海风行动计划"项目，吸引了大批青年海归创业者积极响应和参与，受到了广大海外人才来京创业的一致欢迎和好评。为了鼓励广大留学人才来京创业，北京海外学人中心还设立了"北京市留学人员来京创办企业开办费专项资助资金"，为北京市留学人员创业初期提供必要的资金扶持，从2010年至2019年共提供创业扶持项目29批次，资助2102家留学人员创业企业，发放资助资金2亿余元。

第三章

各领风骚,俊采星驰

新世纪新阶段，随着经济全球化发展及中国市场与国际市场逐步接轨，北京面向海归人才归国创业的支持政策、承接载体与服务体系不断完善，同时海归风险投资人与职业经理人将全球最新的经验与模式带回北京，使得北京逐步形成了国内最开放、最完善的创业生态，而生态的完善又进一步吸引海外留学人员带着前沿新思想和创新新模式回京创业，形成第二次留学归国创业潮。与此同时，伴随着中国改革开放的大门不断打开、科技进步的步伐不断加快，中国新兴产业发展步入新的阶段，北京作为中国新兴产业与科技创新的高地，以电子信息、生物医药、先进制造为代表的新兴产业集群初步形成，产业发展呈现多元化、服务化、集群化趋势。在这样的背景下，海外留学归国人才或者看好国内市场和发展机遇，或者希望通过回国创业实现个人价值，为"创业中国"贡献力量。而第二次"归国创业潮"和"新兴产业发展"的耦合，加速推进了北京高新技术产业的集聚、创新和全球化发展。

一、电子信息：建立全球最完整产业链体系

1978年以前，电子工业以电子军工企业助力国防体系建设为主，到如今，我国电子信息产业从"默默无闻"跨越到全球"名列前茅"，在我国已经成为全球重要的消费电子生产基地基础上，基于电子信息产业制造业的产业结构调整步伐也正在不断加快，数字化信息化转型升级日新月异。从电子信息产业形成之时的全球化基因到发展壮大后的全球化产业布局，从电子信息制造业生产和出口大国到电子信息技术水平飞速发展，数字智能领先全球，中国电子信息产业几十年的跨越在每个阶段都融入了几代电子信息产业海归人的心血。

北京电子信息产业自带全球化基因

回看我国电子信息产业发展，历经电脑汉化、电脑办公软件应用、个人电脑、互联网时代各个阶段，行业发展水平不断提高，产业链位势持续提升。20世纪80年代，当新技术革命的浪潮开始冲击中国的大门时，中关村的科技人员，尤其是海归科技人员下海潮造就"电子一条街"，使全球刚刚兴起的计算机产业在这里落地开花，又逐渐从中关村走向全北京、全中国。自此，北京电子信息产业的发展开启了"融入吸收—重点突破—并跑领跑"的光辉历程。

中国电子信息产业的发展是从融入、吸收美欧的计算机产业和通信产业体系开始的。首先是以本土化需求为导向，加强了在计算机汉化和办公自动化等领域的二次开发，四通的2401打字机、联想的汉卡、方正的激光照排系统等一批重大技术创新成果随之诞生。1981年，王选院士的激光汉字编辑排版系统问世，随后不久，联想汉卡诞生，中文Linux操作系统得到初步应用，汉字化信息系统不断得到突破。20世纪90年代后期的第一波"海归潮"，给中关村带来了美欧等创新发达国家和地区的新理念、新技术、新模式，也为中关村输送了一支具有全球化视野的创业大军。以田溯宁、丁健（亚信）为领先的海归将互联网产业基础设施和技术引入国内；陈淑宁（文思创新）、宋文洲（软脑软件）等率先开展软件外包和技术开发服务，高强（IVT）创办了具有世界领先的蓝牙技术和FMC解决方案的企业；吴鹰创立UT斯达康，以小灵通填补中国通信市场的空白；张连毅创立捷通华声，助力中国智能语音技术发展；杨林（凌讯华业科技）推动中国数字电视地面广播传输标准（GB 20600—2006）的制定……中国电子信息产业在他们的推动下与世界接轨。

电子信息科学与技术、集成电路设计与集成系统、通信工程等方面的技术突破和规模化发展构成了电子信息产业发展的追赶阶段。以邓中翰（中星微）、寿国梁（六合万通）为首完成了一系列中国"芯"的突破，中星微、六合万通、南山之桥微电子、展讯高科、芯技佳易、创毅视讯等企业使中国开始一步步有了数字多媒体芯片、无线局域网芯片、网络交换核心芯片、手机核心芯片、存储器芯片、CMMB标准信道解码芯片……结束了中国无芯片的历史，中国自主芯片研发取得重大进步；以杨云春（耐威电子）、关鸿亮（天下图）、初晓光（北京联星科通微电子）、孙庚文（恒泰伟业）、黄正宇（蔚蓝仕）为代表的电子信息技术人才助力导航卫星、传感器领域技术发展不断丰盈，产业链发展更趋健全；陈峥（维讯新科）、王立军（中宽网信科技）、方沛宇（北京华科力扬）、陈话（盈美高科）、朱晓东（芯晟科技）、孙凤文（中天联科）、刘辉（泰合志恒）、王生安（华纬讯电）围绕通信技术和数字媒体技术开展创业；伍晓东（梦联信通）为中国人打造手机电子商务服务；王阳生（中科模识）以虹膜识别开中国生物认证科技创业先河，周洪波（北京同方）开始物联网实践，张骥（亿科三友）开展视频压缩技术研发……一大批海归创业人才聚焦电子技术、软件科技、通信技术、数字化技术等领域创立企业，丰富了这一时期国内电子信息产业的业态。时任中关村科技园区管理委员会副主任夏颖奇说："海归缩小了中关村与美国硅谷的差距。"

信息化和数字化升级是北京电子信息产业引领全国乃至全球产业变革的"并跑"和"领跑"时代。党的十五届五中全会明确指出，信息化是我国产业优化升级和实现工业化、现代化的关键环节，要把推进国民经济和社会信息化放在优先位置。在这一时期，我国开始由"中国制造"迈向"中国创造"，同时还要不断研究国外的技术标准，形成统一的规范，推动全球化的电子信息产业形成一条巨大的产业链。历经10余年发展，随着人们对于互联网和电子信息产品的消费需求日益增长，电子信息产业初步完成了产业化发展路径探索，同方威视、紫光、神州数码、普天信息、联想（深腾）、曙光、方正等一系列的行业领军企业在北京涌现。中关村涌现出大量成功复制硅谷企业的"跟随创新"者，比如跟随当时全球第一大门户网站雅虎的搜狐、跟随全球最大搜索引擎网站谷歌的百度、跟随全球最大团购网站Groupon的美团等。电子信息领域的前沿业态、技术，被中关村企业"复制到中国"，互联网产业成为中关村紧跟硅谷步伐的一个新兴产业。随着我国飞速的经济发展、庞大的网民规模、丰富的新经济场景推动形成了具有强大动能的新经济发展范式，数字经济蓬勃发展，华为、阿里巴巴、字节跳动、百度等一批巨头领衔中国大数据、人工智能推动数字化时代潮流。字节跳动的短视频模式风靡全球；阿里巴巴的中国唯一自研的飞天云操作系统成功扛住全球最大规模的流量洪峰，成为全球大数据的领跑者；百度的文心一言聊天机器人对标ChatGPT探索人工智能前沿尖端领域……随着信息化数字化时代的展开，我国电子信息产业的蓬勃发展正掀开新的篇章。

海归创业推进信息产业创新突破、应用落地

这一时期的电子信息行业海归创业者可分为两类。一类是借鉴复制和模式创新创业者，即延续互联网浪潮，将曾在硅谷跑通的成熟模式复制回中国，或是开始原创性中国互联网创业模式，以王兴等为典型代表，他们从国际化视角，以前卫的视野理念，率先引领信息技术与中国经济社会融合，发掘探索信息服务新模式新业态。另一类是技术创新创业者，具有扎实科技创新能力的专精尖技术人才满怀技术和学术报国的想法回到祖国，用先进的技术水平和业务能力陪伴、支持、推动着国家电子信息领域的逐渐壮大，填补了重要和关键领域技术空白，引领着产业创新能力的不断增强，促进提升电子信息产业国际化水平，为中国电子信息产业技术创新能力与国际接轨作出了巨大贡献。电子信息领域海归创业分布在电子信息产业的全领域和全环节，主要围绕着打造中国"芯"、拓展信息技术应用、信息产业基础技术和元器件制造、推动信息化数字化转型等方面逐步展开，在中国电子信息产业转型升级的关键领域和关键节点发挥着重要作用。邓中翰、陈杰分别是中国数码摄像处理芯片和图像传感器芯片领域的创业佼佼者；王兴是通过创业实践利用信息技术改变人们生活的"外卖大王"；刘世平、林元庆则是在大数据应用和人工智能领域助力中国数字化信息化转型；还有担任北京市欧美同学会海外名誉副会长的张涛，不仅引

领我国大数据技术应用的发展，而且通过欧美同学会，身体力行充当海外学人归国发展的引路人。

邓中翰：打入芯片国际主流市场，结束"中国无芯"的历史

> 邓中翰，1992年毕业于中国科技大学地球与空间科学系，同年赴美国加州大学伯克利分校读书，是美国硅谷半导体公司Pixim.Inc的创始人，曾任国际商业机器公司（IBM）高级研究员。1999年与国家信息产业部共同在北京中关村创建了中星微电子有限公司，并成功开发出中国第一个打入国际主流市场的"中国芯"——"星光系列"芯片，被三星、飞利浦、惠普、富士通、联想等国际知名企业大批量采用，为结束"中国无芯"的历史作出了突出贡献。

1992年，邓中翰到美国加州大学伯克利分校读书，他读的是物理学，继续追求少年与大学时代探寻世界奥秘的梦想。邓中翰在短时间内就学完了艰深的量子力学和相对论等理论。至今，工作之余的他依旧对"大统一"的物理学理论充满兴趣，他经常留意最新的基础理论的进展，经常与一些学术名宿探讨。大统一理论是由爱因斯坦提出，试图用一组数学模型将宏观世界和微观世界统一描述和研究，是20世纪理论物理最热门的一个研究方向。当谈及"超弦理论"这个试图解决大统一问题的理论时，邓中翰的话匣子总能一下子被打开——这是一位充满灵气的精英。如果没有另外的那些选择——那些使他在未来与"中国芯"紧密联系在一起的选择，邓中翰可能会成为一位优秀的物理学家。

首先就是专业的转换。最好的解释就是信息时代的大潮几乎将世界上最优秀的人才都卷了进来，邓中翰忽然向学校申请转到电子工程系，他所求助的一位导师并不赞成他的想法。但邓中翰的执着与坚韧又一次带给他机会，同样也为未来的中国芯片创造了机会。

他用短短的时间完成了知识结构的转型，顺利通过了考试，并以其独立设计和实验课题的能力"征服"了老师。到电子工程系使他能够学习到计算机核心技术的设计和设计管理，这成了中星微成立发展的逻辑前提。

当然，未来中星微的健康发展，还要求邓中翰拥有另一种素质，那就是对经济和管理的熟悉。这是他的又一次选择，选修经济管理学，至此邓中翰在伯克利也创造了奇迹——他成为伯克利130年历史中第一位拿到物理学硕士、电子工程博士和经济学硕士3个横跨理工商学位的人。事实上这是他知识结构合乎逻辑的发展，邓中翰不是书呆子，而是一个有着强烈"入世"思想的人，在他的内心深处，可能每时每刻都想有所作为。校园外的硅谷他不可能视而不见，因为他就在SUN、IBM等大公司打工。成为一个企业家能最快捷地实现他的人生规划，而他又想成为一个完美的企业家，而不是技术专家，那么他必须学习经济管理。

邓中翰的幸运在于他有两位在20世纪90年代获得诺贝尔奖的经济学老师，他能够沉浸在这些知识精英们的思想和氛围里。正是对经济学的研究，邓中翰对美国经济、世界经济有了深刻的认识，理解到经济与政治如何发挥作用，美国如何用自己的实力让其他国家为其"打工"。他了解到宏观政治因素与经济和科技的纠结，并认识到一个企业如何在时代的洪流和大势中获利。

"没有自己的CPU芯片，我们的信息产业大厦就如同建立在沙滩上。"几年前，时任科技部部长的徐冠华为中国IT产业的"芯"病而发出如此感叹时，一个名叫邓中翰的年轻海归站了出来。8年后，这个年轻人领衔的团队不仅终结了中国无"芯"的历史，而且还以虎口夺食的气势夺走了世界同类产品市场份额的七成。

1999年，在国内雄厚政府资本的召唤下，硅谷精英邓中翰回国创业，在中关村成立中星微电子有限公司，信息产业部为主要股东之一，开始通过企业行为来完成一个国家的历史追求。此后6年，中星微抓住市场空白，在政府帮扶下一时风光无两，短短几年，"星光一号"研发成功，宣布国内首枚具有自主知识产权的多媒体芯片诞生；2005年3月，该数字多媒体芯片与神舟飞船等一起荣获国家科技进步奖一等奖。作为中星微的核心业务，多媒体芯片被广泛应用于PC和智能手机的摄像头，被索尼、三星、惠普、飞利浦等一线IT企业采购，2003年，全球市场份额一度达到60%。2005年11月，中星微登陆纳斯达克，成为第一家在纳斯达克上市的具有自主知识产权的中国芯片设计企业。

物理学家、原中科院院长周光召院士为了培养这颗未来之星，出国访问时，特意带着他言传身教；在人民大会堂的中星微芯片发布会上，周光召语重心长地说："建设中国硅谷的重任寄托在以邓中翰为代表的一批青年科学家身上。我希望他们在有生之年能实现这个愿望……"人们对邓中翰寄予了莫大的信任和重托，一个繁荣富强的中国，是几代中国人的追求。

中国为了发展芯片事业，在信息时代变后进为先进，一直在酝酿一个计划，以期取得芯片设计与制造的能力。但很多次都失败了，在知识产权和产业化上无所作为。于是，国家将目光投向自己培养的留学生们，邓中翰成为首选。时任中国科协主席周光召访问伯克利期间和邓中翰有过多次深谈。邓中翰应当感激自己的导师田常霖，正是这位负责任的老师将自己最得意的学生推荐给周光召。周光召又将邓中翰介绍给信息产业部，邓中翰继而成为中国芯片工程的总指挥。

1999年，邓中翰带领一个最大的海归军团回国创业，22个留学生组成的创业团队的事业令人瞩目：他是"星光中国芯"工程总指挥，"星光系列"芯片为结束"中国无芯"历史作出了贡献；5年之内，他牵头制造的数字多媒体芯片在世界同类市场上已经占据60%的市场份额；而且他组建的中星微电子有限公司成为真正意义上进入国际资本市场筹资的中国高科技企业……

中星微一开始就是国际化公司，市场、技术、人才与管理都是国际化的，故将中星微纳入世界产业链，并力争上游。邓中翰借鉴微软的做法，从世界市场空白点着手进行公司主要产品的战略布局。于是，他将中星微切入市场的点定位为：以CMOS数码技术为依托研发百万门级超大规模专用数码摄像处理芯片，因为这种芯片的应用领域涉及个人消费的数码相机和工业上的质量检测、生产监控，天文器械、医疗设备，还可应用在交通、银行、视觉玩具、通信等方方面面，市场容量大。最主要的是，他看到了未来通信、家电和CPU的合流趋势，数码摄像处理芯片的市场更加广阔。如若占据了数码摄像处理芯片的市场高点，就有可能占据产业链的顶端。中国的芯片产业就会在同世界的互动中壮大。

2001年，百万门级超大规模数码摄像处理芯片"星光一号"成功，赢得一片掌声与喝彩，其集成度达到奔腾系列的水平，一个纽扣大小的空间里集成数百万个晶体管，光刻尺度0.25微米，中星微已经走在数码摄像处理芯片的领军位置。随后，中星微与微软建立战略伙伴关系，成功开发微机多媒体数码拍摄系统所需要的全部数码图像处理压缩、存储和高速传输的单芯片。现在，中星微正从多媒体数码摄像处理芯片着手，努力在电信家电和CPU的通用影像芯片上取得突破，为各大厂商提供高品质、低价位的产品，占据产业链的高端，进行国际化的博弈。为此邓中翰称中星微的未来就是进入跨国企业行列。

2005年11月15日，邓中翰率领中星微电子首次成功将"星光中国芯"全面打入国际市场，并在美国纳斯达克成功上市，这是中国电子信息产业中首家拥有核心技术和自主知识产权的IT企业在美国上市，开启了中国芯片崛起的序章。

> 邓中翰研发出了中国第一枚具有自主产权的芯片,结束了中国没有芯片的历史,推动中国电子信息产业中首家拥有核心技术和自主知识产权的IT企业在美国上市,可以说,他开启了中国芯片崛起的序章,在提高国家电子信息核心技术水平和国际化水平过程中发挥着重要作用。

陈杰:突破国外图像传感器芯片垄断的勇士

> 陈杰,1986年毕业于哈尔滨船舶工程学院(现为哈尔滨工程大学),1988年公派赴日留学,获日本国立电气通信大学电子工程博士学位,1994—2001年,先后在日本YOZAN公司、日本国立电气通信大学任职。2001年回国,参与创办北京六合万通微电子技术有限公司,任副总裁兼首席技术官。

1981年,陈杰考入哈尔滨船舶工程学院(现为哈尔滨工程大学)。1986年大学毕业后,他考入跟踪通信研究所读研究生。1988年,他作为国家教委选派的留学生赴日。

在日本留学期间,陈杰攻读的是数据压缩专业,当时谁也没想到它会像现在这样发达。到了20世纪90年代,他才感觉到数据压缩的重要性。1994年3月博士毕业后,陈杰给导师做了一年助手。

本想拿到博士学位后就回国的陈杰,此时一点都不感到兴奋。他在思索一个问题:读完博士之后回国干什么?难道是为了发表几篇论文?他认识到技术研究只有实现产业化才有价值。于是,他就跟派出单位商量,希望进入日本工业界学习。1995年4月,陈杰来到一家日本小公司,从事手机芯片方面的研究工作。他在这里一直工作到1997年年底。当时,陈杰是项目负责人,他的工资要比同龄的日本员工高,报销经费时,日本会计时常有意刁难他。陈杰意识到了这个问题,他没说什么,只是用无声的行动来证明自己。那时他工作很辛苦,早上7点就去上班,晚上到家已经11点了,周末也很少休息。

陈杰回忆说,那是一个难得的机会,自己今天掌握的东西,有不少是在那里学到的。在那3年里,他接触了世界一流的3G信号处理技术和数模混合超大规模芯片设计技术,也使自己的能力得到了提升。

1999年,中央决定加快建设中关村科技园区。北京市召开大会,要让中国的高科技追赶美国的硅谷和日本的筑波。听到这些消息,陈杰坐不住了,想到自己在国外多年,再待下去也不过如此,不如回国加入中关村创新创业的大潮,做出一番事业。2001年,陈杰辞去日本国立电气通信大学的教职回国,任中国科学院微电子研究所研究员。他认识到,国内最缺乏的并不是理论研究,而是技术的产业化。他希望把自己在这两个方面的优势结合起来。于是,他向研究所提出,想在做好科研工作的同时,做一些产业化方面的工作。他的想法得到了领导的支持,很快便开始了筹建实验室的工作。

2001年2月,北京六合万通微电子技术有限公司在中关村成立。陈杰任首席技术官,负责无线局域网系列芯片以及第三代移动通信W-CDMA测试设备的研发工作。他带领5名新招的本科毕业生,仅用半年多的时间便独立开发出世界上第一台第三代移动通信W-CDMA协议解析仪,并出口给日本最大的移动通信运营商NTT DoCoMo公司。这是陈杰回国后开发的第一个项目。

后来,陈杰开发出的无线宽带局域网核心IP技术——IEEE 802.11b/a,

被日本索尼公司获知，对方提出了合作意向。当时陈杰只带了4个人从事这项工作，还没有生产出样品，索尼公司同意制作仿真产品以供检验。但是，由于该产品的性能超过了当时业界最好的日本NTT电子研究所发布的性能指标，遭到了一向以挑剔出名的索尼公司的质疑。索尼公司采用500多种测试数据进行测试，结果证明了这个产品性能的优越性。于是，IEEE 802.11b/a两款基带芯片技术被索尼公司买走。这是中国企业独立开发的具有自主知识产权的高端无线通信核心芯片技术首次被世界一流公司采用，令陈杰感到非常自豪。

在芯片市场被美国、日本、韩国等国家垄断的不利情况下，中国人以自己的智慧和产品的高科技含量证明，中国不再是芯片领域的门外汉，而是一个开拓者，也是一个智者。此次研发芯片的成功，也让陈杰有理由相信，国内学生的创新能力超过了日本，这也是让他感到无比自豪的原因之一。

北京六合万通微电子技术有限公司的发展并没有想象的那般顺利。在2004年中美无线局域网标准之争中，六合万通参与研发的符合WAPI无线局域网安全标准的芯片成为中美电信高层谈判的一个重要砝码，但WAPI的强制实施终因触动了国际IT巨头们的利益被延迟。尽管核心芯片技术开发成功，但无线应用协议国家标准被搁置，使技术失去了产业化的依据，这对公司是一个沉重的打击。

陈杰决定另起炉灶。他筹资几十万元，于2004年9月创办了北京思比科微电子技术有限公司，带领两名学生专门从事高性能CMOS图像传感器芯片和图像处理芯片的研发。当时，这些技术全靠进口，产业化的风险也很大。与大多数创业公司一样，思比科也一度面临资金方面的困扰。后来，从日本归国的朋友帮陈杰凑了120万元，解决了启动资金问题。

2005年，公司申请一个重大专项，中关村管委会给了300万元经费支持。陈杰对此记忆犹新:"在这笔经费的帮助下,公司第二年成功开发出了200万像素的CMOS图像传感器芯片。"该芯片于2006年年底量产,应用于高像素拍照手机等领域,打破了该芯片为国外厂商垄断的局面。它开发的超薄型1/8英寸30万像素图像传感器芯片也属国内首创。同期仅有三星推出同类产品,但思比科产品性能明显优于三星。作为3G手机前置摄像头,用于可视通话,是3G手机不可缺少的器件,同时也可用于普通的手机摄像头。它开发的工业级宽动态范围CMOS图像传感器芯片,主要应用于汽车、监控以及工业监测。该芯片于2007年年底开发成功,为国内第一款宽动态范围的摄像芯片,这使思比科成为世界上少数几家能够开发同类摄像芯片的公司之一。该芯片的开发也为思比科开发特殊用途的摄像芯片奠定了坚实基础。

为了谋求更大的发展,陈杰找到日本的风险投资商,希望对方投资。当时,公司的产品尚处于开发状态,销售为零。日本方面就此组织专家开会,请陈杰介绍他的技术与规划。日方认为,他的项目很有前景,最后决定投资400万美元,持有思比科公司8%的股份。这意味着公司的总股价被评估为5000万美元。

到2007年,公司的核心技术体系基本建立起来。过去,图像传感器市场一直由国外垄断,CCD、索尼公司垄断了20多年,而且在进口上受到诸多限制。我们的技术起步比国外晚了五六年,现在还有3年左右的差距。在国内从事图像传感器生产的公司有4家,但国内手机上采用的CMOS图像传感器主要是100万像素以下的低端产品,量产产品能达到200万像素以上的仅有思比科公司。

如同人生要面临某些危机的考验一样,一个公司在发展过程中也难免遇到挑战。由于对市场缺乏了解,加上金融危机的影响,思比科公司在前进道路上也遇到过一些困难。2008年,国内手机厂商使用的摄像头主要从国外进口，有手机厂商找思比科公司订货，下了几百万美元的订单。思比科遂扩大了产量。但几个月后，从美国进口的产品到货，导致思比科公司的产品大量积压。2009年，受国际金融危机影响，公司的资金周转困难。庆幸的是，中关村管委会给了他们很大的资金支持，公司所在的孵化园也缓收房租以示支持。公司内部则作出决定，管理层工资缓发，暂时只拿生活费；不解雇员工，也不降低员工工资。大家团结一致，克服困难，技术部门没有一个员工离职，依然加班加点工作，在公司困难的情况下开发出了一系列满足市场需求的产品。到2009年下半年，公司渡过难关，实现了恢复性增长。

思比科的技术人员发挥在半导体器件及超大规模集成电路物理设计方面的优势，从光电检测器的新结构及其物理机制研究入手，开展提高光电转换效率和降低读出电路噪声和功耗的研究，已在CMOS摄像传感芯片研究方面申请专利25项，集成电路布图设计保护2项。公司产品开发能力实现了跨越式发展，新产品投放市场的时间已经与国际领先品牌同步。公司的产品线覆盖了从微型摄像芯片到数百万像素高档摄像芯片的各类芯片，能够为国内外用户提供性价比优异的用于移动通信和数码相机的高性能低功耗CMOS摄像芯片及相关技术服务。

与其他产业相比，芯片这一高科技产品更需要各方面的关注。这是一个信息高度发展的时代，互联网的神通广大，更需要有高性能、高技术的支持，以维护国家的信息安全。有自主的知识产权，并受到严密的保护，光靠一个或几个高科技公司，并不能解决所有的问题。"只要我们研制出高端的产品，就不愁没有市场，"陈杰说，"但我们的目标并不仅仅是国内市场，而是国际市场，并有力地打破现有的垄断模式。"为了打破欧美垄断，陈杰和他的创业团队，就像"中星微"的邓中翰和他的合作伙伴一样，为打造一颗强有力的"芯"而进行着艰苦卓绝的工作。作为中国人，我们应该为他们的一腔爱国之心、勇攀科学高峰的精神和已取得的骄人业绩摇旗助威。

> 中国在图像传感器芯片领域的向上发展必须打破欧美设计厂商的垄断，陈杰正是带着这样的满怀梦想的心，引领思比科公司开发一系列高性能图像传感器芯片，把中国带上国际舞台，与国际水平同步。陈杰的成功离不开其多年国外学习、实践中的努力，离不开其对技术的刻苦钻研，也离不开政府对他的支持和帮助，而在这背后，陈杰对于带领国内芯片走向国际舞台的心气则是凝聚起这一切的力量。

王兴：屡败屡战，推出美团加速了Groupon模式在中国遍地开花

> 王兴，福建龙岩客家人，1979年2月18日生，1997年王兴从龙岩一中保送到清华大学电子工程系无线电专业，2001年获清华大学电子工程学士学位，后于美国特拉华大学获得计算机工程硕士学位。人人网（原校内网）创始人，美团创始人兼CEO。

25岁之前的王兴，有典型的"三好学生"式经历：从福建龙岩一中被保送清华大学，毕业获得奖学金前往美国读书。2004年年初，25岁的他中断了在美国特拉华大学电子与计算机工程系的博士学业，回国创业。"当时除了想法和勇气外，一无所有，我读完本科就去了美国，除了同学没什么社会关系，回来后找到了一个大学同学、一个高中同学，三个人在黑暗中摸索着开干了。"王兴回忆说。

王兴回国期间，找到曾在清华大学读本科时的室友王慧文。两人就讨

论创业要做什么，想过做能实现一些功能的可穿戴设备（在2014年这已经没有阻碍，但在那时，问题太多了）、定制T恤的网站（在那时市场已经饱和）。2004年3月，王兴的中学同学赖斌强加入了这个"不老实读书、不好好工作、整天瞎折腾"的团队，成为了三人中唯一一个计算机专业出身的伙伴。后来，王兴不参与编程，王慧文和赖斌强没有任何抱怨。他们知道，这是团队必须做的事，无论如何，必须有一个人不能陷入日常技术工作里。大家都埋头做技术，就没有机会关注外部世界，会跟这个世界脱节，创造出来的产品只是满足假想中的需求，也会错失可能发生的时代大趋势。2005年12月8日，校内网在清华大学附近的一套130平方米出租屋里正式上线。从三人凑的30万元启动资金起步，校内网靠着零散的资金发展着。由于融资失败，王兴不得不在2006年以200万美元的价格卖出了用户已达百万的校内网。然而，三人一起为第一桶金打拼的情谊延续了下来。

看到SNS（Social Networking Service）网站Friend Star在美国的成功和这种模式在国内的空白，王兴前后创立了好几个SNS网站。他做的第一个项目叫多多友，这是典型的社会性网站，登陆要注册，要公布自己的一些信息或者昵称，可以结交一些朋友。一个想法是通过朋友认识朋友，其实SNS背后是小世界理论，这个世界虽然很大，但其实任何两个人都可能通过6个朋友的关系就连接在一起。

在多多友之后又做了第二个项目叫游子图，这是专门的服务性网站，王兴在国外读书的时候，发现国外数码很发达，父辈不太习惯上网，游子图可以让在海外的游子把数码照片发到国内，通过信用卡付费，游子图冲印出来送给他们的父母。游子图是非常专业的，是针对海外的朋友的。

2005年秋，王兴决定要专注于一块细分市场：大学校园SNS。他们研究和学习美国在这一方面的成功例子Facebook，综合之前在SNS领域的经验和教训，并结合国情，开发出了校内网（即如今的"人人网"）。发布3个月来，校内网就吸引了3万用户，增长迅速，然而王兴没有钱增加服务器和带宽，只能饮恨将校内网卖给千橡互动集团CEO陈一舟。王兴为此公开引用英国前首相温斯顿·丘吉尔的一段著名演讲词来表明他的态度："这不是结束，这甚至不是结束的开始。但，这可能是开始的结束。"

2007年5月12日，王兴创办饭否网。2007年11月16日，王兴创办的社交网站海内网上线。这也是王兴继校内网和饭否网之后创办的第三个社交网站，海内是一个真人网络，提供个人空间、迷你博客、相册、群组、电台、校友录、好友买卖以及电影评论等服务。

王兴最新的创业项目则是美团。据介绍，2009年7月，王兴的饭否网因故障被关闭，直到2010年1月，饭否网依然开张无望，于是他萌发了创建一个类似Groupon网站的念头。但做这个网站前，王兴对所需的投资、存在的风险并未做太多评估。

2010年3月4日，王兴的美团上线。由于王兴的创业经历，美团一经上线，即引起广泛关注。"美团不是国内首家团购2.0网站（注：篱笆网等属于团购1.0网站），但却是第一家引起较大关注的团购网站。"有业内人士说。美团获得红杉资本超过1000万美元的风险投资。

"从校内、海内、饭否到美团，我一直在利用人际关系传播信息。只是以前做SNS（社区类网站），现在做电子商务的应用。"王兴认为，美团秉承了其一脉相承的创业思路，只是应用角度有所调整。美团的推出加速了Groupon模式在中国遍地开花。

2011年，在美团成立一周年的内部会上，王兴以21岁还没大学毕业时就加入了美团的沈鹏为例，表达了自己的用人观：判断一个人是否能加入美团的标准更多的是看心态，不看年龄。要理解消费者要什么、有冲劲、认同美团价值观。2015年1月18日下午，王兴对媒体表示，美团已经完成

7亿美元融资，美团估值达到70亿美元。

如今，王兴正携手老伙伴王慧文进军AIGC领域，"AI大模型让我既兴奋于即将创造出来的巨大生产力，又忧虑它未来对整个世界的冲击。老王和我在创业路上同行近20年，既然他决心拥抱这次大浪潮，那我必须支持"。王兴将作为董事参与王慧文的创业公司"光年之外"，自此，美团原始创业团队正在AIGC领域以另一种方式"重聚"，抛开创业事业不谈，这也展示了王兴性情的一面。

> 作为中国互联网领域的领军人物之一，王兴用多次的创业实践论证了什么样的互联网业态能够在中国发展壮大，美团也成为中国最大的O2O平台之一，连续的创业成就的美团伟业不仅是王兴实现自我抱负和梦想的过程，也是他及时顺应国家互联网行业急速发展趋势，不断将新兴互联网产业模式引入国内、融入本土的成功掌舵之作。

刘世平：国内数据挖掘拓路先锋

刘世平，1983年获得成都科技大学土木工程学士学位，随即又先后获得衣阿华州立大学统计学硕士学位，北卡罗来纳州立大学经济学硕士及博士学位。1993—1996年，在美国衣阿华州立大学经济研究中心任研究员，其后在美国扑尔维丁财务公司任高级业务分析员。1997—2002年，在美国IBM工作。从1998年开始任IBM全球商业智能服务部金融行业数据挖掘咨询组组长及全球服务部商业智能首席顾问。2002年，在北京创立吉贝克信息技术（北京）有限公司并任总裁。

"我于1983年大学毕业，1985年随出国热潮到美国。我在国内是学土木的，进入康奈尔大学土木系，学了1年多，最后发现土木不是我的兴趣所在，然后就把它放弃了。我转到了经济系，拿到了经济学硕士和博士学位。毕业后在研究所工作几年，也到银行工作过，然后到IBM工作很多年。我在IBM混得还不错，薪水加福利一年也有好几十万美元，但我又发现这不是我喜欢的，后来干脆把工作辞了，按自己的想法回国创业。"

这几句勾勒无法清晰描述刘世平在数据挖掘领域的地位。事实上，他曾任IBM全球商业智能服务部金融行业数据挖掘咨询组组长及全球服务部商业智能首席顾问，是国际数据挖掘方面专家。刘世平在业内被公认为代表着全球商业智能领域的顶级水平，在IBM工作期间，他在美国先后申请了4项数据挖掘方面的技术专利。

在美国工作的10余年时间，刘世平曾先后任职衣阿华州立大学经济研究中心研究员、扑尔维丁财务公司（美国第五大信用卡公司）高级业务分析员、IBM全球商业智能服务部金融行业数据挖掘咨询组组长及全球服务部商业智能首席顾问、济丰寰亚信息技术有限公司执行副总裁兼商业智能事业部总裁。这期间，他曾先后在经济学、风险管理、环境科学、应用统计及土木工程方面发表学术论文几十篇。所获奖项包括：1995年获美国南方农业经济杂志最佳论文（每年仅选一篇文章）及该协会杰出贡献奖，1998年获IBM公司成就奖，1999年分别获IBM公司发展成就奖、明星工作奖及杰出咨询奖，2001年荣获IBM发明大奖。

在IBM工作期间，刘世平曾先后在数据挖掘方法及应用领域完成4项专利的申请，并在国内《中国计算机报》《计算机世界》《IT经理世界》《数字财富》《金融电子化》等多家媒体发表了30多篇论文，在推动商业智能、风险管理等项技术在国内的应用方面厥功至伟。

2002年，刘世平回到国内，来到中关村，开始了他的创业历程，成立了吉贝克信息技术（北京）有限公司。那么为什么回到中国创业，并选择在北京？刘世平认为，中国是自己的祖国，世界重心的东移为自己一展身手提供了机遇，而北京的人才优势、信息优势、政策优势等为自己事业的成长提供了优良的土壤和气候。

互联网的发展使数据的采集、整理和传输变得容易，也导致数据如洪水一般在世界泛滥，这使对数据的选择和对数据的有效利用成了难题，数据挖掘就是解决这样的新式困难。这就是刘世平的吉贝克公司的价值所在。在吉贝克刚刚成立的时候，数据挖掘对许多人来说是一个全新的概念，甚至很抽象，就是从大量的数据中获取有效的、新颖的、潜在有用的、最终可以被理解的、用于商业决策过程的信息的过程，所以他的公司当时在国内是很具开创性的。

作为商业智能领域的顶尖人才，刘世平曾多次被邀请为来自美国、欧洲、亚洲及中国等不同行业的高级管理人员介绍商业智能的发展情况。在过去的10余年间，刘世平作为团队的领军人物，为全球40余家大型公司担任过商业智能咨询顾问，提供商业智能、分析型CRM、风险管理、信贷管理、信用卡运作及分析、信用管理及运作技术及数据库市场营销等多方面的业务咨询和技术服务，并且所有项目客户满意度100%。其主要客户包括IBM、西门子（中国）、美国前十大商业银行中的四家、美国最大的房屋信贷银行、美国三大个人信贷机构中的两家、加拿大前五大银行中的两家、新加坡前四大银行中的三家、泰国四大银行中的两家、中国人民银行、交通银行、中信实业银行、沪深两家证券交易所、深圳登记结算公司及新浪，等等。

"我们的竞争对手，几乎都是全球超一流的大公司。比如IBM、NCR、SAS、埃森哲、路透、毕博等。"他说，"我们一开始就放眼世界。而能够和它们竞争，那是因为我们的企业有价值。当然，除了竞争，我们和它们中的许多又是很好的合作伙伴，比如微软、IBM、HP、SAS等。这也就是现代企业的游戏规则，既竞争又合作，关键是要有价值。"

事实上，吉贝克一直和国际最强大的商业智能公司合作，比如IBM、Oracle、HP、Sybase等。在这个过程中，吉贝克从来没有间断过提升公司的技术和业务水平，刘世平像相信自己一样相信吉贝克的技术。在商业智能领域，吉贝克虽然在规模上与国际一流的大公司存在一定差距，但这种竞争却被刘世平比喻为"舢板与航母的竞争"。然而在技术上，吉贝克凭借自身的实战能力完全具备与国际一流公司直接竞争的实力，并力争在日益国际化、信息化的市场格局中立于不败之地。

多年来，我国商业智能领域的项目一直被国外企业垄断，而吉贝克研发出本土化、高科技化的商业智能领域产品，为客户提供超值数据挖掘服务，推动我国商业智能技术跃升到一个新的台阶。技术优势是刘世平的创业底气，也是吉贝克制胜的法宝。本着"客户至上、服务第一，技术领先、质量超群"的经营原则，吉贝克自2002年创立起便有不俗的表现，已完成了包括银行、电信、证券、基金、保险、税务、期货、制造业等多个领域的成功案例，并一直保持良好的发展态势。

2003年，当刘世平偶然看到XBRL（可扩展商业报告语言，用于商业和财务信息的定义和交换）的相关资料时，从事数据挖掘的他意识到这一工具对我国资本市场和全国信息化的重要性。此后，刘世平长期致力于XBRL中国地区组织的成立和推广工作，并先后担任了XBRL中国执行委员会副主席和XBRL中国指导委员会委员等职务。刘世平是中国XBRL的倡导者之一，曾数次参加国际XBRL会议，多次发表精彩演讲，并和XBRL国际组织的领导人以及权威专家进行探讨和研究，是国际有名的XBRL顶级专家。在他的带领下，吉贝克研发出一系列国内首创的XBRL应用软件，其中基金公司信息披露标准化报送系统，被纳入北京市第二批自主创新产品目录。证监会的基金报送系统是属于XBRL在基金报送领域的全球首个案例，对于全球在基金监管领域起着引导的作用。这一系统的投入使用，对于证监会基金部的监管工作起着巨大的推动作用。目前，美国也在学习中国在这一领域的先进做法，他们已经通过立法的方式规范要求上市公司和基金公司采用XBRL的方式报送数据给美国证监会。相信很快会有更多的国家朝着这个方向发展。

在国内，吉贝克在XBRL应用领域处于领先地位；在世界上，吉贝克处于第一阵营，肯定在前十名之列；而刘世平在数据挖掘应用前沿的业界地位，给予了吉贝克未来的发展潜力和发展空间。而吉贝克最大的成功因素就是刘世平，他站在商业智能技术领域的国际顶峰进行中国业务的拓展，他带给吉贝克和中国数据挖掘领域的成就是显而易见的。

> 刘世平的成功离不开他个人的勤奋和努力，但选择用自己的技术回国创业给了他生命价值更多的可能性，他以国际领先的技术能力、研究水平和商业才华打造出的吉贝克为国家信息化健康全面发展带来了更多力量，而国家的信息化发展潮流和大势也让刘世平同他的企业一起乘风而行，在更大的舞台上"意气风发"。在他身上，我们看到时代的风头、机遇的青睐和个人的进取交织在一起形成的"乘风破浪"。

林元庆：抓住产业数字化机遇的AI创业大神

林元庆，1991年毕业于莆田一中，曾就读于北京理工大学，后获清华大学光学工程硕士学位，于2008年获得宾夕法尼亚大学电子工程博士学位。2008年加入NEC美国实验室，2012年担任NEC美国实验室媒体分析部门主管。2015年11月，加入百度担任深度学习实验室（IDL）主任，2017年3月，升任百度研究院院长。2017年9月，从百度离职，创立行业AI解决方案公司Aibee，任CEO。在顶级国际会议和期刊发表论文30余篇，拥有11项美国专利。

翻开林元庆的履历，映入眼帘的一段段教育深造和学术研究经历让人油然而生一种对知识和人才的敬畏，从北京理工大学，到深造于清华大学，再到转战宾夕法尼亚大学，每一段教育经历都充满含金量，让人无法质疑他的实力。

林元庆此后十几年的机器学习和计算机视觉科研的道路，从攻读宾夕法尼亚大学博士期间开启。这所开创性精神的大学培养了沃伦·巴菲特、埃隆·马斯克、思科系统公司创始人莱昂纳德·波萨克等杰出校友，设计出了世界上第一台全电子数学计算机"ENIAC"。

这种开创性精神，在林元庆身上也可见一斑。林元庆曾担任NEC美国实验室媒体分析部门主管。与其他AI实验室相比，NEC Labs重研发与落地，设置技术推广市场机制鼓励技术应用。林元庆在负责NEC美国实验室媒体分析部门期间主攻两个研究方向：一是大规模细粒度图像识别，二是自动驾驶的3D视觉感知。林元庆领导的团队，取得多项重要计算机视觉技术国际测试世界第一，包括第一届ImageNet挑战赛。

此后，2015年，林元庆应吴恩达之邀加入百度，负责深度学习实验室（IDL）。对于早在十年前就布局人工智能的百度，AI已经成为百度的第二增长曲线，而百度深度学习实验室是百度研究院成立最早和规模最大的实验室之一，专注于深度学习、图像/视频理解、3D视觉、人机交互、自动驾驶等领域核心技术的研发，是百度人工智能技术研发队伍中的排头兵。2017年，林元庆又任百度研究院院长，全面负责百度的硅谷人工智能实验室（SVAIL）、大数据实验室（BDL）、深度学习实验室（IDL）、增强现实实验室（ARL）。可以说，百度研究院囊括从众多底层基础技术到感知、认知技术的AI多领域研究，并强调展开跨领域研究合作，研究技术广、落地场景丰富。这些强技术、重落地的经历，很大程度上影响了林元庆的风格、思路，让他更加务实，也更看重技术融合及应用，为他此后创立爱笔科技打下了很好的基础。

林元庆看好AI升级传统行业是一个非常重要的方向，存在非常大的机会，希望能够进一步深入进去，做成大事业。于是，2017年，林元庆离开百度，创立行业AI解决方案公司爱笔科技（Aibee），这位曾经的百度研究院院长，给自己的新公司命名为爱笔（Aibee）。这个名字寓意"AI to B"，意即用AI技术对传统行业赋能升级。

从百度离开三个多月后，林元庆拿到了1.65亿元天使轮融资。领投方是昆仲资本，其他参与投资的基金包括真格基金、华创资本、险峰长青、联想创投、红杉资本、涌铧投资等，此外，林元庆的好朋友余凯也投了一点。规模上亿的天使轮融资，并不多见。林元庆搞定这一切，大概用了一个多月的时间。

就这样，林元庆再度出发，而这一次，林元庆的身份已是企业家。林元庆决心将Aibee打造成业界领先的人工智能整体解决方案企业，并以"赋能升级垂直行业，打磨极致AI技术"为使命。林元庆认为，AI要能真正革新第四次工业革命，必须进入各行各业，但垂直行业尤其是实体行业，AI的能量还远未被释放。除了学术成就斐然，林元庆也深谙行业之道："零售行业不会关注你在国际期刊上发表过多少论文、在世界竞赛上拿过多少冠军，它们关心的是你到底能不能创造价值。"他强调，Aibee追求极致的技术的最终目的，是帮助线下空间实现全面的数字化，走向智能化的运营、管理和触达。正是这种对市场的清晰洞见与坚持，造就了今天的Aibee，使其得以成长为国内拥有AI多维技术能力的线下空间数字化与智能化解决方案提供商。

过去10年，To C锁定了中国商业舞台的焦点，消费互联网、流量、GMV、社交电商等关键词充斥着每一块屏幕。而如今，悄然间，To B的号角逐渐在各个角落吹响，降本增效、数字化转型、企业服务吸引了资本的目光，成为引领资本圈、产业界的时尚热词。腾讯、阿里、百度等互联网巨鳄早已以凶猛之姿发力B端市场。

AI席卷而来、数据指数递增，其结果是：数字世界与实体世界的交集越来越多、边界越来越模糊。新世界之下，如何建立用户与载体之间的关系？如何提升线下零售领域的管理效率？如何重构线下与线上的联系？Aibee给出的答案是，线下空间数字化与智能化的操作系统。

在Aibee创立之前，对于林元庆的"AI to B"理念，不少投资人表示，中国To B企业大多生存艰难，难有前景。所幸，林元庆的持之以恒，Aibee遇到一群愿景一致的盟友、一群坦诚信任的合作伙伴。

在这种"不可复制的幸运"之中，短短三年多，不知不觉Aibee的脚步已经越走越坚实。在商业地产行业，Aibee在国内TOP30商业地产品牌覆盖率达到50%，已成为商业地产数智化市场的"No.1"。在品牌连锁门店行业（零售门店/银行网点/汽车4S店），以汽车4S店为例，Aibee与广汽达成数字化门店标杆工程合作，与百度有驾合作上线了数百家"VR数字化4S门店"。在交通旅游方面，Aibee与北京首都机场共同探索、打造全面的智慧机场解决方案，通过数字化基座的建设，形成包括智能人像视频分析平台、旅客服务平台、智慧问询互动屏、大流量智能测温、智能人脸寻车停车场等一系列的应用落地，并在众多大型头部机场及航司达成深度落地。在首都机场之外，Aibee推动国内超300家4A/5A景区实现智能化升级，此外更联合中国铁路设计集团，开拓高铁新场景。

幸运背后，是战略眼光、技术研发、组织架构、市场扩展等多方面的共同答卷。林元庆表示，Aibee创立以来，从未改过方向，一直在原定赛道上不断深入和扩容。现今，林元庆给Aibee定下一个十年计划、三大阶段。第一阶段，埋首技术和产品研发，并标准化，找到产品市场；第二阶段，在每个细分赛道全线进攻，占领市场份额；第三阶段，初步形成线下空间的数字化底座，发掘社会场景和应用。

> 出色的创业者一定不是生来就是创业者，学习、实践、蛰伏、没有多番的历练、学习、考察、洞量，成不了成功的创业者。林元庆国内外双重的学习和研究经历，使他以高水平的技术研究能力傍身，极具开创性的精神让他将机器学习和计算机视觉科研能力在实践与操作中加以应用、打磨，不仅锻造了更具竞争力的领域技术，更一步步塑造了林元庆的创业者人格，对于产业数字化趋势的洞见，以及对AI赋能垂直领域的机会捕捉，让他搭乘中国互联网并跑领跑的风潮不断攀升。

张涛：大数据应用拓路者，海外学人归乡领路人

张涛，北京市欧美同学会一届、二届理事会海外名誉副会长，1961年生于陕西省西安市。1978年9月—1982年8月，本科就读于西安工业学院计算机及其应用专业，获学士学位；1985年9月—1988年5月，就读于西安交通大学计算机科学专业，获硕士学位；1991年1月—1993年5月，就读于美国肯特州立大学，获计算机科学硕士学位；1993年5月—1995年9月，就读于美国肯特州立大学，获计算机科学博士学位。1982年9月—1985年8月，就职于兵器工业部第二〇三研究所导弹弹道

研究室；1988年6月—1991年1月，就职于北京联想电子技术有限公司，任系统网络部门总监；1993年5月—1995年9月，任德国大众集团北美总部首席科学顾问；1995年9月—1996年9月，任美国IBM银行事业部银行业务高级咨询顾问；1996年9月—2000年9月，任美国银行技术与运营部副总裁；2000年9月—2003年3月，任美国硅谷PRECOM公司CTO。2003年回国，创办全维智码信息技术（北京）有限公司，任总裁。

1988年硕士毕业后，张涛就想到北京这个中国计算机的高地看一看、闯一闯。于是，他去了联想，任系统网络部门总监。在那个时代，张涛搞网络共享打印机或电脑，这在当时十分先进。在北京工作了几年，美国这个计算机技术发源地更加吸引张涛，于是1991年1月，张涛踏上了美国的土地，就读于美国肯特州立大学（Kent State University）。肯特州立大学所在地俄亥俄州是一个大学城，景色优美，享有"树之城"的美誉。在这样美丽的环境里，张涛潜心攻读，1993年和1995年先后获得计算机硕士学位和博士学位。

1993年6月，德国大众北美总部要招聘一个高级软件科学分析师，用一种模拟算法设计一个化合物专家分析系统，以支持和帮助用最好的方法研制轮胎的化学配方，张涛被录用。从此直到1995年9月，张涛开着车往来于办公室和肯特城之间，不但有了重大的发现，也完成了博士课程，获得了博士学位。那是一段惬意并且充满创造力的日子。为了解决德国大众北美总部给的课题，张涛用应用神经网络技术设计开发了TCX专家系统，该专家系统每年为德国大众节省10亿欧元，获得德国大众技术创新奖。这个系统世界领先，到现在大众集团的德国、美国、意大利、印度、奥地利、法国和日本总部仍在使用。为此，张涛被升职为德国大众北美公司的技术总监和计算机专家系统首席架构师，并配备了独立的办公室。神经网络技术是一种模拟人类或动物神经网络行为特征，进行分布式并行信息处理的算法数学模型。这种网络依系统的复杂程度，通过调整内部量节点之间相互连接的关系，从而达到处理信息的目的。人工神经网络有自学习和自适应的能力，可以通过预先提供的一批相互对应的输入输出数据，分析掌握两者之间潜在的规律，最终根据这些规律，用新的输入数据来推算输出结果，这种学习分析的过程被称为"训练"。

20世纪90年代，神经网络技术十分热门，各行各业都想引入这种技术，提升行业的竞争力。于是，张涛成为人们"志在必得"的人才。1995年9月至1996年9月，张涛就任美国IBM银行事业部银行业务高级咨询顾问。这是张涛与IBM结缘的开始。IBM银行事业部十分重视神经网络技术，因为这将大大提升IBM软件对银行的吸引力。

德国大众、IBM对张涛的重视，自然引起银行业的关注，因为它们也想延揽高级人才，自行设计自己的系统，从而能为客户提供最优质的服务，获得更好的经营业绩。于是，1996年9月，张涛就任美国银行技术与运营部副总裁。在美国银行，张涛应用数据仓库技术设计开发出银行客户风险评级和客户信用授信系统，该系统获得美国银行杰出贡献奖。在美国银行，张涛积累了大量的人脉，会晤了国内许多行长、副行长级别的金融人物，这为他回国创业打下了基础。2000年9月，张涛离开美国银行，就任美国硅谷PRECOM公司CTO。这时，硅谷的创业浪潮也开始激发起张涛的创业激情。

美国单调的工作让张涛这个充满抱负和热情的人感到乏味，他的生活需要更多的精彩。此时，中国的经济发展正处于高速上升期，对人才重度渴求，出台了一系列人才政策、计划和举措，张涛坚信只有回国才能够最大程度地发挥他的作用和价值，只有回国才能让他大有可为，干一番大事业。

于是2003年，经过广泛调研后，他回国创立了自己的公司——全维智码信息技术公司。事实证明，他的软件技术是过硬的，可以和IBM叫板，针对中国的特色和国情，他的软件率先在银行系统获得认可，并不断通过口碑传播，圆满完成了许多政府和央企的项目。

然而他也面临着一些问题，如国内没有良好的行业发展政策，作为海归人才对国内发展环境水土不服，在跟客户交流上存在一些欠缺等。中关村软件园在这个时候给予了支持和帮助，在业务拓展方面起到了桥梁作用，如张涛企业为红塔集团做的项目是由中关村软件园介绍的。

张涛在应用软件、系统集成、分析技术等领域具有强大创新能力，这种创新能力使得中国金融、电信政府和企业信息化具有了国际化水平的、更适合本国国情的和更有力量的解决方案，从而为中国的信息化建设与发展带来光明与希望的元素。

全维智码做应用软件、系统集成和数据挖掘，服务于金融IBM、电信、政府和企业信息化，而IBM也做这些，在被问到如何与之竞争时，张涛自信地说："肯定比得过！首先，全维智码的软件功能强大，不次于IBM，我们的源代码甚至更有智慧。其次，更重要的，我们是中国人，懂得用户习惯和特殊管理，所以我们的本地化做得特别好，我们的软件产品和解决方案适合中国的实际需要。再次，我们的本地服务做得好，这一点IBM没法比，我们24小时随叫随到，及时上门解决问题，帮助客户把系统调试好、运行好。还有，我们具有价格优势。最后，用我们的解决方案在安全上有保证，因为我们是中国自己的公司。当然，中标与否，要看客户的需求，如果找大品牌，那当然是找IBM，如果为了提升办公效率，实现单位能力的最大化成长，就找我们，因为我们懂我们的客户，我们和客户的文化心理和思维习惯不用沟通就是一致的，我们的软件和解决方案也是充分考虑我们民族文化特色而研发出来的。"

全维智码的技术基因来自张涛本人，他将在美国多年研究发明的信息集成平台、软件设计技术和数据分析技术带回国内，开发出具有自主知识产权的适用于金融、电信、政府和企业信息化的应用软件，并提供系统集成、软件外包、培训和咨询服务。张涛的产品在银行、政府、电信、教育、烟草、城市建设、制造业以及软件外包领域得到了广泛使用，产品获得了科技部创新基金、工业和信息化部电子发展基金、北京市科委科技计划项目等的支持。

张涛笑着对记者说："全维智码在业界还是比较有名气的，因为在政府机构、金融机构或者大型央企的招标中，几乎都有全维智码的名字，而且往往是全维智码笑到最后，竞标成功。"

截至目前，全维智码参与主持了国家金宏工程、国家电子发展基金和国家体育科学院发展基金3个国家项目；参与主持了10多个省部级项目，包括生态环境部固体废料信息综合管理系统、教育部学校体育卫生艺术综合管理系统、中国农业银行总行资产负债管理系统、科技部创新基金银行信息门户系统、中关村创新基金项目企业级移动互联网智能报表支撑系统、商务部外资投资全口径管理及风险预警预测系统、海关总署电子海关数据仓库系统、《经济日报》信息门户与数据中心系统、文化和旅游部文化共享工程电子阅览室、全国妇联公众信息门户系统、国家气象局预警预报发布网站及反馈评估系统、气象监测与灾害预警工程气象信息共享门户建设和工信部基于SOA架构的银行CRM系统等。

现在，张涛与时俱进，将物联网、移动互联网与应用软件结合，推出了更有竞争力的产品和解决方案。这成为全维智码下一个核心竞争力的来源。当然，张涛也在不断思考如何将他的软件能力扩展到爆发性增长的领域，以此实现更高效的应用。

张涛认为，缩小与国外技术水平的差距，进一步推动国家社会经济发展，海归将发挥着至关重要的作用。因此，我们要大量引进国外留学的博士人才，尤其是自动化、电子工程等前沿科技领域，国外读博士的都是尖端人才，他们是开发者，还要充分利用好有成功经验、成功案例的专家领军人才，他们是设计师。

随着时代的变化，张涛觉得现在要从务实的角度谈这个时代的海归情怀。作为海归，自己要在国外积累本事，获得经验，能够取得一定的成果。然后就是在祖国的召唤吸引下，在良好的大环境和丰富的政策支持下，将自己的本事能力更好地在国内发挥，创造社会价值。在这个过程中海归也获得了个人的成功和社会认可，实现了个人价值。

作为在国内外都取得了耀眼成就的学长，张涛并未局限在自己的事业中，我们看到，通过选择归国发展，他实现了事业的成功、社会的认可、价值的提升，神采奕奕，自信满满，而他丝毫不吝啬向更多的海外学子分享自己的成功经验，为他们的归国发展铺路。在访谈中，张涛介绍道，作为北京市欧美同学会的副会长，他一直致力于为海外学人回国、回京、回乡发展搭建链接桥梁，参与组织"赤子行"、淄博—北京欧美同学会人才链接、西安汉中企业来欧美同学会交流访问等工作。他认为，新的时期，欧美同学会等类似海归协会单位应当承担更多责任、发挥更大作用，成为留学人员归国的桥头堡，把留学人才引进来跟企业对接，把企业需求跟家乡情结对接上，吸引海归人才回家乡扎根发展。

从与他的交谈中，我们能明显感觉到这位随着国家现代化发展而同步成长起来的海外学子对于国家和家乡的感念，以及希望为未来国家经济和人才方面作出贡献的心愿。作为一名技术人才，张涛不仅在大数据应用技术引进方面催动了国家行业的发展，起到了技术引领作用，更在为海归人才的聚集、吸引、发挥作用中贡献了不可忽视的力量，他心系祖国、家乡发展的拳拳之情以及对更多海外学人归国参与国家建设发展的期盼将指引、点亮更多学子的归途。

二、生命健康：由先导产业向主导产业跨越

生命科学和生物技术将进一步对改善和提高人类生活质量发挥关键作用。生物医药是科技的力量带动了医学医药领域的发展，带给了人们更多的希望。

我国生命健康"三大巨头"之一
——聚焦内生式发展的北京"生命谷"

北京市最先在传统制药领域形成产业基础，拥有相对集中丰富的医疗资源，广阔的就医市场为先进医疗技术提供了先验空间。早在20世纪，伴随现代医学的引入，北京医疗设施和技术有了一定提升，一些大型的医院、医疗机构、药店等相继出现，医学教育也得到了一定发展。改革开放后，北京市作为中国市场的重要窗口，开始引入国外的医疗技术和药物，1997年，首家在华设立研发中心的跨国生物制药公司——丹麦诺和诺德在北京设立了研发中心；本地也出现了一批制药公司，如北京双鹤药业、北京市医药总公司等。作为中国首都及北方最发达的城市，在生物医药行业不断发展和积累的基础上，北京逐渐拥有了全国最丰富的医疗资源和最先进的医疗技术，吸引了来自全国各地的患者前来就医，这为生物医药产业提供了巨大的市场基础和先验基础。在此期间，国家

层面也开始更加重视生命健康产业的发展,从"八五"到"十五"期间,生物医药产业先后经历了"发展、重点攻克和发展、战略布局"的过程。

在国家鼓励和支持下,北京将生物工程和新医药作为重点发展产业,加速布局平台载体,借助"海归潮"引进新药研发和生物技术等领域的留学归国人才,生命健康产业由先导产业逐步发展成主导产业。从"十五"到"十一五"期间,北京市聚焦生物工程和新医药产业发展,首次提出了建立"产业链",更加注重生物信息、生物芯片、生物医药工程、基因治疗、细胞治疗等技术的产业化研究以及产业化载体的建设,加速布局生物医药特色产业园区或基地。2000年,中关村生命科学园成立,规划总面积7.2平方公里,专注于生命科学研究、生物技术和生物医药相关领域的研发创新,被国家发展改革委批准为"国家生物产业基地"。目前,已经聚集了北京生命科学研究所、北京脑科学与类脑研究中心、国家蛋白质科学中心等一批高水平研发机构,汇集了程京、王晓东、谢晓亮、施一公等200多名顶尖科学家和高层次人才,入驻了百济神州、诺诚健华、华辉安健、博雅辑因、万泰生物等500余家创新型医药健康企业,初步形成了基础研究、中试研发、生产流通、终端医疗的完整产业链、创新链,已经成为北京医药健康产业发展的创新引擎。

2003年非典疫情的暴发,加速了国内疫苗、检测、医疗器械等领域的研发创新,北京相关产业领域也在这一阶段取得了突破性创新发展。如北京科兴与中国医学学院实验动物研究所、中国疾病预防控制中心病毒病预防控制所共同完成了"SARS病毒灭活疫苗的研制",开启了我国疫苗技术的自主研发之路。随着国产疫苗技术的起步,生物芯片、诊断类生物技术产品等检测类产业也同步兴起,北京博奥生物、百奥赛图为国内心脑血管疾病治疗药物、抗肿瘤药物等领域开辟了新道路。在此期间,医学影像技术及诊断设备、医用仪器、生物识别技术等生物医学工程,以及CRO等医药服务业企业也如春笋般涌现。

顶尖医疗科技精英回流中国生命健康新领域

随着北京市生命健康产业的发展,"海归潮"中一批生命健康领域的中国精英从海外回流。这些精英或者看到了国内该行业前沿领域的空白,带着在国外掌握的先进技术回国,为我国生物医药产业的创新作出了突出贡献,如程京将生物芯片技术带回国内进行研发及产业化,崔彤哲带着先进的医学影像技术回国二次创业,赵磊将自己研发的高端医疗设备和器械领域技术在中国产业化。与此同时,很多人看到了国内即将爆炸式增长的市场需求,把国际上先进的创新模式带回国内,为国内研发提供了平台化服务,如谢良志离开美国知名药企回国建立了一套完整的生物技术研发和产业化体系,沈月雷将模式小鼠推广到国内进行药物筛选,闫励前瞻性构建靶点库推动了国内药物发现,新型CRO服务商的出现,有力地加速了中国生物医药产业的创新发展。还有诸如此类的一批留学归国人员,包括提供专业化生物制药合同生产服务的黎志良,带回体外诊断技术的尹午山,研制抗癌新药的吴洪流,专注眼科产品研发的解江冰,从事干细胞研究的董子平,革命性改进试管婴儿技术的刘家恩,填补内源性血管抑制剂抗肿瘤药物研发空白的罗永章,在蛋白结构领域作出突出贡献的施一公,专注疫苗研发的马杰、吴越、严海……他们都为我国生命健康产业发展贡献着自己的力量。

程京:中国生物芯片领域"第一人"

程京,1983年毕业于上海铁道大学电气工程系,1992年在英国思克莱德大学获司法生物学博士学位。1999年,程京带着最前沿的生物科技技术回国，成为清华大学生物科学与技术系特聘教授，2000年牵头成立了北京博奥生物芯片有限责任公司，2009年当选为中国工程院院士。在程京院士的带领下，中国生物芯片技术和生物芯片产业实现了从"0"到"1"的关键突破。

1989年，程京在上海铁道大学（今同济大学）机车电传动专业毕业后，以优异的成绩被公派到英国史查克莱大学留学。1994年，一个偶然的机会，程京看到美国宾夕法尼亚大学医学院刊登的一则招聘广告，要求应聘人员"本科学工程，研究生学生物学，分子生物学更好，并愿意从事生物芯片研究"。这对程京来说简直是"量身定做"，最终程京以"完美契合"的条件顺利进入美国宾夕法尼亚大学，师从生物芯片开拓者之一——彼得·威尔丁教授，自此与生物芯片结缘。1998年，程京及其团队研究完成了世界上第一个厘米见方的超小型生物实验室，该成果被美国《科学》杂志当年评选的世界十大科技突破所引用。

1999年，程京在清华大学的邀请下，成为清华大学生命科学与工程研究院的教授、博士生导师，在国内开启了生物芯片的研究与开发，也有机会将生物芯片技术引入国内。当时，生物芯片在国内还是新鲜事物，没有研究平台，更谈不上工业体系，甚至连相关法律都是空白的。在清华老生物学馆一间30平方米的地下室中，程京开始筹建清华大学生物芯片研究与开发中心。2000年，在中南海"国务院办公厅第十次科技讲座"上，程京给国务院及各部委领导作了"生物芯片——下个世纪革命性的技术"的专题报告，这成为他的人生乃至我国生物芯片产业的一次里程碑式的事件。

2000年，在国家发展改革委、科技部、卫生部和教育部的支持下，由清华大学等4家单位出资的北京博奥生物芯片有限责任公司在中关村生命科学园成立，同时以博奥生物为依托，建立了生物芯片北京国家工程研究中心，其中科技部注入了1000万美元的研究经费，还有民间不同公司的风险投资加持。

2003年，非典疫情袭扰京城，当看到"科研人员成功地对SARS病毒基因序列进行了测序"的新闻时，"啪！"程京一拍桌子，喊道："兄弟们，咱们有活儿干了！"程京带领博奥生物，主动向政府请缨，启动了SARS病毒检测基因芯片研发项目。取样、检测、做标本……苦战一个星期后的2003年4月26日凌晨，专门用于SARS病毒检测的基因芯片研制成功，这也是国际上第一张用于SARS病毒早期检测的基因芯片。他们的芯片马上被投入了SARS疑似患者的检测与甄别中，一周内就对404例血液、痰液、粪便等临床样品进行了检测和分析，这也成为博奥生物研制生物芯片的"第一仗"。

在此后，博奥生物发展步入了快车道。2009年，他带领团队经过3年的攻关研制出了全球首枚遗传性耳聋基因检测芯片。这种检测芯片只需一滴新生儿足跟血，就能测出是否携带遗传性耳聋基因缺陷，为预防迟发性耳聋、避免听力损伤提供了科学依据。2012年，遗传性耳聋基因检测芯片的推广作为政府为民办实事项目，在北京市率先全面进行新生儿的遗传性耳聋基因筛查，该项目很快在全国推广。

新冠疫情暴发后，由于新型冠状病毒引发的症状和流感症状相似，CT影像结果也大同小异，如果不能有效区分，很有可能误将普通流感患者混在新冠病毒感染患者中，因此快速鉴别病毒是切断传染源、控制疫情传播的关键。在这种情况下，程京再次主动请缨，带领博奥生物迅速组建科研攻关小组，定下技术方案后，一起吃住在生物芯片北京国家工程研究中心，与病毒赛跑，全力研发新型冠状病毒检测芯片和仪器。"程京办公室的灯光总亮到后半夜"，负责值班的安保人员曾透露。最终，原本需要2—3年完成的研发和注册流程，被压缩到了1个月左右。

2020年2月，博奥生物联合清华大学、四川大学华西医院共同设计开发的"六项呼吸道病毒核酸检测试剂盒（恒温扩增芯片法）"获国家药监局新型冠状病毒应急医疗器械审核批准，并被迅速用于疫情防控前线。这款最新研发的核酸检测芯片试剂盒，能在1.5小时内检测包括新型冠状病毒在内的6种呼吸道病毒，成为全球第一张获批用于临床的新冠病毒核酸检测的全集成芯片实验室，将国内病原微生物检测提升到了一个全新的水准。

目前，博奥生物的基因诊断产品覆盖疾病预测、健康监测、健康调理、早期诊断、伴随诊断、运动康复、居家养老等领域，产品甚至已经出口至欧洲、美洲、亚洲的30多个国家和地区，成为基因检测行业的"国家队"，在国内分子诊断行业处于领先地位，使中国生物芯片的"加速度"不断向世界展现它的魅力。

> 生物芯片作为一种前沿技术，一直受到各界广泛关注。在这方面，程京在2000年就将世界上最先进的生物芯片技术带回国内，在生物芯片发展的20多年中，程京不断对未来生物芯片的发展方向进行探索，从病毒到遗传性耳聋再到中医药创新，未来还要将生物芯片更加集成化和自动化，程京不断引领着中国生物芯片技术的创新发展，也为国家实现了生物芯片从"一穷二白"到"惠及世界"的跨越，可以说是中国生物芯片领域的"第一人"。

崔彤哲：国内第一批高端医学影像共享平台的建设者

崔彤哲，北京市欧美同学会一届理事会理事，1995—1997年在清华大学生物医学工程专业直读硕士研究生，1997年赴美攻读博士学位，从事CT图像重建算法研究工作。2002年接受胡晖邀请共同创立海纳维盛科技有限公司，后被Vital Images收购，2008年，崔彤哲、胡晖等人再次创业，成立海纳医信（北京）软件科技有限责任公司。

1997年，崔彤哲正在攻读清华大学电机系生物医学工程专业硕士学位，他发现身边好多同学在准备考博和留学研究生入学考试，所以也突击了一下，于是就拿到了美国马凯特（Marquette）大学的全额奖学金，在生物学工程系攻读博士学位。在攻读博士两年后，崔彤哲发现，自己的兴趣不在科研，同时受美国硅谷创业大潮影响，于是他决定辍学创业。考虑到自己没有创业经验，崔彤哲先是选择加入一家初创医学影像公司Stentor，成为公司第一名研发工程师，这开启了他在医学影像领域的研发生涯。

2001年，崔彤哲受到与在美留学期间结识的朋友胡晖博士的邀请，作为首席技术官（CTO）加入了他在威斯康星州创立的全球第一家网络化三维医学影像处理系统研发公司——海纳维盛（Hinnovation），共同开启创业生涯。胡晖提出的产品理念很新颖，当时国际上还没有类似产品，未来应用前景也难以判断。"但如果能研制成功，会在医学影像领域，开辟出一个全新的产品门类，仅这一点就会在医学影像的发展历史上留下一笔，这的确让我很心动！"崔彤哲基于在硅谷的工作经验，感觉这个产品可以尝试进行开发，虽然没有其他产品可参照，但他还是觉得有相当的把握。

当时中关村在硅谷设立了中关村硅谷联络处，这让崔彤哲有机会了解到国内创新创业孵化体系的发展，于是将目光转回国内。2002年，29岁的崔彤哲决定回到中关村创业，创办海纳维盛北京科技有限公司，回国后，崔彤哲、胡晖等人组建了一个5人的研发团队。2003年6月，海纳维盛的第一代产品成功在美国发布，在加州大学圣地亚哥医学院正式上线。由于海纳维盛的产品是对传统医疗影像技术的一个全新突破，产品一经推出就引起了业内的极大关注。

2003年年底，支撑海纳维盛运营的几笔资金快要花完，按照当时的花钱进度，再过两三个月，海纳维盛又将面临发不出工资、解散工程师团队的困境，而由于当时国内医疗体制对联网互认诊疗系统的制约，以及风险投资发展不够成熟，公司融资步履维艰。在多方融资屡遭碰壁，产品价值不被国内看好的情况下，经过多番考虑，海纳维盛创业团队接受了全球知名上市三维医学图像处理软件公司Vital Images的并购邀约，2004年2月海纳维盛正式被Vital Images以1800万美元并购。

这个消息一经发布，就在中关村引发了不小的震动，形成风靡一时的"胡晖现象"。"胡晖现象"暴露出了中关村乃至中国的医疗体制和投融资体制的缺陷，虽然"胡晖现象"表面看是国内投资人失去了一次赚钱的机会，但折射出的却是国内深层次体制改革的需求，"胡晖现象"引发了人们对中关村创业环境和投资环境的思考，中关村也通过召开研讨会等方式反思"胡晖现象"，提出增加中小企业创新基金的覆盖面，为企业融资提供更多渠道等政策措施。

海纳维盛被收购4年后，崔彤哲等3人卷土重来，决定再次创业打造国内民族品牌。2008年9月，崔彤哲与胡晖、孙毅再度携手，在清华科技园共同创立了海纳医信（北京）软件科技有限责任公司。对于新创立的海纳医信，崔彤哲有着新的期待："在国内待的时间长了，内心会隐隐感觉手中掌握先进技术的我们有一种使命感和责任感。我希望能够做出一些民族化的产品，让民族化品牌走向国际市场。"

海纳医信成立以来，一直从事医疗影像信息软件系统的开发。"机遇是留给做好准备的人的，在看准这样一个市场机遇后，我们就开始了PACS系统（医疗影像归档与传输系统）的研发。"崔彤哲说。海纳医信自主研发的PACS管理系统、HINA MIIS远程医疗会诊系统等均处于国际领先水平。

恰逢我国医疗体制深化改革，海纳医信通过智能诊断、大数据、AI分析等技术，能够实现区域医疗联网，让医疗资源分布不均的状况得到解决。

2011年，卫生部决定对全国2000多家县级医院拨款，进行县级医院能力建设，明确规定PACS必须优先建设完成。同年5月，海纳医信的HINA MIIS 2.0版本被列入北京市第九批政府首购自主创新产品。6月，海纳医信与美国知名风险投资机构红杉资本也达成了投融资协议，依托红杉资本优势，进一步快速推广海纳医信的产品和平台。在市场推广方面，海纳医信也收获颇丰，仅在北京就有宣武医院、安贞医院、北京大学人民医院、首钢医院等多家知名三甲医院采用了海纳医信的产品。

2011年开始，海纳医信正式启动国际化征程，经过几年的发展与努力，已经陆续进入美国、东南亚、南亚、中东和北非等国家和地区，实现了一批示范标杆项目的落地。如2011年在美国哥伦比亚大学医学院上线HINA MIIS系统，为其提供科研影像数据管理平台。之后的2014年，与马来西亚合作伙伴利通公司、马来西亚卫生部联合建立国家级远程医学影像中心，构建东南亚地区规模最大的第三方远程医疗中心，被马来西亚评为"国家数字医疗重大项目之一"。

"2014年前后，我突然意识到国家在提'一带一路'的概念，而且马来西亚也处于'21世纪海上丝绸之路'的咽喉要道，当时就想我们稀里糊涂跟国家战略合拍了。""一带一路"倡议的提出，让崔彤哲更加明确了重点开拓"一带一路"沿线国家和地区的决心。

2019年10月，海纳医信与利通公司联手在斯里兰卡首都科伦坡与该国卫生部正式签署其国家医学中心项目一期工程，为其首批20家大型医院提供PACS系统的标准配置，总签约额达3500万美元，创造了中国医疗软件出口最大的订单纪录，成为海纳医信发展历史上的一个标志性项目。

> 崔彤哲是世界医学影像前沿技术领域的重要参与者，他把在国外积累的技术经验带回国内，将医疗影像信息平台化理念注入医疗管理中，让中国医疗设备水平实现跨越式提升，成为国内最早一批智慧医疗的推动者。

赵磊：国内高端医疗设备国产化的重要参与者

> 赵磊，北京市欧美同学会一届理事会常务理事、二届理事会理事，1991年毕业于清华大学生物医学工程专业与电子工程专业，1999年获美国波士顿大学和哈佛大学联合培养生物医学工程学博士学位，之后在美国哈佛大学医学院从事博士后研究。2003年，赵磊带着先进的技术和创新理念，与新奥集团联合创办了新奥博为技术有限公司。

1994年，26岁的赵磊在美国波士顿大学开始了自己的留学生涯，攻读生物医学工程专业。之后在哈佛大学医学院攻读博士学位，并留校从事博士后研究。在此期间，赵磊积淀了深厚的学术素养，除了学业上的孜孜以求，赵磊在事业上更是雄心勃勃，他希望自己能大有作为，不辜负青春。1996年，赵磊与7位留学美国的博士共同成立了一家科技公司——美国博维技术有限公司，公司在进行研发的同时一直热心寻求和国内相关机构进行合作的机会，希望能把最先进的高端医疗设备技术带回中国。

"美国超市里的商品，凡是写着'Made in China'的价格都非常低，我们费了很多原料和人工，做出的产品在美国卖得非常便宜，人家得了你的便宜还看不起你，这主要是因为产品技术含量低。"赵磊深有感触地说。"当时国内95%以上的高端医疗设备依赖进口，只有依靠自主创新，研发出具有自主知识产权的产品,才能从根本上改变中国医疗产业受制于人的被动局面。"意识到这一点的赵磊实在坐不住了,他立志回国创业,为国争光,带着国际领先的高分辨三维成像、快速实施心脏成像等医学核磁共振成像技术,研发尖端智能化数字医疗产品,尽快完成其技术的产业化。

2003年12月,赵磊与另外7位留美博士带着先进的技术和创新理念,经过与民营企业新奥集团多次接洽,合资创建了中国新奥集团新奥博为技术有限公司。时年35岁的赵磊把这次创业定位为"研发成果的产业化之路"。

新奥博为成立之后,赵磊既是公司的高层管理人员,也是技术上无可替代的专家,他对光学的图像处理及算法、软硬件知识、机电一体化、机械制图等都非常精通。因此,在负责公司管理工作的同时,他还承担着公司磁共振项目部系统软件开发工作,每天保证8个小时在实验室里进行技术攻关,开发成像序列等。

2006年年初,他带领一批优秀的软件、电子、机械等方面的专业技术人员组建了介入治疗项目组,致力于"磁共振导航介入治疗"尖端技术的研发,夜以继日地投身于实验室。经过一年的时间,介入治疗项目实现了卓有成效的突破——成功完成首例活体病人的临床试验,产品的成熟度受到了会诊专家的大力推崇和赞赏,也受到了试验医院领导及专家的首肯。与此同时,赵磊带领的科学家团队自主研发出了世界首台0.45T永磁磁共振成像系统、世界首创的磁共振成像导航介入治疗系统、世界首创的超声光散射乳腺成像系统等多项国际领先产品,实现了"创世界一流品牌,挺民族脊梁"的夙愿。

2012年3月,为了推动我国医疗影像技术与临床应用的发展,赵磊牵头组办了图像导航治疗新发展国际研讨会,并特邀哈佛医学院的多名专家及国内数十名专家与会,会上国内专家既学习了国际最新技术,同时也向国外专家展示了我国影像技术与临床应用的发展,促进了我国医学的进步。

赵磊还推动了新博医疗手术导航产品成功实现从国内市场向国际市场的跨越。从产品的研发、生产到市场开拓，赵磊对产品的各个环节提出高标准要求并亲自参与指导，最终新博医疗的产品被国际上最先进的AMIGO手术室所接受。这不仅对新博医疗产品推广起到了极大的促进作用，更带动了我国的高端医疗产品真正走向世界舞台。"开拓创新，永不止步。"赵磊表示，他将以实际行动，继续诠释自己在尖端医疗领域创新报国的事业追求与梦想。

> 赵磊是"科技报国"的典型代表人物之一，他不仅是技术研发的领军人物，还始终致力于将高端医疗设备和器械国产化，构建了"国外技术研发—国内产业化"的产业创新模式，大大提高了国内医疗产品的竞争力。

谢良志：世界尖端细胞培养技术的"刷新者"

> 谢良志，北京市欧美同学会一届理事会理事、二届理事会副会长，1996年获美国麻省理工学院生物化工博士后，加入美国默克公司，从事病毒疫苗的研发工作。2002年回国，先后创办了神州细胞工程有限公司、北京神州细胞生物技术集团和北京义翘神州科技股份公司，其所创办的神州细胞公司于2020年在科创板上市，成为中国乃至全球生物医药龙头企业。

1987年至1990年，谢良志在本科和硕士研究生阶段分别就读于大连理工大学的无机化工专业和化学工程专业，1991年进入美国麻省理工学院攻读博士学位，之后进入"国际工业生物技术之父"王义翘教授的实验室，博士毕业后就加入了美国知名药企默克公司，从事病毒疫苗的研发工作。

直到2002年，谢良志接到一通国内电话，他昔日的同事，也是时任科技部生物中心主任的刘谦说："中国现在的生物技术水平发展迅速，可是产业化的工艺技术遇到关键瓶颈，中国最缺像你这样掌握大分子生物药技术产业化的高端人才，而且现在国内的创业条件这么好，你完全可以考虑回国创业。"当时国内也在加速布局生物医药产业，需要谢良志这样的人才回国参与建设。挂断电话后，谢良志几乎没有任何考虑就义无反顾地回了国，很快就在北京经济技术开发区创办了新药研发公司——神州细胞工程有限公司。

"对于生物技术而言，国内上游的基础研发水平取得了突飞猛进的进展，与国际先进水平的差距越来越小，缺的是工程技术。而工程技术壁垒则是我们和西方发达国家的最大差距。基础研发和生物工程技术之间不能有效对接，既限制了基础研究发展，也限制了生物医药产业的发展。"谢良志解释道。因此，生物医药工程就成为神州细胞事业的重点价值，这也是中国发展生物医药的重中之重。

创业之初，公司是想利用自身的下游产业化核心技术做生物类药物的委托代工生产，但是谢良志发现国内当时根本没有好的上游品种，研发的原材料之一蛋白试剂十分缺乏。没办法，他只好沉下心来先打基础，建立从上游品种创新到下游产业化的全套技术体系。

2008年，谢良志创办了"义翘神州"公司，进行重组蛋白和抗体工具试剂的自主创新研发，其临床前抗体候选药物生产速度比国外快一倍。第二年，墨西哥暴发的甲型H1N1流感疫情向全球蔓延，神州细胞在短短30天内就采用基因工程技术将流感毒的血凝素蛋白表达了出来，并被全世界几十个国家争相购买。2013年，中国突发H7N9禽流感疫情，义翘神州和神州细胞仅用12天时间就完成了H7N9的血凝素蛋白生产，仅用6天筛选出中和抗体，6天完成抗体的人源化研究……这些奇迹般的数字打破了一个又一个行业纪录。

"对于研发技术来说每天都要面对新的情况，你必须得创新，每天都在创新，才有可能发展。"谢良志强调说，这也是企业牢牢掌控发展主动权的关键。"治病救人"是神州细胞的初心，神州细胞先后支持了5000个国家级的科研项目，包括"863""973"计划，重大新药创制专项，重大传染病专项和一些自然科学基金项目等，这些项目购买神州细胞的产品可以获得30%的额外折扣。

神州细胞上市时，其招股书写道："截至2020年5月15日，发行人尚无产品获得药品注册批件，亦未实现任何药品销售收入。"神州细胞成立了18年，仍在新药研发领域上下求索。谢良志正是凭借这份初衷，背负着责任与情怀，和他的团队义无反顾地在这条路上行进着。

截至目前，神州细胞国产首款新型抗CD20单抗等原创性抗体药物已经获国家药品监督管理局批准上市，其蛋白抗体从基因到中试的速度处于国际领先行列，也是全球第一个获得HA蛋白抗原和诊断抗体的企业。神州细胞的高端技术服务平台把全球前十强制药企业、生物技术公司、科研院所作为客户，提供从基因到蛋白的一站式技术服务，已经成为多个全球十强制药企业的首选和全球的抗体临床前提供CRO技术服务的供应商。

> 谢良志孜孜以求推动中国生物医药产业的创新发展，是"技术型"企业家的典型代表。从响应祖国的召唤到神州细胞的创立发展，从聚焦产业某个环节到产业链技术体系的构建，谢良志从大局出发、长远考虑，坚持自主创新，肩负国家产业发展重要使命，为祖国生物医药产业留下了浓重的一笔。

沈月雷：中国模式动物研发服务领域的"带头人"

> 沈月雷，北京市欧美同学会一届理事会副会长、二届理事会海外名誉副会长，1992年本科毕业于武汉大学病毒学及分子生物学系，2003年获美国马萨诸塞大学医学院免疫学博士学位，同年赴纽约大学医学院/霍华德休斯医学院进行博士后研究。2009年，沈月雷在北京成立北京百奥赛图基因生物技术有限公司，担任公司的首席科学家，成为中国基因打靶模式动物研发带头人。

1992年，沈月雷从武汉大学病毒学及分子生物学系毕业后，考取了中国药品生物制品检定所（现名中国食品药品检定研究院）的硕士研究生。硕士毕业后，他又在1997年申请到美国马萨诸塞大学医学院病理系Ken Rock实验室攻读免疫学博士。经过5年半的时间，沈月雷博士毕业到纽约大学医学院Dan Littman实验室做博士后，利用模式动物研究免疫学问题。

一切都很顺利，但是到了找工作的时候，却事与愿违，沈月雷最初是想成为一名专注于科研的教授，要当教授就必须有研究课题，并且在所研究领域的权威杂志上发表论文，才有成为教授的机会。然而，沈月雷博士后研究的两个课题先后被其他实验室抢先发表，5年半的心血就这样付之一炬，沈月雷博士的"教授梦"也因此破灭。无奈的他想到去药企就职，却不想直面2008年国际金融危机，加之当时免疫学尚未走红，找工作无门。

看到国内行业机会和空白，结合学习阶段所从事的模式动物免疫研究，最终沈月雷选择了创业。"当时，我就想自己做个公司，这样以后就不会有人向我要简历了。"沈月雷回忆道。2008年6月，沈月雷在美国成立了一家叫百奥赛图（Biocytogen）的生物技术公司，主要利用模式小鼠进行药物筛选。不到两年的时间，公司就研发出了多种模式小鼠，并授权给全球几十家大学、研究所和医药企业使用。

新药研发是一个高投入且回报慢的过程，为了让公司能够存活下来，沈月雷想到通过提供基因敲除模式小鼠服务来支撑公司发展，出于资金成本和公司长远考虑，他决定把模式小鼠的研发制备工作放在国内。2009年11月，沈月雷在北京成立了北京百奥赛图基因生物技术有限公司，六七个人从最艰苦的条件做起。"在昌平的时候，办公室只有120多平方米，办公桌也是小桌子，高压锅、实验耗材都同时堆放在里面，如果有客户来，就先把实验耗材搬到外面去。那时候虽然条件艰苦，但是蛮开心的。"沈月雷的回忆显现出其苦中作乐的品性。

在公司发展初期，可以说是困难重重，一方面，沈月雷刚回国的时候，国内相关生物技术人才稀少，需要非常耐心地对员工进行培训；另一方面，中国的药物研发，尤其是原始创新研发是非常少的，所以公司的企业客户很少，基本都是科研客户，科研客户的客单价低、利润低，依靠科研客户很难将公司做大。再就是当时国内的投资机构并不多，有一段时间公司连工资都发不出来了。虽然每年科技部、地方科委都会有支持模式动物研发的经费，但是百奥赛图作为一家初创的民营企业，还达不到获得政府经费支持的条件，所以沈月雷团队只能更加精进技术和服务，靠服务质量来争取客户，然后将业务做大做强并获得资本关注。"我相信把质量做好就会有越来越多的客户。"沈月雷强调说。

2011年4月，沈月雷团队接手了第一个课题，历时不到7个月，课题圆满完成，比国外公司快了近一半的时间，这减轻了沈月雷不少压力，也大大增强了其信心。也正是这个课题的成功交付，百奥赛图在2013年获得了3500万元的A轮融资。之后的两年内，沈月雷接触到了工业客户，做创新药研发的新型Biotech企业也越来越多，随着中国创新药物研发进程的加快，投资公司的大量资金开始注入新药研发赛道，百奥赛图的新药研发企业客户因而快速增长。

随着公司发展得越来越顺利，沈月雷日益意识到服务的重要性。"如果一个企业要想获得长足的发展，就必须找到自身的优势并加以利用。"沈月雷团队最大的优势就是服务速度，由于基因敲除小鼠整个过程标准化，因此他们的速度要比国外快一倍。而速度所带来的利益就是，相同的课题得以最快地完成并提交给客户，这使得公司在市场中拥有良好的竞争优势。比如，为了能够给做科研的教授提供更好的服务，公司专门制定了一个课题汇报系统，两周会汇报一下课题的进展速度并将所有实验结果用PPT的形式展示给客户，这样就将每一步的进展都告诉客户，让客户一目了然，从而达到一种客户自己在实验室里做实验的身临其境的效果。

现在的百奥赛图，在沈月雷的带领下，不仅得到了以教授为代表的科研人员的认可和欢迎，也得到了政府和投资商的大力支持和鼎力相助，在国内首创性地研发出了基于CRISPR/EGE的基因编辑技术和重度免疫缺陷的B-NDG小鼠以及免疫检查点人源化小鼠，一举打破了外企的垄断地位，成为一家以RenMab和RenLite小鼠为基础的创新技术驱动新药研发的国际性生物制药公司。截至2023年上半年，百奥赛图实现收益3.27亿元，其中海外营收1.73亿元，同比增长97%，模式动物业务板块占主导，实现了1.15亿元的营收，同比增长58%。

> 沈月雷的创业经历可以说简单且精彩，"教授梦"的破灭无奈选择创业竟然成了他毕生的追求。创办百奥赛图是沈月雷第一份工作，也是唯一一份工作，他用模式动物小鼠推动了中国生物制药产业的创新发展，也成为国内模式动物研发的开拓者和领路人。

闫励：中国原研药发展的见证者和构建国内药物研发新范式的亲历者

> 闫励，北京市欧美同学会一届理事会常务理事、二届理事会理事，本科就读于牡丹江医学院临床医学专业，硕士就读于吉林大学神经生理学，2002年留学德国波鸿鲁尔大学攻读神经科学博士学位。2009年闫励夫妇回国，于2010年共同创立了爱思益普公司，率先构建了国内离子通道细胞库，为国内外新药研发提供高效的筛选平台。

2003年，闫励以高校老师身份赴德国波鸿鲁尔大学攻读神经科学博士，在德国完成学业后，就同丈夫一起在德国工作，安逸、稳定的工作和生活让他们开始焦灼，仿佛人生失去了目标，觉得有一种养老的感觉，也是在这个时候，闫励萌生了回国的念头，加上有了孩子后，夫妻二人都没有时间照顾孩子，又不想让父母在中国和德国之间来回折腾照顾孩子，于是二人决定回国。

2009年，闫励夫妇带着德国波鸿鲁尔大学神经科学博士学位及多年积累的离子通道类药物研发经验和技术回国。回国后，闫励不想继续从事教育工作，因为她觉得没有压力，所以选择去公司应聘。但是国内企业主要做仿制药，偏化学的岗位，对闫励来说没有特别大的动力，她还是想做创新药。后来又去外企应聘，了解到外企想要搭建一个创新药平台，这让闫励看到了创业的机会，"我们有技术、有经验、有能力，面对广阔的市场、很少的竞争者，为什么不自己做"？

想到了就去做，闫励与丈夫李英骥商量好创业的事情，于2010年6月正式创办了北京爱思益普生物科技股份有限公司。回国创业说起来容易，但做起来才知道有多难。起初的困难是家人的不理解，闫励夫妇双方的父母都是老一辈知识分子，怎么也没想到两个留学博士会回国吃这个苦头。

另一个难题是资金，两人想方设法筹集了200万元启动资金，可一台国外进口的先进设备就用了180万元，处处都等着"真金白银"。

最关键的是，中国尚未有真正意义上的新药研发，没有做原创药的基础和设备。"我们早走了几步，举步维艰。"在访谈中闫励回忆道，加上回国创业没有太多经验，也未做足前期行业调研，闫励夫妇很难开启创新药研发之路。在刚开始一年多时间，整个公司几乎没有收入。为了公司能活下去，闫励夫妇决定先做技术平台，为早期创新药物研发提供全面的生物学平台外包服务（CRO），但其实这时候的时机还是不够成熟，以至于公司在一段时期内都处于萧条状态。此外，当时国内投资环境很差，大多数投资商都认为产品战线太长，不愿意投资，因此前期公司一直处于缺资金状态，业务发展并不顺利。

直到2012年年底，闫励丈夫接到了一个意外的电话，"是我们向国家申请的一个经费下来了，给我们拨了40万元，雪中送炭啊！"闫励说。在政府的支持下，公司发展了两年后，在2014年拿到了第一轮风险投资，公司也慢慢开始实现收支平衡。2020年疫情给公司带来了转折机遇，由于国内向国外寄送药物检测样本流程复杂且耗时，而爱思益普平台的检测速度非常快，有任何疑问也都可以随时打电话咨询，在此机会下，公司承接了国内的药物检测业务，并进入快速发展阶段。

凭借多年技术积累，在闫励带领下，爱思益普已经构建出国内领先的离子通道药物筛选细胞系库，是国内乃至全球领先的靶点库之一，覆盖了激酶和酶学、GPCR受体、离子通道、核受体、转运体等各个领域，为国内外新药研发提供了高效的靶点筛选平台，成为创新型"CRO+"的探索者。

目前爱思益普公司已经有400多人，为国内600多家新药研发机构提供技术支持，最新估值15亿元人民币，年收入1亿元以上，每年增速基本翻倍，截至2023年9月，公司已经实现了80%的增长、大概2亿元的收入。尽管目前医药一级市场和二级市场低迷，很多生物医药公司都倒闭了，但是闫励相信未来生物医药的发展前景是广阔的，"国家现在也在进行医疗体制机制改革、反腐，大环境会越来越好。此外，早期药物发现在未来会是刚需，也会越来越火热"。

> 在中国创新药发展的历程中，一定少不了一个人的身影，那就是闫励，她从立志回国搞创新药，发现国内条件并不成熟，到转换"赛道"成为创新型CRO，服务于创新药研发，带动了我国药物研发创新范式的形成，也推动了国内生物医药从仿制药到原研药能力提升、超越的历史发展进程。

三、先进制造：砥砺前行，领跑创新

"无论是在工业制造还是在科学研究领域，我国这样的工业大国对超短脉冲光纤激光器的需求都是巨大的，但受到发达国家技术限制的影响，目前国内高尖端产品难以满足需求。核心技术是不能用金钱买来的。"北京工业大学激光工程研究所王璞博士说。

在蹉跎中前行，在开放中发展，在新时代突破

我国先进制造产业发展可追溯到20世纪50年代后期，"独立自主、自力更生"成为当时先进制造业发展的唯一选择。钱学森、朱光亚等一批新中国成立初期回归祖国的"两弹一星"元勋，在孤立无援的条件下，用简陋的科研设备制造出我国第一颗人造卫星、第一颗原子弹和氢弹。在计划经济体制下，举全国之力聚焦某一关键领域有助于在短时间内实现技术突破。但缺乏与国际制造强国的交流合作，中国先进制造业与国际领先水平存在较大差距。

改革开放伊始，邓小平于1978年访问日本，意识到中国先进制造业与国际领先水平的巨大差距。坐在全世界第一列高铁"光号"新干线上，邓小平说："我就感觉到快，我们现在正合适坐这样的车。"中国先进制造业也由此开启新的发展征程，20世纪80年代至90年代初，我国以开放广

阔的市场为基础,确定了"技贸结合、转让技术、联合设计、合作制造"战略方针。1986年,首部《关于鼓励外商投资的规定》率先规定在机械领域免去进口许可证,旨在加速促进国际前沿制造技术进入中国。当代中国家电巨头海尔集团正是在这样的背景下引进了德国利勃海尔电冰箱生产线,奠定了坚实发展基础。然而,受制于国外技术壁垒,我国汽车、重型机械等高技术领域难以通过市场的开放获取核心科技。而中国先进制造业不可能止步于技术引进效仿,民族工业势必走出自主创新的道路。

2001年,我国加入世界贸易组织,先进制造业发展迎来高速发展时期。中国庞大的市场足以消化世界市场的各类产品,足以承接世界所有的工业领域和产业形态,世界最大规模的消费市场对各产业链形成强大的需求拉动。同时,《关于加快振兴装备制造业的若干意见》《装备制造业调整和振兴规划》等利好政策进一步催化了我国强大的制造配套能力,吸引着波音、大众等诸多国际行业龙头企业纷纷来华投资建厂。在引进消化国外先进工艺的基础上,我国机械装备、轨道交通等领域逐渐走出了自主创新之路。2004年,我国面向国际招标时速200千米动车组,仅3年后中国和谐号电力动车组入轨运行。2010年,我国全行业工业总产值从2000年的1.44万亿元增长到2010年的14.38万亿元,形成了一汽等四大汽车集团,上电电气、南北车、中航集团、国机集团等一大批自主品牌的大型制造企业。

2012年起,我国加速布局新能源汽车、电子信息等国际热点领域。北京市结合自身资源禀赋和创新资源,聚焦试验仪器设备、先进机械、航天遥感、微电子等,实现关键领域工艺技术突破。21世纪初归国的海归人才在这一进程中发挥着杰出贡献,大批留学人才带回了国际前沿的生产技术和企业经营理念。围绕北京科研院所对试验设备的大量需求,马铁中、胡克、周欣等人迈出国产实验器材的第一步。芯片微电子领域,范振灿创办的易美芯科技集LED芯片、封装、应用于一体,先进机器人领域有魏巍等人，航天航空走出王喜军、孙凤文、唐梁等人。众多领域的海归人才瞄准中国蓝海市场，紧抓时代红利机遇，率先回到祖国怀抱，成为行业的开拓者。

回顾中国先进制造业的发展，海归人才通过自身掌握的国际前沿技术与深刻行业认知，为我国在相关领域实现技术进步作出重要贡献。莱伯泰科创始人胡克作为质谱检测领域专家，不仅为中国实验室提供本土试验检测设备，更让中国仪器的名誉响彻全球多国。郑众喜在意识到中国芯片设备面临的封锁风险后，带领优纳科技做出国产先进芯片光刻机。赵彤带领SMC北京实验室提升气动原件工艺，迅速占领国际市场。同时，中国先进制造业的蓬勃发展也为这一时期先进制造领域海归人才提供众多发展机遇。以宣奇武、张驰为代表的海归人才，紧抓新能源汽车、国产大飞机发展契机，在迎来创业辉煌的同时实现个人理想抱负。

胡克：让所有实验室都用上我们的技术

> 胡克博士毕业于美国爱荷华州立大学，1992年加入美国热电仪器公司，就任首席研究员和国际部经理，在质谱研究领域拥有10余项海内外专利和专业学术论文，为国际质谱领域发展提供了一系列突破性技术。胡克于2003年回国，同年在北京创办莱伯泰科公司，这是一家集分析仪器、实验室样品处理仪器、实验室设备和试验工程整体建设方案于一体的专业化高科技跨国公司。经过20余年的发展，莱伯泰科公司旗下实验分析仪器已销售到全球30多个国家和地区，并在中国北京、香港，美国波士顿、意大利米兰设有4个公司。

1982年，毕业于中国地质大学的胡克赴美深造，成为我国改革开放后首批留学生。回想起自己在美国的生涯，胡克坦言那是一段艰苦而拮据的时光，留学生经常需要围着一部电话排队一夜才能和家人通话。但是生活上的清苦让他愈发坚定意志，不仅要完成学业，更要在海外做出一番事业。1992年，胡克在获得爱荷华州立大学博士学位后，加入了美国热电仪器公司。当时的美国热电公司还远没有现在的成就和行业声誉，胡克凭借在质谱检测领域扎实的研究能力，帮助热电仪器公司迎来高速成长，最终发展为现代世界科技服务企业巨头——赛默飞世尔科技。胡克也从清苦的中国留学生变身一呼百应的跨国公司高管。在赛默飞工作期间，胡克多次代表公司考察中国，并带头开拓中国市场。多次市场开拓经历让胡克对中国实验仪器市场有了更全面的认识，并激发他回国创业的想法。

正式创业之前，胡克作了十分充分的调研评估。首先是市场前景分析，胡克认为，一个市场实验仪器的需求和人口是正相关，但中国在实验室设备市场的占有率仅仅为5%—10%，结合中国人口数量和国土面积，实验分析仪器的需求上涨是必然趋势。北京作为中国高校科研院所聚集高地，需求大、要求高，是理想的创业之地。其次便是自身技术、资金、管理水平的评估，胡克经过谨慎分析认为自己完全有能力创业。更重要的是，美国老东家——原美国热力公司总裁里维斯（Lewis）先生也加入了创业队伍，这极大提升了他创业的信心和底气。

就这样，莱伯泰科公司于2003年成立，旨在为全世界的实验用户提供高性价比的产品和技术服务。但是公司成立之初运行并不顺利，彼时的中国实验设备市场被欧美企业占据，因为缺乏有竞争力的本土企业，中国消费者将国外品牌作为采购的唯一选择和唯一认定标准。莱伯泰科作为一个刚刚成立的本土企业很难打开市场。特别是当看到很多公司点名采购国外产品，胡克甚至萌发过放弃国内创业、将工厂整体搬迁到海外的想法。但出于对创业的热爱，同时凭借过硬的技术研发功底，胡克终究坚持了下来。

莱伯泰科公司创办初期，胡克与他的创业团队瞄准水循环冷却设备。

这是因为当时我国水循环冷却设备基本全部依靠进口，国内没有企业敢于从事这项技术的研究。但他人眼中的风险，却是胡克眼中的机遇。莱伯泰科就是要发展别的企业不敢涉足的领域，短短几年后，这款产品销往全球50多个国家，使莱伯泰科公司成为我国最大的水循环冷却设备制造商和出口商，奠定了企业良好的发展开端。而后，胡克又瞄准色谱仪器领域，当被问及选择这一领域的原因，胡克说："当时全球色谱仪器的市场规模已经突破30亿美元，但基本未有中国企业进驻。这意味着莱伯泰科的进入一定可以获得丰厚的利润。"凭借独到的行业眼光和敢为人先的魄力，企业成立仅仅7年后，便实现从存活到销售额破2亿元的飞跃。

莱伯泰科公司现已拥有超过200名员工，生产厂房8500平方米，年销售额突破1亿元，在全国20多个省份建立了销售联络处，2009年企业上缴税金570万元。纵观莱伯泰科公司的发展历程，自主创新成为企业不变的底色。胡克直接指出，国内分析仪器市场很大但是也很拥挤。中国的实验设备市场长期被发达国家所占据，在外有国际"巨鳄"，内有企业通过价格战恶意竞争的背景下，仿制国际领先技术、忽略自主研发成为我国企业普遍面临的发展困局。虽然价格战能帮助企业短时间内占据一定市场份额，但难逃被大型企业吞并的命运。作为深谙行业发展之道的海归创业者，胡克看过太多昙花一现的案例，在感叹的同时，这位从高校走出的创业者更多是以智者的眼光，时刻警醒自己将自主创新作为企业的发展要义。

我国科技领域的有识之士和领导曾多次公开表示，尽管我国在经费投入增速、专利数量、论文数量、国际水准的期刊增速等方面均居世界第一，但我国在生命科学领域还存在短板——在科学信息、实验动物、科学仪器设备和试剂耗材等生命科学研究的关键技术上高度依赖进口，存在"卡脖子"风险。这样看来，胡克的创业历程也是我国实验仪器独立自主的缩影，他的创新能力和独到眼光，帮助我国实验器材在激烈的竞争中逐渐发展壮大。

> 在我国实验仪器自主化道路上，胡克是第一批探索者。回顾他的创业历程，莱伯泰科公司正是通过创新发展模式，打破了我国试验设备企业"模仿—压价—凋零"的怪圈，在填补我国空白领域的同时探索出了创新发展的新模式，并逐渐在国际市场上占据一席之地。

郑众喜：中国半导体设备不应受制于人

> 郑众喜，1992年获得中国科学院模式识别与智能控制硕士学位，1993年就职于日本日立公司。1997年成功竞聘到日立制作所研发部，并成为日立制作所第一位中国籍正式高级研究员。2005年回国创办北京优纳科技有限公司，专注半导体设备和生物医药设备的研发生产，率先研制出国产晶圆设备。2008年郑众喜再次出国深造，取得日本国立弘前大学医院图像及自动诊断博士学位。

1992年郑众喜从中国科学院自动化所毕业，不同于那个年代流行的"赴美潮"，郑众喜选择去日本，用他自己的话说：年轻，什么地方不能闯？到达日本不久，郑众喜开始了在日立公司的工作生涯。尽管面对较大的语言沟通障碍，但凭借坚韧毅力，郑众喜一边学习语言，一边参与软件项目技术开发。他用3年换来了尊重和认可，也收获了人脉和行业知名度。1997年，郑众喜成功入职日立制作所研发部，成为日立制作所第一位中国籍正式高级研究员，同年日本经济产业部授予郑众喜创新日本大奖和日本电子电路学会优秀研究员奖。

1999年，郑众喜转战美国硅谷，进入世界半导体检测领域排名第一的KLA公司。2000年任KLA科技公司高级科学家，负责半导体晶圆针测设备的研发。凭借对工作的热爱和执着，郑众喜在半导体检测领域积累了丰富经验。更重要的是，在软件行业深耕多年让郑众喜认识到芯片软件行业的发展趋势和我国在该领域的短板。21世纪初，全球半导体设备市场规模达400亿美元，我国的自给率却不到10%，美国、日本等国家掌握着我国半导体设备的命脉。2000年前后的几年间，国内某公司投资数百亿元建12英寸晶圆代工厂，从全球采购设备。郑众喜当时所在的美国公司是设备供给方之一。由于中国在晶圆加工领域处于空白，所以不得已接受外国企业的漫天要价。这让郑众喜深刻认识到国外公司基本垄断了我国的高科技产品市场，挤压着民族科技产业发展空间，并且对于核心技术采用加密、锁定、实时监控等多重手段防止外泄。受此影响，郑众喜拒绝了海外大型跨国公司的优厚待遇，于2005年毅然决然回到祖国。

2005年，郑众喜在北京创办了北京优纳科技有限公司，重点聚焦半导体设备和医学成像设备研制。正所谓"创业艰难百战多"，在美国和日本学习的企业管理经验运用到中国却"水土不服"，成为郑众喜面对的第一个问题。郑众喜在相当长的一段时间内陷入了困惑和苦恼：为什么世界领先的企业管理经验在国内行不通，甚至与中国文化相似的日本模式也在中国碰壁？后经过细心观察，郑众喜发现，中国职场文化具有明显的差异化特征。于是，《论语》《春秋》等成了郑众喜工作之余的必修课。在逐渐理解了国内文化、深层架构、人员之间的关系后，郑众喜很有感触，他发现以前解释不了的东西现在可以解释通了，把原因症结找到以后处理起来顺畅了很多。

在企业运营步入正轨后，如何让企业短时间内获得国外先进技术工艺并实现国内投产成为首要问题。作为一位在海外工作多年的精英人才，郑众喜深刻掌握海外企业的技术优势，并认识到企业兼并收购是短时间内获得先进技术的有效途径。在创办4年后，优纳于2009年第一次收购了日本比较大的半导体设备企业Raytex。Raytex不仅是在东京证券交易所上市的高科技企业，也是全球知名的高端设备厂商，产品覆盖半导体设备、集成电路、太阳能电池制造工艺等领域。这样的收购，成功缩短了我国在这一领域与国外的差距，并在短时间内实现外国技术在我国本土的大规模产业化。

2010年2月，优纳以独特的技术成功实现对免疫细胞玻片的全自动数字扫描，成为目前世界上唯一拥有该产品技术的企业，相关技术已经申请国家发明专利。凭借优良的技术和高质量的产品，优纳科技成功进入被认为是高科技中的高科技领域——晶圆设备领域，使得该领域首次出现中国元素，并在后期占据晶圆针测核心技术80%的全球市场。2010年3月，优纳与其日本控股公司Raytex共同完成无掩模光刻设备的研发，这是国内第一台基于数字微反射（DMD）技术的无掩模光刻设备，该设备可广泛应用于纳米电子、平板显示、半导体、MEMS、TAS、LCD、生物芯片和各类功能材料等领域。如今，优纳基于世界领先核心算法的医学影像设备，半导体设备以及智能相机已成功应用于海内外市场。其中，医学影像设备产品的成功研发表明优纳在新兴产业领域站在与欧美国家同一起跑线上，智能相机也在世界半导体晶圆检测领域独领风骚。优纳在中国的生产、组装和检测中心——苏州优纳科技有限公司，经过近两年的潜心研发和多次现场测试评估，成功开发出多款拥有完全自主知识产权的在线型和桌上型半导体检测以及医学影像设备，在技术方面打破国外的战略限制，使得相关产业中国化、本土化成为现实。

> 芯片的国产化之路是一个漫长复杂的工程，涉及材料、构架设计、仪器设备等众多领域。郑众喜的创业历程首先通过直接收购海外企业实现在较短时间内直接掌握先进工艺，同时郑众喜和他的企业团队高度重视自主创新，在企业发展过程中积累了雄厚的自主知识产权，为我国半导体设备突破外国技术封锁作出重要贡献。

宣奇武：中国自主整车设计的排头兵

> 宣奇武，1987年获得清华大学汽车工程学士学位，1998年获得日本九州大学工学博士学位。2002年回国创办北京精卫全能科技有限公司，2007年创办阿尔特（中国）汽车技术有限公司。公司专业从事汽车整车设计，参与开发了包括奇瑞QQ6、奇瑞V2、华晨M3、北汽福田C2、陕汽重卡等在内的12款车型，并为国产自主品牌发动机开发作出了贡献。宣奇武曾荣获"中关村优秀创业留学人员"，被欧美同学会评价为"2007年海归回国创业十大新锐"。

1987年，宣奇武从清华大学毕业后回到长春，成为一汽汽车研究所的一名研究人员。工作期间，隔壁办公室一位老同事曾经到日本访问，推荐这位从清华园出来的年轻人去日本留学。1992年，宣奇武筹措了在当时可谓天文数字的4万元人民币，东渡日本进入九州大学机械工程系。1998年获得博士学位后，他进入日本三菱汽车技术中心工作，成为那里唯一的中国籍技术管理人员。担任三菱汽车公司开发本部主任期间，他曾经多次以三菱汽车技术专家的身份出差到中国，结识了很多朋友，也重新开始了解百废待兴的中国汽车工业。不知不觉，他内心开始回荡着一个呼唤他回国创业的声音。2002年，宣奇武回国后在北京中关村海淀创业园创立北京精卫全能公司，主要业务就是担任日本技术与中国市场的中介商。公司盈利方式是介绍一家日本的工程公司给中国的汽车厂解决问题，并收取中介咨询费。宣奇武坦诚地说，这样很简单，因为日本的公司很有信誉，只要答应的事情就能完成。这种经营模式的成功侧面反映出当时中国汽车产业的生态——车水马龙的中国路网，穿梭着的是海外知名车企设计的汽车。

2003年，奇瑞集团主动找到宣奇武，请他完成QQ6的设计任务。这一次，宣奇武把握住了中国汽车产业自主创新的发展机遇，在咨询众多汽车设计领域专家后，接受了来自奇瑞的委托。自此，宣奇武的企业逐渐实现从中介商到中国整车设计排头兵的华丽转身。2007年，宣奇武带领精卫全能核心团队共同创立了阿尔特，主要从事与汽车整车设计及重要动力总成设计开发业务。彼时的中国缺乏拥有整车设计经验的人才，"外国面孔"的车型是中国赛道的主流。但是幸运之神似乎尤其眷顾这位中国整车设计的拓荒者，宣奇武从日韩等传统汽车强国招聘到了现代、大宇的核心技术成员来华开展研究工作。直到现在，阿尔特员工的构成依然留有浓厚的国际化、多元化色彩，公司拥有50—60位来自欧、美、日、韩籍专家，60位从各个主机厂出来的科长或高级经理，另有60位从业8年以上的专业人才，共同构成公司约180人的核心研发团队。宣奇武说，中国现在从事整车设计的人才很少，与国际人才的合作是实现整车设计自主化的必经之路。同时，阿尔特与技术人员两年签一次约，予以高薪优待，分配员工股权，使得人才结构高度稳定，保障企业在技术方面的长期优势。

2007年，阿尔特成立伊始便获得了资本市场的青睐。金沙江创业投资基金和红杉投资基金共投资0.6亿元人民币助力该公司，2009年又进行了第二轮1.3亿元人民币投资。2010年后，伴随国产新能源汽车产业的兴起，宣奇武又将目光转向新能源电机、电池领域。在新能源汽车产业起步阶段，我国的小批量试制能力很强，但批量生产能力很差。一天要做出几万块电池便难以保证质量。电机领域，传统汽车的电力系统是12V标准，电动汽车则包含了12V和340V两种标准，更高的电压可以更大地发挥电机的能量，有的电动车甚至需要加压到640V以上。但国内当时没有企业能解决这一问题。基于此，宣奇武带领阿尔特加强与日本的技术合作，通过"技术引进—学习—创新—超越"的路径帮助我国解决了新能源汽车的技术瓶颈。

发展至今，阿尔特已经在汽车设计开发、发动机及动力总成设计开发、样车展车制造、整车及零部件试验以及生产线改进等领域为国内外汽车厂家提供广泛的技术支援和服务。从新车的开发构想、造型设计、工程设计、样车制造到针对噪声振动等问题的一系列解决方案中，宣奇武和战友们克服了一个又一个困难，解决了一个又一个难题。当前，阿尔特已累计开发7款汽车发动机。公司现有3个试验台架，测功机皆为进口啸驰电机，监控测量精度高，有利于保证客户机磨合性能测量的准确性，确保出厂发动机性能合格。柳州分公司现有2台热试台架，可以对发动机的转速、水温、机油压力、排放等关键参数进行监控，有效地保障了发动机出厂质量。阿尔特已完全从一个海外技术引进落地的"输血"公司转变为拥有核心技术优势的"造血"企业，成功将国内一汽、长安、上汽等大型汽车厂商揽为客户。权威专家表示，在过去20年，我国一直在努力打造自主轿车品牌。阿尔特公司将世界顶尖的日本、欧美和中国整车研发专家组织成一个中国团队进行自主品牌汽车的研发模式，将成为中国轿车走向自主品牌的现实路径。

> 回顾宣奇武的创业历程，除了时运的青睐，他本人开放合作的胸怀以及重视人才的企业发展理念决定了阿尔特的成功，通过引育国际人才，完成我国首辆自主设计车型，为中国道路增添了中国面孔的汽车。

张驰：青春之翼助航天

> 张驰，2011年毕业于英国克兰菲尔德大学飞行器设计专业。因为对航空事业极度热爱，张驰在英国读书期间考取了飞行证。2011年，完成学业的张驰来到中国商飞北京民用飞机技术研究中心工作。2013年年初，在北研中心支持下，张驰在单位内创办"梦幻工作室"。打造了"灵雀"系列验证机，主导研发了航空大数据平台，取得了令人瞩目的成绩。

孩童时期的张驰即展示出对航空航天的极大热情，那时的他经常自己叠纸飞机，设计不同外形的飞机去试验哪种飞得更远。这种热情促使张驰出国深造时选择了英国克兰菲尔德大学，也是全英唯一拥有自己机场的大学。在克兰菲尔德大学，张驰一边从事飞行器设计研究，一边考取了飞行证。在毕业前张驰已拥有100小时的空中作业经历。2011年毕业后，和很多初出象牙塔的年轻人一样，张驰也在思考何去何从。正在此时，一位新加坡同学的话将他点醒："真羡慕你，中国要自主制造国产大飞机了！在我们国家，无论市场还是技术基础，都无法支撑我去做这样一件伟大的事情。"的确，当年世界航空工业长期被美国波音、欧洲空客所占领，中国在这一领域虽尚处于起步阶段却拥有广阔的发展前景。带着一份自豪，带着一份做中国人自己的大飞机的使命感，张驰决定回到祖国，第一份也是唯一一份简历，投给了当时组建只有3年的中国商飞北京民用飞机技术研究中心（以下简称北研中心）。

来到北研中心，张驰已经做好"施展拳脚"的准备，但是工作一段时间后他发现，理想和现实之间存在落差，"更多时候不是在设计飞机，而是在写报告，做各种论证，通过计算、分析的方式得出解决方案，就好像是在纸上造飞机"。张驰说，对方案的真实性，自己心里也有问号，"能不能自己创造机会，创建一个平台，去做想做的事？"有了初步的想法，张驰和一位同事在单位内网发出一条"集贤令"，一群志同道合的青年工程师组成了一支年轻的团体，构成了"梦幻工作室"的前身。

2013年年初，北研中心团委副书记刘志方说："我们希望为青年实践创新梦想搭建的一个平台，我们希望它能够像波音的'鬼怪工作室'和洛克希德·马丁公司的'臭鼬工厂'一样，成为中国商飞的先进技术孵化器和创新创业实践基地。"在北研中心的支持下，张驰于2013年在单位内正式创办"梦幻工作室"，重点聚焦技术验证机的研制工作，此刻，张驰真正实现了亲手做飞机的梦想。张驰笑称自己曾是"开飞机的青年人里最会设计飞机的，设计飞机的青年人里最会开飞机的"。"梦幻工作室"的初始创业团队非常年轻，7名核心成员中有6人都是"80后"。而他们的首个项目就是"灵雀"———一个用于演示验证新一代支线飞机非常规布局方案气动特性的先进验证机。

然而，国产验证飞行平台的研究工作并非一帆风顺，团队耗时两年研制的一架验证机在内蒙古的试验场坠毁，团队成员在沙漠上将残骸一片一片捡回来，开会分析原因，从头再来。这只是张驰众多失败之一。在创新的过程中，张驰及团队已经不记得经历了多少次失败。"小伙子啊，你可不要误入歧途。"曾经有一位业内老专家语重心长地对张驰说。看着老专家直摇头的样子和惋惜的眼神，张驰没有动摇，他依然坚定自己选择的方向。"真正的创新，不惧怕失败。"张驰说，"没有失败的，就不是创新，那叫模仿，我们不干这个"，"年轻就是梦幻工作室的资本"。

功夫不负有心人，经过11个月、4500多个工时的攻坚，2013年11月18日，在北京大兴的无人机试验场，直径2.4米的"灵雀A"验证机以矫捷的身姿平稳有力地飞上蓝天，通场飞行5圈后完成了精彩降落，首飞成功！随后，项目团队启动"灵雀B"验证机和"灵雀C"验证机的研制，并相继在西安、郑州等地开展试飞活动。2017年4月21日，"灵雀B"验证机作为中国商用飞机中最大的缩比飞行验证机于湖北荆门漳河机场首飞成功。2018年7月8日，国内首架全3D打印的混合翼身融合（HWB）验证机"灵雀D验证机——信天翁"成功首飞。该机从制造到试飞只用了72小时，显著降低了飞机的制造周期。经过多年成长，梦幻工作室逐步壮大，覆盖了验证机研发所需的总体、气动、结构、系统四大专业，开发出了"灵雀"系列8款共20多架验证机，具备从概念设计、初步设计、详细设计到验证试飞的验证机全寿命研发能力。目前，张驰和团队正在探索未来的飞机如何通过电驱动的方式飞行，这意味着将风能、水能、太阳能等可持续能源注入未来的航空运行体系当中。

与此同时，梦幻工作室已从最初的7个人发展至今天联合8家单位超过60人参与的规模。围绕新构型民机气动上的难点和特点，聚焦气动布局、结构优化、系统统筹等技术，张驰及其团队成员共同参与设计了用于集成验证的缩比飞行平台。在满足结构强度和基本功能的前提下，张驰与团队成员大量应用包括复合材料、3D打印技术、燃料电池等新技术、新工艺、新方法，探索这些技术所带来的收益和问题。

这是一条没有退路的竞赛，张驰时刻告诉自己肩负着打造中国从制造强国向创造强国转变标志性工程的使命。这将是一场持久的、艰难的竞赛，因为需要面对同行几十年甚至上百年的积累。每当遇到技术瓶颈时，英国求学的所见所闻都在鼓励着张驰，他说："那时我和其他中国留学生的成绩非常靠前，中国留学生的勤奋与钻研精神也会得到教授的赞赏。而那些班级排名靠后的很多同学现在都就职于波音公司和空客公司。因此从底子上来说我们这一代的青年人不输于老外。"

张驰创业成功，一方面得益于他的教育经历和自身对于航空事业浓厚的兴趣，更重要的是我国国产大飞机项目为他提供的机遇。如果说踏上航空设计这条路是兴趣使然，那么国产大飞机战略则成为他回国的必要条件。同时，国产大飞机发展战略下诞生的中国商飞北京民用飞机技术研究中心，让张驰和其他怀揣一腔热血的海归才俊有了学以致用、技术报国的理想平台。

赵彤：推动我国气动技术与产业与时俱进

赵彤，毕业于哈尔滨工业大学，1982年首次赴海外深造，在日本东京工业大学获得工学博士学位，并于1991年二度赴日本，在全球最先进的"SMC筑波技术中心"从事合作研究。1994年9月，赵彤回到北京，出任北京经济技术开发区首家外商独资企业——SMC（中国）有限公司总经理。2007年，SMC在北京建立了全球四大气动技术研发中心之一的中国技术中心，赵彤出任中国技术中心主任。现兼任中国机械工程学会高级会员、中国液压气动学会常务理事。

赵彤是老三届知青，他下过乡、插过队，后就读于哈尔滨工业大学，并在留校任教期间获得硕士文凭。1982年，赵彤以国家选拔留学生的身份赴日留学，就读于东京工业大学工学专业。海外深造期间，赵彤显示了他出众的科研能力，不仅顺利获得博士学位，还荣获日本机械学会研究奖和东京工业大学"手岛精一纪念研究奖"。海外深造回国后，赵彤首先担任北京理工大学教授。

1991年，处于全球领先位势的日本SMC筑波技术中心聘请赵彤为研究中心客座教授，于是他再赴日本，在筑波技术中心参与高性能气动元件的研发任务。也正是在SMC筑波技术中心的研发经历让赵彤认识到，尽管在应用技术的基础理论研究上，中国已经逐步缩小与国际领先国家的差距，但在产业化、生产工艺方面仍落差很大，致使当时我国工业自动化、高端装备所需要的高性能气动元件和高精度传感器依赖于进口。1994年，SMC集团主动提出希望在中国建立一个现代化企业，不仅从事产品生产，也兼具技术研发职能。消息一出，立刻获得了哈尔滨工业大学、北京理工大学、清华大学等SMC国际产学合作伙伴的高度支持。对赵彤来说，公司的此番布局正是他帮助祖国打造高端气动元件产业链的难得机遇。

1994年9月，赵彤担任SMC（中国）有限公司总经理。这一份任命让赵彤十分激动，因为他终于有机会实现自己的创业理想，有机会实现推动我国气动产业的进步与发展、培养前沿科技人才的远大目标。

怀揣着"不仅要做，还一定要做好的"的决心，赵彤单枪匹马奔波于上海浦东、深圳蛇口和北京亦庄，尽管最终决定将企业落户北京经济技术开发区，但此地并非赵彤的首选。赵彤回忆道，彼时的经开区在起步阶段，几乎没有一栋像样的建筑。在一望无际的绿色农田中，几栋形单影只的红色小楼就是经开区管委会的办公地。赵彤怀着"来都来了，不谈谈不合适"的心态进入开发区管委会办公室，却不承想就是这一次谈话，管委会成员便用北京的人才优势、未来完善的基础设施、辐射天津港的区位优势彻底改变了赵彤的想法。相较于一张宏伟蓝图，管委会领导的一句"可有一家外资企业请咱们中国人做老板了，我们大家多帮他一把，去证明中国人也能办好一个现代化企业"更是让赵彤备受感动，并在后面20年的岁月中一直激励着他的创业历程。

确定公司选址仅仅是赵彤事业的开端，要实现"打造一家具有核心竞争优势，具备国际影响力的气动原件企业"的梦想，赵彤还要完成相当艰巨的工作。赵彤意识到,建设国际气动元件生产出口基地,离不开最先进、最精锐的生产设备。于是,在企业成立后不久,赵彤推动公司从日本引进了当时世界最精锐的自动化生产设备。到21世纪初,公司已经形成了完整的"精密铸造—精密加工—表面处理—组装—出厂检验"气动元件现代化生产线。生产链的完备与先进程度甚至超过了日本SMC本部,日本SMC总裁高田芳行在考察中国SMC的生产车间后惊叹道:"想考察世界先进的气动技术与生产工艺,只要去北京经济技术开发区的SMC北京工厂就行了。"通过引进先进的生产工艺流程,赵彤让SMC中国集团在短时间内具备了世界领先的生产工艺。

赵彤也认为,除了生产设备,高素质员工才能实现企业自身的"造血功能"。于是从千禧年初开始,赵彤便制订了多项企业员工培养计划,包括制定员工继续教育课程,与哈尔滨工业大学、北京理工大学、清华大学等国际产研伙伴开设职业教育联合培训专班,在公司内部开展职业技能大赛等。同时,赵彤还凭借早年在海外学习工作期间积攒的人脉关系,遴选优秀的员工出国交流深造。在赵彤的带领下,SMC中国集团凭借出色的经营成果持续受到日本总部的青睐,不断提升对华投资,扩建了三大生产车间以提升中国分公司产能。

2007年,SMC为深耕中国市场,深度对接资源优势禀赋,决定在中国建设研发中心。这与赵彤进一步提升企业自主创新能力的想法不谋而合,于是在他的推动下,SMC在全球的第四家技术研发中心落地于中国分公司,这标志着中国SMC从生产基地到生产研发基地双功能的转变,赵彤也由此多了中心主任这一身份。而后,赵彤着手空气系统节能改造技术研究,为工业自动化压缩空气的能量消耗研究奠定重要的理论基础,并产生2项国家标准、1项国际标准,有力地促进了压缩空气系统能源利用效率的提高和气动产品的优胜劣汰。在技术应用方面,他带领团队进行前沿气动技术的开发与研究，重点关注高效生产方法的研究与创新。赵彤及其研发团队的科创成果直接提升了企业的核心技术优势，并带来了丰厚的经济价值——依托赵彤主持的工艺研究项目，SMC公司生产出高精度、高可靠性、长寿命气动元件，在国内、国际市场占有率均排名第一，并广泛应用于半导体、生物制药、电子信息等产业，有力支撑我国产业转型升级战略。到2022年，公司已建成4个加工及物流工厂，占地面积为52万平方米，成为世界上最大的气动元件生产和出口基地之一，产品销售全球55个国家和地区，营收总额突破138亿元。

> 从下乡知青到哈尔滨工业大学学生，从留校任教到选派出国，从回国任教再到出任外资企业高管。赵彤带领的SMC（中国）有限公司成为北京经济技术开发区的首家外资独资企业，为经开区的发展建设增添浓墨重彩的一笔。回想经开区管委会领导那句"去证明中国人也能办好一个现代化企业"的殷切期许，赵彤用30年的汗水和智慧证明，中国人不仅能办好一家现代化生产企业，更能攀登企业经济和科创价值的新高峰。

四、新能源新材料：这一次我们不曾落后

作为新一轮产业革命的重要构成，新材料的概念在20世纪90年代被首次提出，并于21世纪初开始逐渐成熟并被广泛使用，新能源、节能环保则是直到21世纪初才首次步入人们的视野。"真要说本世纪科技发展的主要方向之一，那一定是新材料的研发和应用。"新材料领域专家辛庆生在不同的采访场合都热衷于宣传他对21世纪科技发展的洞见。辛庆生说这种判断来自他本人对于新材料应用领域的深刻把握，从汽车交通到特高压输电，从净水材料到航空航天材料，材料技术的不断突破是其他产业取得进步的基础。当代学子将"生化环材"戏称作四大天坑专业，不妨看一看我国新材料产业发展历程与海归人才的创业抉择。

新材料产业发展：守得云开见月明，国家助力攀新高

1999年8月，我国召开了全国技术创新大会。这场千禧年前夕的重要会议打破传统工业的概念，首次将技术创新纳入新技术领域和创新主体的发展逻辑进行规划，为新材料、智能制造等新型工业领域的诞生提供了基础。所谓"春江水暖鸭先知"，北京率先捕捉到国家创新发展动向，新材料等产业首次进入北京"十五"规划。与此同时，北京市率先出台了新材料产业发展规划，进一步强化了北京在新材料产业领域的引领者地位。

1999年，北京提出"二四八"重大创新发展战略，在全国范围内率先为新材料产业提供专门的发展空间。这推动了钢院、有色院、621、建材院、玻璃院等国家级大院大所的发展壮大，并在西三旗和永丰产业基地集聚众多院所以推进成果转化。恰在此时，国家科协下属新材料协会青年委员会联系了海外材料领域的青年专家，在北京、武汉举办了海外材料青年科学家百人大会。大会期间，海外新材料尖端人才在全国多地进行走访对接、洽谈路演。本场盛会具有里程碑式的意义，宛如马太效应源源不断吸引着海外学子投身北京乃至全国的新材料产业发展历程。

进入21世纪，北京市政府、高校齐发力，全面提升北京对于海外人才的吸引。其中，清华大学对韩征和、刘庆等海归人才予以经费和场地支持，中科院、钢研院等科研机构成为王震西、张雷、陈建峰等海归人才实现科技成果转化落地的重要平台。到2010年，北京在光电材料、纳米材料、超导线材、钕铁硼、碳纤维等领域已具有全国领先位势。2010年之后，北京新材料发展从大规模创新研发阶段转为工程系统技术应用阶段。围绕北京科创资源优势和产业基础，3D打印、新能源材料、生物医药材料、精密制造材料成为当前北京的优势重点领域。

新能源产业发展：巨匠洞见所观，寰球大势所在

"我国汽车工业应跳过柴油阶段，直接进入减少环境污染的新能源阶段。"1992年，时任国务院副总理的邹家华收到我国航天事业奠基者钱学森的一封亲笔信。出人意料的是，这位"两弹一星"元勋在这封信中并没有说航天事业发展，而是倡导我国应大力发展新能源汽车。尽管后来由于种种原因，电动车项目进展缓慢。但钱老的这封信是海归人才对我国新能源产业的首次洞见和探索。历史实践证明，所谓巨匠便是洞察趋势，领先

时代。回顾新能源产业发展，可谓"时也，势也"。

从整体上看，我国新能源产业发展成就是国内需求和国际发展大趋势一并促成的结果。我国"十二五"规划中首次将产业转型升级纳入国家中长期发展战略，包括新能源产业在内的新经济领域业态逐渐取代劳动密集型、资源消耗型产业，成为我国经济新增长点。国际发展趋势上，近年来世界各国开始逐渐意识到温室气体排放对环境的影响，对新能源产业予以更多关注。我国积极布局新能源产业，也是在积极回应国际社会节能减排诉求。

在新能源汽车领域，2009年发布的《汽车产业调整和振兴规划》中提到，"启动国家节能和新能源汽车示范工程，由中央财政安排资金给予补贴"，由此拉开了新能源汽车时代的序幕。"十二五"时期，《关于继续开展新能源汽车推广应用工作的通知》等利好政策相继出台，以吉利为代表的国内汽车行业龙头站在时代风口，开始踏足新能源领域。2019年，国际新能源汽车领跑者特斯拉投资建设上海超级工厂，不仅带来了先进技术，也激发了新能源市场的竞争活力。进入发展新时期，北京加速构建新能源、智能网联新零部件供应体系，让中国新能源汽车"跑得稳"，着力打造出以经开区、顺义区整车制造"双基地"引领，特色制造和零部件"多园区"环绕支撑的发展格局。

在光伏能源领域，2002年我国发布了《新能源和可再生能源产业发展"十五"规划》，新能源产业开始成为国家重点支持产业。依托国家鼓励政策和全国性改造工程的时代红利，新能源领域得到较快发展。2009年3月颁布了《关于加快推进太阳能光电建筑应用的实施意见》，强调中央财政可以安排部分资金用于支持太阳能光伏应用在城乡建筑领域的示范与推广。大范围基础设施改造工程是我国光伏产业发展里程碑，北京也以城市建设为抓手，加速开拓光伏电池在厂房、民居、交通枢纽等空间的使用范围，并提升了工业绿色用电财政补贴。在此背景下，以黎志欣为代表的海归人才聚焦光伏硅单晶基础材料研发生产，京运通硅材料设备有限公司等企业相继涌现。

当前阶段，我国在新能源生产和新能源消费领域都走在国际前列。2023年新一代"人造太阳"中国环流三号首次实现100万安培等离子体电流下的高约束模式运行，再次刷新我国磁约束聚变装置运行纪录。新能源汽车领域，2023年中国新能源汽车产销分别完成1002.9万辆和988.6万辆，同比分别增长42.4%和43.7%，创历史新高。

节能环保行业发展：发展之争终有道，何须青山换金银

2012年，党的十八大报告从经济、政治、文化、社会、生态文明五个方面，制定了新时代统筹推进"五位一体"总体布局的战略目标。环境保护自此与经济建设一同成为中国特色社会主义发展方向。在国内国际发展格局的深刻变化下，节能环保事业迎来新一轮战略机遇。2015年，中国加入《巴黎气候变化协定》，环境保护成为我国履行国际责任和国际义务的重要事项。习近平总书记在党的十八届五中全会上提出了创新、协调、绿色、开放、共享的新发展理念。在此背景下，北京于2017年出台节能环保产业的指导意见，重点聚焦环保产业的技术创新和高端装备生产研制。

在政府强力推进和人们环保理念的深刻转变下，我国节能环保产业获得了很大的发展。2017—2020年，我国环保设备市场规模由3438.1亿元增至3789.4亿元。由于具备良好的新材料、新能源产业基础，北京已经成为我国节能环保产业资源的主要集聚地之一，产业创新资源丰富，科技创新能力突出。在蓄热式高效燃烧、水处理及雨洪综合利用、脱硫脱硝等领域

技术水平处于国内领先地位，拥有环卫集团等大型企业集团，同时涌现出碧水源等一批具有自主知识产权的创新型企业，为朱浩君、甘平、谢晓兵等海归人才提供施展才华的广阔天地。

海归带回了前沿技术与创新原动力

这一时期的海归人才对于新能源、新材料、节能环保产业的贡献体现在两方面。一方面，通过技术成果引进帮助我国赶超国际领先水平。黎志欣在美国期间担任硅材料冶炼炉技术项目负责人，在加入京运通后迅速实现技术成果落地。关晶将海外的技术引进落地中国，并在短时间内帮助碧水源成为国际领先环保膜材企业。蔡蔚在海外期间已经是名誉全球的新能源汽车电动机专家，通过整合北京科创资源，较快实现技术引进落地。李孝三作为世界第二代3D打印材料的技术开拓者，回国后极大推进了北京3D打印行业的进步。王安生作为一名杰出的连续创业者，将掌握的节能环保技术迅速国产化，先后成立北京悟能环境保护公司和北京保时洁先进化工公司。另一方面，将自身创新能力与北京科创资源优势结合，基于国内需求持续推动科技创新。韩征和毕业于清华大学，在创办英国纳超导之前，清华大学通过提供资金或实验室等方式，帮助他在国内持续超导线材的研究。欧阳洵突破海外技术封锁，率先开展国内甲醇电池研究，并依托国有大型企业的工程项目实现快速发展。两类海归人才虽殊途而同归，共同成为我国在相关领域实现技术突破的重要力量。

黎志欣：中国光伏产业的重要推动者

黎志欣，1984年获得西安交通大学机械系硕士学位并留校任教，1985年赴美国麻省理工学院攻读机械博士学位，毕业后就职于美国磁流体技术公司，2008年回国加盟北京京运通硅材料设备有限公司，帮助京运通生产出我国第一颗300毫米单晶硅。

1977年，作为高考恢复后的首批受益者，黎志欣考上了山东工学院。1982—1984年期间就读并任教于西安交通大学机械工程系。1985年，当世界银行推出中国留学生计划时，成绩优秀的他从众多学子中脱颖而出，同时接到了麻省理工、斯坦福、密歇根等美国名校的录取通知书。经过再三考虑，他选择了培养出众多诺贝尔奖获得者的麻省理工学院，并于1990年获得麻省理工学院机械工程博士学位。从山东工学院到西安交通大学再到麻省理工学院，无论学习环境、生活环境如何变化，煤矿工人的困苦境地始终在他心中挥之不去。在黎志欣看来，随着矿井安全的要求越来越高，对矿难的补偿力度越来越大，用煤的成本也会不断提高。更何况，煤是不可再生能源，燃烧排放的碳氢化合物造成的温室效应影响巨大，因而寻找绿色能源迫在眉睫。

怀揣这样的理想抱负，黎志欣在1990年入职美国磁流体技术公司，开启了在美工作生涯。1990—2008年，黎志欣凭借精湛的技术、深厚的知识功底，牵头设计和研发了真空晶体生长设备。他还是美国第一台300毫米/350公斤装料量大型全自动单晶炉项目负责人兼总设计师。而让黎志欣进入世界同行视野的是他的铁磁流体技术，也就是液态磁铁，这项研究最早解决的是美国航天领域中燃料在失重状态下的分布问题。黎志欣巧妙地将其运用在高端制造业的运动密封中，实现机器无磨损地高速运转。"这项技术解决了半导体材料几十年的难题。"业内专家对此评论道。突出的业绩让他从普通的工程师晋升为公司工程技术副总，这是他从技术人员转变为管理人员的开始。对于一个华裔，在美国能获得这样的职位和认可，是一件非常困难的事情。

2008年，黎志欣回国加盟北京京运通担任总裁兼首席运营官。驱使他回国的是那颗报国赤子之心，"将中国的光伏产业做到世界领先"也是黎志欣一直的梦想。加盟京运通后的黎志欣大展拳脚，在他的掌舵下，2009年京运通承担了"金太阳示范工程"的"北京京运通厂房屋顶光伏发电项目"，以及工业和信息化部电子信息产业发展基金的"JZ-660节能高效多晶硅铸锭炉研发及产业化"项目。2010年承担了"国家火炬计划"项目的"JZ-550/800定向凝固结晶法多晶硅铸锭炉产业化"项目。仅仅3年，京运通这个原本较小的民营企业实现了跨越式发展，以180亿美元的市值在上海证券交易所上市。截至2011年年末，公司总资产达45.46亿元人民币，净资产达37.03亿元人民币，实现营业收入17.75亿元人民币，净利润4.34亿元人民币。

完成上市任务并没有让黎志欣停下脚步，他想让京运通真正发展成一个世界领先的企业。黎志欣发现硅晶体生长设备是太阳能板制造中的关键设备，此前中国只能生产最大200毫米单晶体。因为黎志欣此前在美国担任300毫米/350公斤装料量大型全自动单晶炉项目负责人，他毅然决然接下这个研究课题，带领京运通造出中国第一台带超导磁场的、可生产300毫米单晶硅的全自动单晶炉。这项成功，标志着中国跻身世界单晶硅生产设备制造先进行列。直接打破了国外公司长期技术垄断的局面，不仅填补了国内市场的空白，还逐渐取代了国外产品。现在京运通生产的多晶硅铸锭炉在世界同类产品中规格最大、型号最全，一次最多可装1000公斤硅料，具有产能大、耗能省的优点。而后，京运通生产的多晶硅铸锭炉不仅逐渐替代了同类进口产品，还创纪录地生产出世界最大的定向凝固多晶硅。可以说，中国如今雄踞光伏行业国际领跑者的地位离不开黎志欣的功劳。

> 黎志欣的人生可谓波折而传奇，因为时代总是在他的身上烙下深刻的印记：他是改革开放后首批海外留学人才，是美国顶尖学府走出的行业精英。他的人生有低谷也有高峰，但始终不变的是对于光伏能源领域的热爱和对祖国的深情。黎志欣创业成就首先得益于他的专业研究能力，硅材料的应用领域广，不仅在光伏产业，也是芯片制造的唯一原材料。他的回归让我国摆脱高晶硅材料的技术依赖，并在短时间内实现了对国际先进工艺的赶超。

关晶：国内膜生物技术应用的奠基者

> 关晶，北京市欧美同学会一届理事会海外名誉理事，在获得清华大学环境工程硕士学位后，于1999年获得澳大利亚新南威尔士大学环境工程博士学位，毕业后8年时间里，分别担任新南威尔士大学水研究中心高级研究员，澳大利亚联合研究中心污染控制及废物管理部高级科学家等职务。2008年回国就任碧水源科技股份有限公司研发中心副主任。

1984年，关晶在完成辽宁大学生物环境学专业学习后，以优异的成绩进入清华大学攻读环境工程硕士学位。1992年，她获派到澳大利亚伍伦贡大学工作一年。1994年年初，澳大利亚联邦政府和联合研究中心出台"双奖学金资助计划"，关晶凭借优秀的研究能力成功申请到奖学金，告别了父母、丈夫和两岁的女儿，离开祖国大陆，来到南半球的澳大利亚工作和学习。在澳大利亚，关晶进入了澳大利亚顶级学府之一的新南威尔士大学攻读环境工程博士学位。2000年，留校就任水研究中心高级研究员，并在2000—2008年先后担任澳大利亚联合研究中心污染控制及废物管理高级科学家等要职。污水采样等繁重的体力和脑力劳动让关晶一度忘记什么是失眠。但关晶的科研功底和勤劳坚韧的品格赢得领导同事的一致赞许，在与澳大利亚顶级科研团队的研究工作中，关晶不仅通过实践完成了自己的科研论文，也收获了宝贵的国际科技合作资源。这为她日后在碧水源开展一系列卓有成效的工作积累了坚实的科研资源。

2008年，关晶辞去澳大利亚所有职务，加盟北京碧水源科技股份有限公司，出任研发中心副主任。在担任碧水源研发中心副主任不到两年的时间里，关晶便率领科研团队连续攻克四项国际技术难题，其中一项节能新技术为国内企业用户每年节省电费1600万元。凭借在膜工艺领域中的专长，关晶不断丰富在水环保领域的科研成果，尤其是膜生物反应器（MBR）技术及其组合工艺在污水处理资源化的研究处于领先。在SCI杂志和重大国际会议发表30余篇论文的关晶，带领碧水源参与了众多国家级环境治理重点工程，其中最引人注目的是在南水北调重大工程中承担丹江口水库的治污减排工作。关晶与技术团队的长期攻坚克难为碧水源奠定了膜材料研发、膜设备制造和膜工艺三项技术核心优势，帮助碧水源成为为数不多的在上述三个领域同时拥有自主知识产权的企业，并在2009年和2017年先后获得国家科技进步奖二等奖。

新华社曾对碧水源作出评价为"中国唯一能与通用、西门子等国际巨头对话的中国公司"。作为研发中心主要领导的关晶当然是企业获得盛赞的重要力量。凭借过硬的科研能力，碧水源累计获得30余项国际专利，成为我国膜生物技术走出实验室、实现大规模应用的奠基者。

2018年，澳大利亚时任总理特恩布尔在新南威尔士大学演讲中，重点强调了碧水源这一家由新南威尔士大学校友创立的中国高科技公司为中澳两国污水处理与回用作出的巨大贡献。2023年，碧水源与澳大利亚在"数字化膜污染控制"领域开展国际合作。在与澳大利亚的多次重大国际科技合作中，都可以看到新南威尔士大学校友关晶的身影。依托新南威尔士大学水研究中心高级研究员、新南威尔士大学澳中联合共建水技术研究中心项目经理、澳大利亚联合研究中心（CRC）污染控制及废物管理部高级科学家、澳大利亚Cardno MBK工程公司高级工艺工程师等身份，关晶强化了碧水源和海外研究机构的合作网络，加强了与澳大利亚新南威尔士大学、悉尼水务局、法国国家科技专项的合作，等等。国际科技合作的深化使碧水源时刻保持对国际领先技术的追踪，帮助企业形成具有国际竞争力的产品服务。

关晶与水结缘，又以水为纽带。在加入碧水源后成为连接国内外先进技术、开展科技交流的纽带和桥梁。除了自身丰富的海外经历，更主要的还是关晶拥有浓厚的报国情怀，这让她自加入碧水源以来就致力于研发符合中国市场的产品和服务。她说，在参加"21世纪中国海外留学人员服务祖国科学发展研讨会"时，一位华裔澳大利亚学者的发言深深影响着她，并成为她家国情怀的基调。那位华裔学者说，在海外，再大的事业无论多成功都是小事；在国内，无论事情有多小，都是大事业。

> 关晶对于我国的水净化膜体产业来说是重要的技术推进者，碧水源取得今天的成就和地位离不开关晶和她的研发成果，尤其是在推动生物膜的产业化方面贡献突出。她凭借多年在海外的学习工作经历，成为我国水净化领域国际科技合作的桥梁，并时刻保持对国际领先技术的追踪。

蔡蔚：中国电动新能源车产业布道者

> 蔡蔚，北京市欧美同学会一届理事会海外名誉理事，1994年至1996年期间，曾先后在美国威斯康星大学和瑞士苏黎世联邦工业大学担任电机专业高级科学家兼访问教授。2010年回国创办精进电动科技有限公司，聚焦电动汽车发电机和能源电池研发。蔡蔚是全球知名新能源汽车电机专家，被誉为"混合动力汽车驱动电机产品之父"。

蔡蔚早年间的求学经历颇为坎坷，他在1977年高考恢复后第一次参加高考，尽管成绩优异，但是因为政审的原因与大学失之交臂。1978年，哈尔滨理工大学电机系向他张开了怀抱，在这里，他师承电机界赫赫有名的汤蕴璆教授和电工界著名的方孝慈教授。1985年至1990年，凭借优秀的成绩，蔡蔚留校任教期间为我国培养了大批机电人才。一直到1994年，蔡蔚受特斯拉奖获得者利普（Lipo）教授邀请，成为美国威斯康星大学电机和电子中心访问教授，正式开启了海外深造生涯。1995年年底，蔡蔚又来到苏黎世联邦工学院担任高级科学家，1999年获得美国克拉克森大学电气及计算机博士学位。此刻的蔡蔚已是学贯中西、师承多家的"电气集大成者"，开始了海外工作新征程。1999年至2000年，蔡蔚加入美国雷米国际公司担任首席设计师，这一段经历进一步夯实了他在混合电动车电机领域的国际地位，正如雷米国际首席设计师多次在公开场合称赞道"蔡蔚是混合动力汽车驱动电机产品之父"。

在充满期许和憧憬的世纪之交，蔡蔚曾参与美国商务部的"21世纪的电动机和发电机"和美国能源部的"汽车电机驱动系统"等重大产业研究项目，美国政府对新能源的重视程度让蔡蔚感受深刻。与此同时，他却从来没有看到过中国品牌的身影，这让蔡蔚的内心时常失落。也就是在这个时候，通用汽车全球混合动力战略与规划经理的余平找到蔡蔚聊起创业的话题。两人的交流碰撞出激烈的火花，决定抓住风口机遇，创办一家新能源汽车电动机企业。

彼时中国新能源汽车市场虽然看似火热，但实际上存在着一些问题。中国汽车工艺的滞后性导致没有一家本土企业能够生产关键部件，如发电机和变速箱。相比之下，外企如西门子在该行业中占据着主导地位，掌握着技术标准。这说明中国汽车工艺发展需要更多时间和努力。为了给自己即将诞生的企业造势，2009年蔡蔚率领精进电动初始团队在北京发起并主持了"第一届国际节能与新能源汽车电机系统研讨会"。研讨会持续了两天，到最后一场时，会场仍然座无虚席。这一现象显示了参会者对这场研讨会的重视程度，以及对其中所讨论议题的兴趣。之后，很多车企特聘蔡蔚为本企业的新能源汽车开发顾问。有了这样一份"开门红"，蔡蔚在国内树立起技术过硬、专业领先的企业家形象。

2010年，精进电动科技有限公司正式成立，蔡蔚任首席技术官。创业初期，人才断层成为蔡蔚面临的主要困难。身为企业首席技术官的他深知核心技术对于企业发展壮大的重要性。于是，他和创业伙伴举着巨大的牌子直接去清华北大招人，但他坦言道："当时很缺乏这个领域的交叉型人才，懂电机的人很多，懂汽车的人也很多，但是缺少二者兼备的复合型人才。"既然缺乏人才，那就发掘优质人才再由公司进行培养。为了加快技术人才培养，蔡蔚鼓励一线技术人才多出去走走看看，保持和国内国际前沿技术的对接。"精进电动对于人才的培养真的是下了大功夫，一般人很难想象一家初创公司的员工出差的时间居然会超过在公司的时间。"蔡蔚说道。但正是这样一支凝聚着心血、期待的年轻队伍，凭借过硬的技术底蕴，让精进电机在极短的时间内崭露头角，获得国内市场的认可。2010年春天，精进电动上海公司建成的第一条中国最大的驱动电机生产线已经投产，实现6万台电机的设计产能。时至今日，精进电机已经形成了北京、上海双生产研发基地的格局，拥有"汽车级"和"产业化"的高效电机系统两项核心技术。蔡蔚本人也多了一个新的头衔——世界上最多产的混合动力汽车电机系统产业化专家。

在中国新能源汽车国家级发展战略上，蔡蔚也以熟稔行业的专家身份为祖国出谋划策。"十二五"期间，蔡蔚开始主持国家"863"节能与新能源汽车重大专项的"十万台高性能电机产业化及电机系统系列化"项目。2018年8月10日，由精进电动牵头"科技部2018年度重点研发计划"《高效一体化油冷增程器总成开发及整车集成应用》项目，致力于将开发机械结构高度集成、高效、超低排放、低振动噪声、高可靠性的增程器系统，达到国际领先水平。此外，公司同时参与另外5项国家"863"重大课题。凭借先进的技术、丰富的产业化经验、一流的团队、国际化的管理和雄厚的资金，蔡蔚正在为打造世界级的汽车核心零部件高科技公司而努力。

> 蔡蔚是我国最早探索新能源汽车发动机技术的企业家，可以说没有他奠定的国产发动机技术，就没有我国新能源汽车行业的爆发式发展。更重要的是，他是率先在本土培养电动机人才的企业家，参与制定了新能源汽车国家级重点项目，不仅为国产新能源汽车产业谋一时，也为长期发展谋一世。从这位被誉为"混合动力汽车驱动电机产品之父"的企业家身上，人们看不到名家的傲气，但是今天的中国道路上行驶的宝马X6、凯迪拉克的凯雷德、奔驰ML450都是这位专家的作品。这样一位当代的"卡尔·本茨"，是世界新能源汽车行业的瑰宝，更是我国的骄傲。

韩征和：帮助中国超导材料实现国际领先水平

> 韩征和，1986年在导师的推荐下进入瑞典皇家理工学院从事磁性材料的研究工作，1996年在丹麦哥本哈根大学奥斯特学院获博士学位。曾先后在瑞典皇家工学院、林雪平大学技术中心进行合作研究，1993年进入丹麦NKT研究中心，负责高温超导导线研究，后在丹麦NST公司任高级技术顾问。2000年，韩征和回国，并在多方支持下创办北京英纳超导技术有限公司，致力于超导材料的研制。

2000年5月，韩征和告别丹麦木屋别墅的雅致生活，力排众议，顶着朋友和家人的重重担心和劝阻，坚持回到国内。当被问及回国的动因时，他坚定回答道："因为我是炎黄子孙，想为祖国做点事。"尽管韩征和清晰地认识到彼时的中国不论是科研环境还是生活环境都与发达国家存在显著差距，但韩征和对自己炎黄子孙的身份有很强的认同感。瑞典动人的风光、丹麦舒适的生活、海外科研机构提供的优厚薪资待遇都不是这位超导材料大师的指向所在。他说，在海外的时候就经常在想怎样用自己所学的东西更好地支持国家的发展建设，报效祖国是他一直的梦想。

祖国并没有辜负这位海外学子的一片赤诚之心，韩征和回国创业受到了多方的鼎力支持。首先是母校清华大学的大力支持，清华大学对于韩征和的研究一次性予以1000万元启动资金，另外还有600平方米的实验室，这在当时属于破例。2000年6月，清华大学应用超导研究中心成立，韩征和担任中心主任，主持应用超导研究中心的工作。韩征和说，清华大学的资金和场地支持对于团队开展新材料研究，不断实现技术突破奠定了坚实的基础。

2000年，为了实现超导技术由实验室走向产业化发展，韩征和与行业内的朋友们想创办一家专门从事超导线材的企业。但是资金成为他最大的困难，就在此时，北京市相关单位出台了支持性政策，特允许韩征和团队以技术参与公司70%的股份，并号召当时北京三大投资公司出资30%帮助企业成立。在多方支持下，北京英纳超导技术有限公司正式成立。企业成立后，北京市继续强化对英纳超导的支持。通过与清华大学开展的密切合作，英纳超导不断强化自身创新实力。北京市科委在"九五""十五"期间与英纳超导公司签订一系列重大技术攻关项目。国家计委也将英纳超导纳入"新材料产业化示范工程"计划。

在各方的鼎力相助下，英纳超导公司在短短几年内就在超导技术应用上取得突破性进展。2001年4月，中国第一根340米铋系高温超导线材研制出来，其综合性能指标达到世界先进水平。同年12月，公司建立了国内首条年产能达到200千米的铋系高温超导线材生产线。这一成就使得中国成为世界上为数不多的几个能够大规模工业化生产高温超导线材的国家之一，这一里程碑的实现为高温超导应用项目的研发提供了至关重要的原材料供应保障。2002年，公司的线材出口韩国。英纳超导的成绩引起很大关注。2003年，由韩征和参与主导的Bi系高温超导线材的研制及产业化技术攻关在清华大学完成成果登记，这也使得韩征和的英纳超导成为继本住友电气会社（SEI）后，世界唯二的Bi线材生产企业。对于这项里程碑式的成就，这位超导领域泰斗脸上浮现出自豪，"德国西门子原来也做超导材料，但由于技术原因，现在只做超导材料应用了，英纳超导实现了当之无愧的领先"。在回想起这段发展历程，韩征和不禁感叹道，超导这个行业，因为无法承受市场竞争而凋谢的企业真的太多了。面对企业市场化运营的挑战，国家政府部门再一次站出来予以韩征和大力支持。这让他更加坚信他的选择是正确的，他的研究和事业是祖国需要的。

发展至今，英纳超导已成为中国超导线材领域的里程碑和攀登者。

2013年，英纳超导Bi（Pb）2223/Ag超导线材取得关键性技术突破，200米级的长导线临界电流超过150A，工程临界电流密度超过15KA/cm^2，再一次刷新自己的纪录。截至2015年，英纳超导已申请47项高温超导线材产业化生产及高温超导应用领域核心专利，线材产品综合水平在世界上居第二位。旗下产品已销往韩国、美国、欧洲等国家和地区。在国际科技合作方面，英纳超导现已成为"国际热核聚变反应堆"（ITER）、俄罗斯的"基于超导重离子加速器的离子对撞机装置"（NICA）等项目指定供应商。同时，企业还承担并参与了科技部"863"及国外专项基金扶持的高温超导电缆、超导限流器、超导储能器、超导发电机和超导变压器、大电流引线和磁体等相关科研项目或工程。

> 回顾韩征和创业历程，是一个海归和祖国双向奔赴的过程。情怀驱动着他在国家经济基础、科研实力还比较薄弱的时候回国创业，同时，他也受到了政府、高校等各方的大力支持。正是国家与个人的双向奔赴让我国超导材料实现国际领先。韩征和谦逊地指出，他的成就全靠一份坚持和坚守。怀揣这样的赤诚之心，这位超导材料领域泰斗20年如一日为我国超导线材发光发热。

欧阳洵：冲破海外技术封锁，领跑中国甲醇经济

欧阳洵，北京市欧美同学会会员，2004年获得美国斯蒂文斯理工学院博士学位，2005年就职于美国Ida Tech燃料电池公司，2010年回国创立北京氢璞创能科技有限公司——当时国内唯一一家研发且生产甲醇、氢等清洁能源燃料电池的公司。

由于父母工作的原因，欧阳洵的童年辗转于祖国多地。在深圳，欧阳洵被第一代特区建设者的风采打动，并在多年后持续鼓励着他投身创新创业，勇攀科技高峰。1994年，欧阳洵从深圳回到北京，在北京邮电大学就读通信工程学专业。1999年，欧阳洵进入美国斯蒂文斯理工学院，那时候美国燃料电池行业火热，欧阳洵研究生转专业到化工材料，开始研究燃料电池，于2004年顺利获得博士学位。2005年，他进入美国甲醇电池燃料的"领头羊"——IDA科技公司（Ida Tech.LLC）。在这里，欧阳洵早期做研发，后来转到产品部，开始做产品开发。他慢慢发现，美国在过去几十年依赖传统能源，如石油和天然气，满足能源需求。页岩气革命的兴起使美国成为全球最大的天然气生产国之一，降低了天然气价格，为经济带来好处。尽管美国也在发展新能源领域，但相对于传统能源，新能源在美国受到冷遇。为了实现更高的人生价值，2008年，欧阳洵开始在中国寻找供应链。他发现，中国的汽车、家电行业已经发展起来，金属加工也做得很好。于是，他便决心放弃美国中产阶层的生活，回到祖国实现更高的人生价值。

2010年，欧阳洵回国创办了氢璞创能，重点聚焦甲醇电池的研发生产。甲醇电池是甲醇作为清洁能源的重要应用，因危险性和污染性更低的特点而拥有广阔的市场前景，2011—2012年世界甲醇电池的市场规模3倍增长，2012年全球总销量接近8万个，市场规模突破10亿美元。但在2010年前后，美国凭借技术垄断优势，明令禁止向中国出口甲醇电池等相关设备和技术。或许美国政府也没有想到，这种技术的围追堵截不仅没能阻碍中国新能源电池的发展，反而造就了一位中国甲醇电池行业拓荒者。

创业之初，欧阳洵瞄准的目标其实是通信基站备电市场。2012年，氢璞创能的产品在四川等地测试成功，得到了中国移动技术专家的认可和高度评价，很快就进入了商务合作阶段。中国移动的合作帮助企业更好地开拓市场，解锁了更多清洁能源电池的应用场景，更重要的是，中国移动的认可本身就是企业最好的宣传，自此氢璞创能的客户不断增长。因此，中国移动成为欧阳洵撬动中国市场的第一个支点。欧阳洵和他的企业根据中国市场特征，探索出一条依托大型国有企业的企业发展经营模式。

2013年，氢璞创能已经成为一个拥有近30人团队的公司。公司总部和研发中心位于北京，而生产基地则设在江苏扬州。2013年年初，公司推出国内首款商用甲醇燃料电池，填补了国内空白。该产品不仅绿色、高效、成本低，且具有极高的可靠性，可以应用在移动基站、军用野战电源、IDC机房、家庭热电联产以及汽车交通等领域，是符合国家新能源发展方向的高科技绿色能源产品。另外，多年从事科研工作的经历让欧阳洵十分重视创新技术对于企业发展的重要性，氢璞创能拥有经验丰富的研发团队和丰硕的自主知识产权，是国内唯一一家集研发生产于一身的清洁能源电池的企业。

在甲醇能源电池领域获得重大成功后，欧阳洵的人生似乎达到了一个高光点，情怀、价值、财富、名誉都有了，但是这位年轻的海归创业者依然以似火的热情持续深挖着新能源产业的前景。他笃定，将来一定是氢燃料电池的天下，而不是把各种各样的化石能源转化成氢气。为了紧抓行业发展趋势，欧阳洵在公司建立了氢燃料电池、自动化生产线设计及材料领域复合型人才体系。产品方面，为了完成难度更大的水冷电堆，欧阳洵选择了碳复合板材料体系、金属板材料体系。氢璞创能研发的两个材料体系将朝更大功率方向发展，电堆已达150KW、200KW功率，并计划提升至300KW以上。欧阳洵说，公司现在在基站备用电池领域已经形成一定技术优势，下一步打算进军车辆领域，真正点燃中国的甲醇经济，5年之内发展成为亚洲最有实力的燃料电池公司！

> 欧阳洵的创业从小切口出发，聚焦到甲醇电池这一特定产品，是该领域我国当之无愧的开拓者。更重要的是，他的回归打破了美国的技术封锁，对于我国科技自主创新发挥了重要作用。甲醇易燃，且燃烧效能大。欧阳洵的创业历程正如同他研究的甲醇能源，在中国这片创业热土被点燃，在氢能源等全新技术领域继续保持着巨大热情。

李孝三：中国3D打印技术的推进者

> 李孝三，1994年赴美留学，1999年获得南加利福尼亚大学化学博士学位，毕业后在Ciba精细化学公司担任高级研究员，从事三维打印和立体光刻技术的开发。就业期间，开发出了世界第一种3DP使用的高分子材料，成为世界仅有的20多位立体光刻胶研发者之一。2007年，回国创办北京光创物成材料科技有限公司。

1994年，中科院化学所国家工程塑料重点实验室实习研究员李孝三赴美留学，1999年获得南加利福尼亚大学化学博士学位。2002年，李孝三来到美国军火巨头洛克希德·马丁公司研发团队，仅用1个月时间便交付了一种全新的高性能打印材料。这段工作经历让世界级3D打印材料精英的李孝三首次洞见了3D打印产业不可估量的前景。在美欧等国家的工作经历，让李孝三进一步清晰地认识到3D打印及复合材料的应用在新一轮产业革命中举足轻重的地位。3D打印技术在欧美已成功运用到电子消费、航空航天、汽车制造、火电核电等领域，并凭借出色的稳固性和连接性获得市场青睐。以美国为例，纽约一家利用3D技术生产消费品的公司吸引了超过

20万注册用户。大批的美欧艺术家在线收集用户创意，用3D打印技术快速成型，一年几十万美元的营业收入在美欧等国家司空见惯。伴随美欧等发达国家构架起的良好产业生态，3D打印概念股再创新高。李孝三所在的Ciba公司将他评为最具开发能力的开发人员，让他直接管理4000人的团队进行产品开发。

但正是3D打印产业的光明前景与广泛应用，让李孝三意识到具有战略价值的核心技术是买不来的。"决不让中国3D打印材料受制于人，要让中国在这个领域获得一席之地。"这一鸿鹄之志在他的心中愈发强烈。

2006年，李孝三正式回到祖国开启了创业之路。这一年他融资300万元人民币在山东成立无尘生产基地。尽管当时中国的3D打印技术也实现起步，但不论是科研基础还是经济实力都与美国等发达国家存在较大差距。李孝三甚至用艰苦来形容当时的科研环境，他说，最大的困难在于当时国内对于3D打印完全是一片空白，产业领域和基本市场普遍缺乏对3D打印的认知。行业投资人处于观望期，企业面对高昂的前期投入望而却步。

面对困境，李孝三选择用产品和技术说话。2007年，李孝三正式在北京创办光创物成材料科技有限公司，这是一家聚焦3D打印材料的专业公司。在2007年，李孝三和他的团队成功推出了能够完全替代美国进口产品的立体光刻胶产品。这填补了国内在这方面的空白，并结束了国内没有能力自主生产立体光刻胶的历史。此举不仅标志着国内在这一领域自主创新能力的提升，还实现了实质规模的立体光刻胶产品的销售。综合考虑世界3D打印市场特点，李孝三决定将重点放在开发领先水平的立体光刻胶新产品上。这类专用材料具有高附加值，国际定价一直维持在每公斤160—250美元的水平。这意味着这些产品的需求相对较高且有较高的利润空间。通过专注于开发和提供高质量的立体光刻胶产品，李孝三希望能满足国内外客户的需求，并在全球市场占据一席之地。这种策略的实施不仅有助于推动国内3D打印产业的发展，还能提高国内相关企业在国际市场上的竞争力。经过几年努力，在国内艰苦的研发条件下开发出了先进水平的光刻胶，也就是3D打印三维成型专用光刻胶水。与此同时，李孝三也发明了3D打印衍生的重要化工中间产品，衍生中间产品的市场规模比立体光刻胶大百倍以上，该材料是可以广泛用于配制高级涂料、黏合剂、复合材料和光敏树脂的中间体，具有300亿元直接市场和2000亿元潜在市场。这种材料也是他开发先进立体光刻胶所必需的理想原材料。在研发期间，李孝三奋而挺进上游，用工业界闻所未闻、学术界的朋友们也都不曾敢想的创新工艺将3D打印衍生化工产品制造了出来。

2012年，时任美国总统奥巴马表示，美国要凭借3D打印技术重新夺回世界制造业领先地位。为此，美国政府成立了美国增量制造国家研究所，并将其与橡树岭国家研究所等同看待，并赋予其战略地位。该国家研究所是由5个政府部门联合组建的，旨在推动3D打印技术的发展和应用。通过集中资源和支持，美国政府希望通过3D打印技术的创新和应用，促进制造业的增长和创新。这一举措反映出美国政府对3D打印技术的重视和认可，以及在重新夺回制造业领先地位方面的努力。奥巴马的此番言论让中国乃至世界彻底认识到3D打印，那原本被视作塑胶模型的技术是多么重要，居然能关系到国家在世界制造业中的整体位势。此时距离李孝三回国创业已经过去5年之久。2020年5月，我国首飞成功的长征五号B运载火箭上搭载着"3D打印机"，这是我国首次太空3D打印实验，也是国际上第一次在太空中开展连续纤维增强复合材料的3D打印实验，证明我国已逐步缩小和世界领先技术的差距，这样的成就离不开像李孝三一样的顶尖海归精英的探索和沉淀。李孝三决心回国创业的豪言壮语在今天看来愈发洪亮——"3D打印是未来产业革命的重要构成，这一领域关乎国家发展战略和在新一轮产业革命中的站位"。

回顾李孝三的创业历程，海外留学工作经历在他身上留下深刻的印记，一方面在于接触到了国际最前沿的技术工艺，另一方面通过接触较为成熟的3D市场深刻认识到了这门技术未来的战略价值。相较于当时国内对于3D打印技术的空白，李孝三是当之无愧的我国3D打印产业的启蒙者。

五、多元业态：北京海归俊采星驰

作为城市意识的最高形式，包容是北京最具异质性特征的城市精神之一。包容既是北京市民海纳百川、雍容大度的胸襟和气度，也是城市发展博采众长、兼容并包的思维方式，更是北京作为首都尊重差异、和谐共生的文化特质和独特品格。

北京是中国新产业新业态的发源地和主阵地

北京拥有3000多年的建城史和850多年的建都史，全国各地方文化之精华在此汇聚、交融、酝酿、沉淀，形成了独具特色的北京地域文化，也逐步成为全国文化中心。直到21世纪，文化包容的气质已经成为北京识别度最高的城市品格。尤其是在经济全球化的大背景下，这种包容为吸收和兼容各种文化提供了良好基础，表现最为突出的是，北京传统历史文化和国内外现代文化的有机融合，表现形式多种多样，这使得北京从原始的包容文化转变为多元共生的都城文化。在这种包容的文化中，各个时期、各个领域都有海外归国人员将"敢为人先、包容失败、勇于创新"的创业文化注入北京，成为推动北京市发展的精神动力，进而带动了多元化领域的发展。在这种背景下，具有强大包容性的北京城市文化孕育形成了形形色色的多元化产业。

俊采星驰的海归创业者

在北京市兼容并包的城市文化氛围下，在多元化产业领域中汇聚了一批俊采星驰的海归创业者，他们或聚焦于现代农业，或醉心于文化艺术，或专注于环保植保。这些海归创业者的特点是，他们在各自领域都有着独特的闪光点，而且非常热爱且执着于自己所做的事情，还会将这种热爱和执着转化成一种信念深耕于所在领域，为北京形成多元、融通的产业集群贡献着不可或缺的力量。如在房地产领域，从美国留学回国的莫天全创新"互联网+房地产"模式，打破了国内传统的房地产行业范式；在农业领域，从荷兰留学归来的段然放弃"铁饭碗"，创新植物工厂芽苗菜生产模式，用技术创新改变了芽苗菜历史；在绿色植保领域，杜进平将在英国研发出的绿色病虫害防治技术带回国内，不断完善绿色植物保护产业链发展；在园艺设计领域，黄瑞清先后引入荷兰水培花卉、文洛式智慧温室及温室配套产品，开辟了国内水培花卉产业及温室管理新模式；在漫画领域，陶冶从日本留学回来后倡导将日本漫画作为国内大学专业课程，推动了国内漫画产业的跨越式发展；在电影创作领域，从法国留学回国的赵若楠，将在国外培养的艺术视野和灵感运用到中华民族文化的创作中；在建筑设计领域，从哈佛归来的朱冰将独特的设计理念融入中国美丽乡村建设，推动了我国乡村振兴、文旅康养等领域发展；在教育领域，在美国留学创业的黄劲将"互联网+教育"新模式引入国内，推动了我国互联网教育行业的发展……这样的领域还有很多，这样的海归创业者也还有很多，海归创业者们在各行各业发挥着自己的才能，共同推动着北京的发展与进步……

莫天全：深耕"互联网+房地产"领域开拓者

莫天全，1989年硕士毕业于清华大学经济管理学院，1988—

> 1990年期间参与国务院发展研究中心组织的中国产业组织政策研究课题，1991年赴美国印第安纳大学攻读经济与管理博士学位。1992—1999年，莫天全历任道琼斯（Teleres）亚洲及中国董事、总经理，美国亚洲开发投资公司（ADF）执行副总裁兼亚洲总裁。1999年，莫天全创立搜房控股（房天下），成为中国"互联网+房地产"的先驱。

莫天全是一名不折不扣的"学霸"，学生时代的考试常常是第一名，在读大学期间，莫天全觉得总是拿第一很无趣，寻思着要玩点刺激的。敢于创业的人都有一颗不甘平凡的心，这在莫天全身上表现得淋漓尽致，恰逢当时鼓励年轻人大胆创新的风气很浓厚，在大二一开学，莫天全向系里提交跳级申请，直奔大四，因为三年级的课程他都学完了，系主任提出让他参加大学二、三年级考试，如果每门成绩都在80分以上就准许跳级，莫天全骨子里热爱挑战，最终成为华南理工大学历史上第一个成功跳级的学生，从大二跳级到了大四。

大学本科毕业后，莫天全被分到了天津市机械部第五设计研究院，开始琢磨如何"改变世界，做一番大事"。莫天全认为，"要实现抱负光懂技术不行，还要懂经济、懂管理"。工作两年后，莫天全考上了清华大学经济管理学院的研究生，师从我国技术经济与技术创新学奠基人、创新理论界泰斗傅家骥教授。1988年至1990年期间，他参与了国务院发展研究中心组织的中国产业组织政策研究课题，并为此获得了中国经济学最高奖"孙冶方经济学奖"。国务院发展研究中心看上了这个天才少年，向研究生还没毕业的莫天全抛来了橄榄枝，但莫天全仍是不甘于现状，选择了远赴美国印第安纳大学，继续攻读经济与管理双博士学位。

1990年12月，莫天全带着对管理科学的热爱，踏上了去洛杉矶的航班，赴美国印第安纳大学攻读经济系博士学位。两年后，还在读博的莫天全就已经在考虑学成后回国创业,那时的他创业方向还没想清楚,但已经走访了印第安纳一些企业,为创业做准备。求学期间,莫天全进行了第一次创业尝试,由于学习成绩优异,他每年都能拿到1.8万美元的全额奖学金,毕业前莫天全利用积攒的奖学金与一位中东富商及印第安纳大学法学院教授合伙,在老家广西开办了一家葡萄酒厂,但因疏于管理,酒厂经营不到3个月就倒闭了。

酒厂的倒闭没有浇灭莫天全的创业热情,反而促使他更多思考创业的目的,"创业是件很辛苦的事儿,有90%—95%的创业是失败的;要想成功,需要具备天时、地利、人和等条件,创业者亦需要事先预想是否能承受失败带来的风险"。1994年,莫天全在机缘巧合下结识了美国著名商业信息公司——道琼斯旗下子公司特利琼斯(Teleres)的负责人,并以此为契机进入Teleres工作。

莫天全在Teleres的工作就是对每天房地产市场各种指数进行专业评估,以此预测市场走势,当时莫天全的梦想就是要做一个"中国版的道琼斯"。随着中国互联网时代的到来,加上房地产行业日新月异的发展,莫天全终于等到了自己的"天时、地利、人和",在1999年正式创立搜房控股(房天下),决心要用"房地产+互联网"模式打造一个权威的信息平台。甫一成立,房天下即得到IDG和高盛的投资支持。

2001年至2005年期间,房天下发展迅速,先后进行了三次全国范围内的扩张。2001年,房天下初次扩张,在北京、上海、深圳、香港等城市均设立了分公司。2004年,房天下业务拆分为新房集团、二手房集团、家居集团和中国指数研究院。2005年,房天下启动百城战略,开始向全球多个城市蔓延。伴随着国际化战略布局,房天下受到了国际资本市场的青睐,陆续获得法国Trader、澳洲电讯高额投资,2010年9月,房天下成功在美国纽交所上市,其表现创造了中国企业赴美上市的多项纪录。

同时，莫天全带领下的房天下也在不断探索转型。2014年7月，房天下启用全新LOGO、域名与品牌，由1.0时代的信息平台，延伸到"线上+线下"多元化房地产媒体、交易和金融平台，采用"线上匹配+线下服务"的模式，试图建立房产交易的O2O闭环。2017年，房天下启动业务生态化转型，打造开放大平台与合作伙伴共同发展。2020年，在新冠疫情防控期间，房天下率先探索布局"直播+房地产"跨界营销模式，实现了房产直播100万场的突破，在新房、二手房、租房、家居、房地产研究等领域，不断探索与互联网创新与前沿技术融合的发展路径。

2022年，莫天全从房天下董事长位置退居二线，把舞台交给了年轻人，自己乐此不疲地开始探寻事业"第二春"。"一方面，要给年轻人让路，让他们有更多发挥空间和场景；另一方面，我自己也能够在新的领域作一些研究和探索，这是我的兴趣所在，能够捕捉到一些新机会。"莫天全说，如果新能源方面取得成绩，反过来还会支持企业的发展。

事实上，早在2018年莫天全就已经开始关注新能源领域，当年收购的上市公司中就有做能源电池的企业。到2022年，莫天全一直就任重庆万里新能源股份有限公司（简称"万里股份"，600847.SH）的董事长。莫天全的最新职务是普凯能源集团董事长，公司在上游探寻矿产资源等新能源材料。"也许在新一波潮流中，我们能抓住机会。"莫天全说出了自己的期待。

> 作为房地产领域的海归创业代表，莫天全是成功的，他在房地产最辉煌的时候，敏锐地发现互联网和房地产的结合点，在国内率先创新了"房地产+互联网"的服务模式，推动一批房地产互联网企业的涌现，为我国房地产行业的创新发展作出了突出贡献。

段然：开创农业嘉年华商业模式，成为健康芽菜培育的领跑者

> 段然，北京市欧美同学会会员，1996年毕业于华中农业大学风景园林及农经专业，毕业后分配至农业农村部工作，2003年赴荷兰公费留学攻读农业产业博士学位。2006年，段然回国就职于中国农业科学院，2012年辞职创办北京中禾清雅芽菜生产有限公司，创新农业嘉年华的商业模式和植物工厂芽苗菜的生产模式。

1996年，段然从华中农业大学毕业后，被分配到了农业农村部工作，后被调入农业农村部下属中国种子集团公司，开始从事种子培育和国际贸易。直到2003年，段然考取了公费留学，远赴荷兰攻读农业产业的博士学位，就在段然博士毕业准备大展拳脚时，突然得到父亲患癌的消息，于是她放弃了去国外留学的机会选择回国。2006年，段然回国就职于中国农业科学院，她一边工作，一边照顾父亲。四年之后，父亲去世，段然也在2012年辞去了中国农业科学院的工作准备创业。

"为什么放着好好的公务员不当，却要辞职创业搞农业？"这个问题对段然来说已经不新鲜，说起来还是2011年的一个突发性事件触动了她。当时很多地方对"生产豆芽添加植物生长调节剂是否违法"有争议，一名大学生因父母牵涉其中竟找到当时在农科院工作的段然，咨询了解相关产业政策，这件事让段然意识到农产品质量安全的重要性。

身为科研人员，她考虑得更远，食品安全有赖于科学生产，而科研技术向农业的释放有一个过程，只有应用在生产实际中，科研的价值才能彰显出来。创办一个植物工厂，然后工厂化生产安全无害的芽菜，从技术上肯定是可以做到的。"不行，我得出来干干！"拥有多项设施农业专利的段然有了创业冲动。

2012年，段然创立了中禾清雅芽菜生产有限公司，一心想做芽菜工厂的她，创业后做成的第一件事却是农业嘉年华。当年世界草莓大会结束，北京市昌平区开始启动开发"后草莓经济"，但"后草莓经济"究竟怎么回事，还仅仅停留在概念上，具体要从何处入手，没有人能说清楚。当时刚辞职的段然心动了。如何利用现有草莓博览园的场馆，持续开发"后草莓经济"？段然认为，在人均GDP 1万多美元、人口2000多万的首都，必须走都市农业、休闲农业的道路，要把开发农业的多功能性与发展"三产"融合起来，而自带休闲属性的农业嘉年华是一个很好的结合途径。段然花费了不少口舌向与会者解释这些名词，这一设想得到了昌平区领导的认可，于是，段然成了活动方案的"操盘手"，经过9个月的"鏖战"，段然拿出了4.5万字文案、800多页PPT，也成功获得了北京市领导的认可。

2013年3月，在段然的设计下，首届北京农业嘉年华惊艳出场，千斤大南瓜、五彩茄子、番茄迷宫、机器人摘草莓等极富创意和科技含量的项目纷纷亮相，彻底颠覆了人们对于农业的传统认知。农业与娱乐完美结合的背后，一组数据更让人们兴奋不已，在短短51天的时间里，活动就吸引了游客100余万人次，带动周边草莓采摘园实现销售收入近2亿元。一风吹，万众随，武汉、杭州、宁夏、郑州等地纷纷向段然伸出橄榄枝，农业嘉年华一经问世，便成为创意农业、智慧农业的"领头羊"。

嘉年华一战成名之后，段然对规划的思考走向更深。"传统的农业园区规划往往停留在展示示范层面，靠财政拨款才能继续下去。我认为，规划应该立足解决问题，展示示范的同时还得让规划好的园区自我运营，实现造血。要让市场为规划园区买单，而不是让政府托底收管。简单来说，我们的规划是要挣钱的。"段然认为自己首次把运营的理念深深植入了农业园区规划设计中。

嘉年华的成功带给段然创业信心的同时，也给她带来了现金流，因此做芽菜工厂更加有底气了。段然利用植物工厂的手法，再造了一个芽菜工厂，整个生产过程中，光照、温度、湿度以及喷水的方式等多个参数都可以实现标准化控制，无人值守，全天候"开工"。作为一家生产蔬菜的企业，却拿下了食品级QS认证，这在全国范围内都是首例，也为芽菜销售提供了"通行证"。目前，在"段博士芽苗菜"的生产大本营里，摆放着段博士亲手发明的智能化生产设备，每天可出产100吨左右芽苗菜。公司拥有专利达到100项，其中针对芽苗菜的有26项，可生产的芽苗菜品种有1000多种。

> 作为农业科技领域的海归创业代表，段然将农业嘉年华和植物工厂的创新模式率先实现并在全国应用推广，以全新的姿态颠覆了农业传统的发展模式，成为农业科技领域的引领者。

杜进平：绿色植保事业的拓荒者

> 杜进平，1988年获得北京农业大学（现中国农业大学）硕士学位，随后进入中国农业科学院烟草研究所工作，1993年赴英国剑桥大学攻读博士学位，毕业后受聘于英国杜伦大学生物及生物医药系。2007年，杜进平归国创立北京依科曼生物技术有限公司，现已成为具有自主研发、规模化生产能力和全国营销服务体系的综合性绿色病虫害防治集团公司。

1988年，杜进平从北京农业大学硕士毕业后，到中国农业科学院烟草研究所工作，5年后他萌生出国学习先进农业知识的想法。1993年，杜进平顺利获得英国剑桥大学全额奖学金，攻读博士学位，开始从事生物杀虫毒蛋白Bt的结构和杀虫机理的研究。毕业后，他受聘于英国杜伦大学，任生物医学系高级研究员。

在英国工作期间，杜进平发现，从20世纪70年代起，一些发达国家就开始严格限制有毒化学农药的使用，大力推广绿色植保技术，相比之下，中国几乎是一片空白。看到绿色植保行业广阔的市场后，杜进平心生回国念头，"骨子里还是希望能为那片土地做点什么"，回忆起决定回国创业的心路历程，杜进平轻描淡写地说。

2007年，杜进平带着多年积累的研究经验回到祖国，创办了北京依科曼生物技术有限公司，致力于通过绿色防治技术来防治绿色植物的病虫害。公司刚成立不久，号称"热带瓜果头号杀手"的实蝇灾害大面积爆发，给中国柑橘产业造成毁灭性打击，杜进平带领团队研制出对实蝇有强烈吸引力的食物，用诱杀代替传统的追杀，试验效果非常好，革命性地改进了热带瓜果实蝇类害虫的防治技术。

2009年，依科曼落子光谷，注册了武汉谷瑞特生物科技有限公司，在当地政府的支持下，谷瑞特召开了全国实蝇防治专家现场会，多个县市组织联防联治。不到一年的时间，一个以北京为研发基地、以湖北为中心并辐射全国的生产及推广应用网络逐渐形成。依科曼也开始正式与地方政府合作，公司把一家一户的产品销售变成一种专业化服务模式，联合植保站、柑橘合作社等农技推广部门共同开展大面积"专业化统防统治计划"，把千家万户的散户组成一个大的防治单元，像一个大的农场扎根市场需求。

企业不能单纯为创新而创新，技术必须能转化为产品，继而转化为商品。依科曼在研发战略的制定上，就定了几个原则，除了前面提到的要做化学农药解决不好或解决不了的产品外，还包括做市场有强烈需求的产品，原则上不做偏向于技术领域的研究，而是做应用研究。为了发现需求,"依科曼人"努力"沉下去",每天有五六十个人在地里,或在村上和农民、农技员打交道,了解市场上的问题和需求并及时反馈。

与科研院所划定"势力范围",进行专业化分工。依科曼的团队来自不同的方向,有专门做剂型的,有专门研究昆虫学的,也有学栽培的,但他们能够拧成一股绳,专注于共同的目标。依科曼的一个产品往往是多学科融合的产物,这也是杜进平为什么推崇"以企业为主的创新",他相信以企业为主的创新能给中国带来巨大的价值。

迄今为止,依科曼取得了多项创新成就,其中柑橘大实蝇诱杀剂已累计推广近百万亩,可以说,这个产品是中国首次用一个生物防治产品在百万亩级别的范围内彻底控制一种重大经济作物虫害的成功案例;还开发了害虫远程实时监测系统、捕食螨、寄生蜂、性诱剂、叶面肥等多个产品;在整合绿色植物保护产业链方面也做了创新性的尝试,真正实现绿色病虫害防治。

> 作为绿色植保领域的海归创业代表,杜进平率先将国外先进的绿色植保技术推广到国内,用绿色、专业、智能的技术解决农业重大病虫害问题,掌握着多项国内外领先的绿色植保技术、有害生物智能监测技术以及专业化植保服务体系,成为中国最专业的绿色植保"守护者"。

黄瑞清:从"花博士"到设施园艺领军人物

黄瑞清,北京市欧美同学会一届理事会海外名誉理事,1984年本科毕业于中国农业大学园艺系,1988—1998年赴荷兰瓦赫宁根大学学习和工作,获硕士和博士学位。2002年,黄瑞清回国成立北京瑞雪环球科技有限公司，提供现代农艺整体解决方案，经过多年发展，瑞雪环球已成为中国智慧农业的引领者、践行者和见证者。

在荷兰留学期间，黄瑞清深入研究了荷兰园艺的发展历程及成功经验，对荷兰园艺系统有了更全面的了解。"我刚出国的时候国内园艺生产主要靠日光温室和中小拱棚，而荷兰已经建成连片的大型无土栽培温室，蔬菜生产可以周年进行，实现了标准化、专业化的生产。"中荷之间的巨大差距令黄瑞清震惊不已。

2002年，黄瑞清响应国家号召归国创业，成立北京瑞雪环球科技有限公司，最开始他针对国内情况，引进了第一个产品——荷兰水培郁金香。这对当时的中国花卉产业是革命性的创新，实现了观赏植物从土培到水培，从室外种植到室内种植观赏的转化。当时在中国，栽培简单、科技含量较高的水培郁金香鲜为人知，黄瑞清博士看好这一产品和市场，与国外公司建立合作，从上千个品种中遴选出株型优美、花期长久（两周左右）、适合盆栽、适合中国审美的水培品种，率先将其引入中国，设计了水培容器并申请专利。消费者买回家只需将容器内注入自来水即可养殖，还能欣赏郁金香从生根发芽到开花的全过程，这得到了国内市场的认可和消费者的喜爱，第一年推出就被抢购一空，水培郁金香一度成为瑞雪环球的招牌。

自此之后，中国兴起了水培花卉的热潮，如水培红掌等水培绿植应运而生，这也引来了很多商家进入水培花卉领域，带动了花卉产业向更加科技感、多元化、精细化的方向迈进，形成了后期水培花卉种类繁多、百花齐放的市场格局。

水培花卉只是一个开始，郁金香的成功坚定了黄瑞清对中国园艺发展的信心和决心，他将眼光进一步聚焦到对温室配套资材的技术革新中。

2005年左右，黄瑞清看到国内没有遮阳降温剂，但事实上这是有应用需求的，于是他决定引入荷兰温室遮阳降温剂。要引进荷兰温室遮阳降温产品，就要先解决中荷园艺生产模式差异导致的国外产品在国内水土不服问题。瑞雪环球团队制订了两个计划：第一步，研发适合中国市场的遮阳降温产品，经过将近三年的研发和实验，最终开发了一套质量过硬、价格适宜的产品——"利凉"，主要用于日光温室和塑料大棚；第二步，解决国内缺乏对遮阳降温剂认识的问题，瑞雪环球深入农村基层进行田间地头的使用指导、喷洒示范，帮助农民核算成本和收益，遮阳降温产品逐步在山东、辽宁等地获得了百姓的认可。随着高档温室愈渐增多，瑞雪环球的"利索""利爽"等高档遮阳降温产品以及番茄授粉器、生物肥皂、立抗露、立抗锈、立可净等温室配套资材走向了千万农户，瑞雪环球开始了由单一类别向全产业链发展的转型之路。

2006年，瑞雪环球开始在中国建立文洛式智慧温室，尝试摸索荷兰模式在中国的落地方案，改变只能从荷兰AVO（全球最早的一家红掌种苗公司）进口红掌种苗的现状，实现本土化生产。为了生产荷兰同品质的红掌种苗，满足高标准的种苗温室建设要求，瑞雪环球与国外技术团队进行深入探讨与试验，不但邀请了国外设计团队因地制宜设计温室，还邀请了技术专家来中国指导专业加温、高压喷雾、水肥一体化、环境控制系统、潮汐式灌溉等设备的安装，同时培养自己的技术团队。

2007年，瑞雪环球前后投入2000万元，历时一年半时间，经过不断的研究和创新，采用世界最先进的温室计算模型，于2008年在北京房山建成中国第一座真正意义上由物联网控制的现代化智慧温室，投产使用并成功运营。瑞雪环球聘用荷兰红掌种苗栽培技术专家驻场指导生产，指导自己的管理团队及技能工人，培养了中国第一批智能化温室生产管理人才。在瑞雪环球的温室中，温度、湿度、灌溉、施肥、天窗开闭等都可以通过软件自动控制，还可以远程监控操作，实现了红掌种苗的周年生产。房山现代化智慧温室项目的建成在温室圈引起了不小的轰动，政府机关、高校、科研院所、温室公司、国外代表团及温室技术专家纷纷前来参观学习。

2009年，为了在园艺全产业链做好市场引领，瑞雪环球又提出了"高收益园艺整体解决方案，一站式专业技术服务"发展战略，提供从温室设计建设、温室配套设施设备、温室资材产品到种苗及全方位技术培训指导。瑞雪环球脚踏实地、循序渐进，为客户提供全面保障及周到服务，做到了"软硬兼施"，既做好了硬件温室和设备，又引进专家进行温室管理及传帮带的专业栽培及管理人才和技术工人培养。"未来，瑞雪环球将坚守初心，把做农业这份事业当作一生的追求，以带动产业发展为根本，在智慧温室建设的全产业链上创造更多的光和热，使我国农业能够尽快赶上国际先进水平，成为一流强国，逐步推进农业专业化、标准化、规模化和市场化，实现农业的可持续发展。"黄瑞清如是说。

截至目前，瑞雪环球已成为中国现代农业产业化龙头和中国现代农业领军企业，荣获国家、省市级荣誉数百项，先后在北京、南京、南昌等地因地制宜，量身定制设计建造智慧型温室，自主研发的AVO红掌荣摘2019年世园会特等奖，在国外技术、设施落地中国的适用性和本土化方面引领行业，有力推动中国现代农业产业升级与发展。

> 作为园艺花卉领域的海归创业代表，黄瑞清漂洋过海载香来，率先将荷兰先进的花卉培养技术和智慧温室模式引入国内，被大家尊称为海归"花博士"。他是中国水培花卉产业的开拓者，是园艺产业的领路人。

陶冶：用漫画讲好中国故事，漫画学博士"第一人"

> 陶冶，北京市欧美同学会会员，1986年考入北京第二外国语学院日语专业，毕业后到北京工业大学任教，1991年被外派到日本学习。1993年，陶冶创办国内首家漫画公司——北京京美漫画发展公司，1996年再次赴日本攻读博士学位。2013年，陶冶再次创办北京陶冶文化创意有限公司，现如今被称为漫画学博士"第一人"。

整个中学阶段，陶冶始终都在坚持画漫画。宿舍窗户玻璃破了，学生们过上了真正"十年寒窗"的日子，就是这样一幅略带讽刺更多是学生顽皮取乐的漫画作品，开启了陶冶的漫画之路。从小就喜欢画画的陶冶经常承担班级画板报之类的任务，作品不仅画工扎实还总带有一些批判性。历史老师看到陶冶的绘画天赋，鼓励他给当地报纸投稿，但陶冶没想到，两周后他收到了印有自己漫画作品的《呼和浩特晚报》版样。第一次投稿就被刊登，而且还是两幅作品一起发表。陶冶热爱漫画的理由看似没有所谓艺术家的超脱，但却足够坚定持久，也在某种程度上为他打下了"漫画要有社会价值"的理念基础。此后，陶冶经常给《呼和浩特晚报》《内蒙古日报》投稿漫画作品。

1986年，陶冶考入北京第二外国语学院日语专业，同时兼任中国美术家协会漫画艺术委员会主任助理，负责国际漫画交流和国内大型展览、通联等工作。来到北京后，他发现既会画漫画、又懂日语的人只有他一个，于是和日本漫画界交流的任务水到渠成地落在了他的肩上。"当时我受到中国漫画界的委托，负责中国漫画界和日本漫画界的交流。"陶冶的主要工作是翻译双方往来的信件和传真，也是这份工作让他结识了一位良师益友，日本漫画界的大师牧野圭一，与牧野圭一的相识让陶冶对漫画有了更深层的认识，也为他后来去日本深造埋下了伏笔。

1991年，陶冶从北京第二外国语学院毕业后，到北京工业大学任教，并获得到日本学习的机会。在日本学习期间，他看到日本漫画早已渗透到国民生活的方方面面，并形成了产业化的现状，在他看来，中国漫画也需要朝这个方向发展。

回国后，他组织筹办了中国首届广告漫画大赛，并在1993年创办了国内首家漫画公司——北京京美漫画发展公司，这是他在漫画领域创业的开始，其间，他的公司和筹办的展览从事的主要是公益性质的工作。后因陶冶赴日留学无人接替，公司就被迫关闭了。

1996年，陶冶再次来到日本，主要学习漫画专业。在获得漫画专业硕士学位后，他找到日本法政大学一位导师——太田胜洪教授，在法学部政治学专业下指导他学漫画，这也让他成为日本历史上第一位漫画学博士。博士毕业后，陶冶就和著名漫画家牧野圭一起从事中日漫画艺术的系统研究与开发。在日本生活10多年的经历让他意识到，日本漫画的成功与他们一直提倡的漫画教育是分不开的，"日本的年轻人都要学习漫画，一方面是培养年轻人的漫画意识，另一方面因为漫画，尤其是单幅漫画，要求把一个突发的事件或者一个故事浓缩到一幅画面里，原则上不需要有太多的文字解释，这就是在培养年轻人对事件的判断、总结和归纳能力"。

2013年，陶冶看到祖国在动漫方面与日本的差距，他再次选择回国创业，这次是带着对日本漫画教育的体会和多年研究的成果、经验回到国内，创办了北京陶冶文化创意有限公司，从事漫画研究、漫画应用和教育推广。谈到回国创业的原因，陶冶说："一是因为国内的业界同行希望在这里有个工作室，这样大家交流起来比较方便；二是因为我觉得有必要将我在日本这些年的收获带回来，先不说对业界有什么好的影响，最起码它是一种知识的参照，日本在教育、漫画的定位上有很多自己独特的地方，值得我们学习。"

2019年，陶冶回到母校北京第二外国语学院任教，并开设了全国首个"日语+漫画文创"特色专业。"现在多一家漫画公司，对中国漫画事业的整体发展并不会起到实质性的推动作用，但多一所大学开设相关专业就截然不同。"从现在开始为中国漫画事业的未来培养高层次人才，甚至是为未来的高层次人才储备高水平的教师资源，在陶冶看来应属当务之急。谈到为何选择在北二外开设中日动漫文创专业，陶冶表示，除了割舍不掉的母校情结，服务北二外专业设置整体性转型，同时为学生在语言之外多增加一项实用技能、一个人生选项，是他最核心的初衷。

2021年9月，陶冶发起成立北京漫画学会，成为北京第一家也是唯一一家以漫画研究、教育为使命的公益性社团组织，陶冶担任首任会长。在成立北京漫画学会时，他的朋友牧野圭一无私地提供了大量帮助，陶冶表示，"牧野先生甚至将大量个人作品和收藏的珍贵资料全部无偿赠送给我，用于漫画教育、研究及两国间的交流与合作"。除了教学工作，陶冶还有一项重要使命，就是主持北京漫画学会的工作。在陶冶看来，依托北京漫画学会这一平台，能够汇聚更广泛社会层面的力量，打破学校、学科乃至国家之间的壁垒，推动中国漫画事业的高质量发展。

"剩下的就交给时间吧。"从回国到现在，陶冶目睹了国内漫画产业的跨越式发展。如今，新生代的读者版权意识越来越强，加上国家正向的宣传引导以及不断完善的监管力度，使得付费看漫画的观念逐渐深入人心。这不仅让漫画作者看到了从事这一行业的前景，也吸引了大量资本涌入。同时由于付费带来的对漫画质量要求的提升，也必然会倒逼整个漫画作者群体提升自己的水平，形成良性循环。"漫画的门槛相对高一些，一批高水平漫画作者的成熟需要一个比较长的周期，这也是为什么目前我国漫画发展整体比日本还要落后一些的原因。"但陶冶信心满满，"只要我们把漫画教育做好，我相信赶上和超越日本只是时间问题。"

> 作为漫画领域的海归创业代表，陶冶可以说是传承中日两国画坛前辈友好传统"第一人"，他是日本首位漫画学博士，回国在母校任教并设立全国首个"日语＋漫画文创"特色专业，将漫画打造成联通中日民间友谊的文化桥梁，成为中国漫画行业发展的重要推动者。

赵若楠：巾帼不让须眉，白手起家的年轻优秀导演

> 赵若楠，2010年毕业于法国巴黎自由电影学院（CLCF），2011年旅居澳大利亚开始电影和纪录片的创作，2014年回国后创办原象视觉（北京）文化传媒有限公司，着重关注边疆少数民族地区文化。2022年12月，赵若楠执导的电影《布伦木莎》荣获第四届海南岛国际电影节最具潜力项目。

2010年，赵若楠从法国巴黎自由电影学院毕业一年后，就旅居澳大利亚开始电影和纪录片的创作。她始终对社会和生活现实保持着敏锐的观察力，在她的微博中有很多自己对生活现实的记录，不管是陌生人之间的热情，还是对弱势群体的关爱、生活中的温馨一瞬间……她都会用短片或文字形式记录下来。她曾在微博中提到，"早就想拍一个关于留学生的纪录片，有些苦不是白吃的，都是人生宝贵的财富"。一个人出国留学很可能会受到各种委屈，赵若楠也感同身受。

2013年6月，小型纪录片《我在布里斯班》开拍，主要讲述布里斯班的华人生活，从各个年龄、不同职业，展现中国人在布里斯班的生活形态，她想让更多人认识这个群体，也从不同方面看到海外生活。在赵若楠看来，最重要的奖品是将被所谓主流事业有意无意忽略的群体、个体，大大方方地展现在人们面前，他们也是这个世界的一部分，不该被以任何形式遮掩。

2014年，赵若楠在布里斯班家中偶然看到一部关于中华民族文化的纪录片，当下心情十分激动，既是思念遥远的故乡与亲人，也对那片熟悉的文化土壤萌生了强烈的创作欲。于是，两个月后，赵若楠坐上了回国的航班，抵达北京。

回国后，赵若楠和多年未谋面的伙伴再次相遇，她决定在这个也许是一生当中最富有激情的年华里做点什么，带着对曾经看到的那部纪录片中种种场景的向往，创立了以制作纪录片为主的"原象视觉"影像工作室。赵若楠从中国的内蒙古草原开始，几年间踏遍了五湖四海，透过摄影机洞察世界、记录人们的喜怒哀乐。同时，赵若楠也通过纪录片的拍摄结识了全国各地甚至世界各地的朋友，看到了地球的各个角落，不同人的命运和他们真实的生活。在回国后的5年里，她执导了《乘着绿皮车去旅行》《中非合作新时代》《幸福在哪里：推动生活的引擎》等多部电影和纪录片。

2020年，赵若楠团队因疫情被困家中几个月，危机缓解后就立刻奔赴向往已久的帕米尔高原为新的纪录片作品做准备。但是刚到达塔什库尔干塔吉克自治县第三天，危机再次袭来，全国都进入了紧张的防备状态。远在祖国西北最边陲，赵若楠感到十分无助，为团队接下来要何去何从而担忧，调研行程和预算也被全部打乱。就在这时，当地的塔吉克朋友们对他们说："放心吧，我们会像珍惜自己的眼睛一样珍惜你们的。"塔吉克朋友们在有限的条件下拿出了家中最好的食物、被褥，拉着他们唱歌跳舞并笑着说："有我们在呢，不用担心，想住多久住多久。"就这样，赵若楠团队在帕米尔高原一住就是101天，和塔吉克朋友们亲密无间地相处，也深入体验了当地的人文风俗。

回京后，她用半年的时间梳理资料，并创作了第一部长篇电影剧本《布伦木莎》，以纪念塔什库尔干塔吉克自治县布伦木莎乡百姓们因1999年的一场洪灾而失去的家乡。2021年，在业内的伙伴们、众筹的亲朋好友们及塔吉克和布伦木莎朋友们的帮助下，《布伦木莎》电影完成了拍摄。2023年4月，在布伦木莎乡完成了最后的补拍。"这是我们和塔吉克朋友们共同的作品，也是我们送给他们的一份小小的礼物。"赵若楠说。

在这个过程中，赵若楠团队成长了很多，学会了新的视角去看待世界、看待有限的一生，也在此之后，更加专注于塔吉克文化的研究和项目开发，他们希望充分利用所掌握的专业和资源，将这个人口极少的高原民族带到更多人的视野当中，让世界看到国家多元、丰富和包容的文化。如今，原象工作室也渡过了危机，正在休养生息，等待再次焕发新的生命力，创作出更多的作品，再次奔赴新的目标。

> 作为文化艺术领域的海归创业代表，从小在国外上学的赵若楠虽然一直接受西方文化的熏陶，但阻断不了她根植于中华大地的血脉以及对中华民族文化的热爱，拥有博大精深文化的祖国才是她挥洒创业汗水、享受创业荣耀的真正宝地，一部《布伦木莎》电影，一场亲身感受中国人文的经历，开启了一个导演在中国的创业旅程。

朱冰：用设计为中国人找回美丽的田园梦

朱冰，北京市欧美同学会一届、二届理事会理事，1993年本科毕业于北京工业大学建筑系，2000年获香港大学城市设计硕士学位，2006年获美国哈佛大学设计博士学位，在留美攻读博士学位期间，曾就职于哈佛大学城市研究中心，也在美国景观设计和规划公司易道（EDAW）任职过资深城市设计师。2007年，朱冰归国，创立都市意匠城镇规划设计（北京）中心，致力于城乡空间的研究与设计。

1988年，朱冰顺利考进了北京工业大学建筑系，在大二时，一次偶然的机会，朱冰去了一趟外文期刊阅览室。"当时我的英语还没有那么好，看得还很费劲，但我觉得它给我开了一扇窗。当时我就问自己：你想做一个乖学生还是一个好学生。乖学生——老师说什么我做什么，如果要做一个好学生的话，我就要有自己的梦想，做自己的事。"在朱冰决心要做一名好学生的同时，心中还蕴藏着她的抗争——谁说画不好画，就做不了设计。带着这份倔强，朱冰一直怀揣理想在求知解惑的道路上前行。1993年，大学毕业的朱冰进入北京市建筑设计研究院工作，当了一名建筑师。

1998年，朱冰顺利以公派研究生的身份，到香港大学攻读城市设计硕士学位，她和另外几名学生是香港大学第一批内地学生。2001年，朱冰赴哈佛大学留学，学的依然是设计专业，在哈佛她学会了面对多个选择如何去"选择"——换个角度就会别有一番天地，这点到现在都让朱冰很受益，"现在所谓的创新不过是你换个角度去思考，包括所谓的跨界"。

5年的哈佛求学之路，转眼间就结束了。临近毕业时，到底回不回国？导师的一句话让她下定了回国的决心："你的祖国需要你！"2006年，朱冰拿到了哈佛大学博士学位后，回到了祖国，她用行动印证了哈佛大学的校训——"真理"二字。"当一个人获得了更多知识，有更多能力可供发挥的时候，就应该有更多的社会责任感。"追求真理深深印在了朱冰的心上。

学成归来，朱冰对中国的发展有了全新的视角与思维，更看准了今后的发展方向。2007年年底,朱冰在北京注册了都市意匠城镇规划设计中心,踏上了自己在设计领域的创业之路。"给公司取名为都市意匠,是在向《华夏意匠》这本书致敬。'意匠'不是普通的匠人,而是'创新创意的工匠'。"朱冰说。创业之初,朱冰将公司定位为特色小镇的开发、农村改造、旅游景观,以及城市产业园区的开发与建设。之所以作出这样的选择,首先是这个方面国内的设计院关注较少,其次是朱冰在哈佛研究的就是小城镇。朱冰曾游历美国和欧洲,对欧美等国小城镇的良好生态和优美风景感叹不已,她希望将自己的所学用到美丽中国、美丽乡村的建设上。"中国的小城镇必然会像美国、欧洲那样漂亮。"这就是朱冰创立公司的初衷。

2011年,朱冰的团队接到第一个乡村项目,将天津蓟县郭家沟一个普通的山沟小村落提升改造为以文旅为主导产业的民宿村。为了使设计符合郭家沟乡村旅游的定位,既为客源提供良好的服务,同时又不破坏生态,体现当地特有的风俗,朱冰的团队在郭家沟一住就是大半年时间,与农民同吃同住。"我体验过的一个农家院,他家有一个洗手池,上面有一面镜子,镜子下面自带一个小托,上面放着牙膏牙刷。当我洗脸时,每当低头把水捧在脸上的时候,头就正好磕在了小托上……"朱冰说,现在都市人需要精致的生活,朱冰团队在舒适性设计上下足了功夫,改造后虽然单价抬上去了,但客户更愿意来,让村民们感受到了设计的魅力。

朱冰团队的设计不光改变了村民的生活环境,还帮助村民摘掉了贫困的帽子,结束了曾经那个外村姑娘都不愿嫁到郭家沟来的时代。更重要的是,为了适应现代旅游业,在统一规划下,每户村民家的房屋都进行了整理、修葺,各有特色,对好的建筑修旧如旧,对不协调的建筑则进行改造,使之符合生态和美学原则。"现在看来,郭家沟的设计完全是符合当地发展定位的,而且实现了自己造血功能的转型,开始讲述自己的故事了。"朱冰说。

随着郭家沟声名渐起,都市意匠越来越得到大家认可。由此,都市意匠获得了天津和北京等地更多的农村改造项目,2013年,都市意匠将传统文化村落——北京门头沟区灵水村打造成传统文化旅游休闲度假山村,朱冰团队以"独特的文化体验和场景构筑村庄的唯一性"作为设计理念,以大量设施及服务为游客提供特色餐饮、乡村生活体验等休闲活动,让游客体验人文休闲、返璞归真的家庭生活旅游。之后的2018年,都市意匠又为天津七里海国家级自然保护区提出了人居废物"零排放"的低碳绿色循环方案,以生态的方法解决生态的困局,达到生态保护与村庄发展的共同目标。

公司从开办至今,30多年过去了,朱冰对设计的热爱丝毫未减。每接到一个城镇规划类项目,都市意匠都会先做生态研究,然后进行产业结构分析,之后才是做形象和品牌,确保让每一个设计在生态环境、客源定位等各方面与乡村融合在一起。"2012年度全国优秀城市规划设计品牌机构""2013年度全国优秀工程设计企业""2018首都提升计划设计品牌领军机构"……一个个荣誉接踵而至,这是朱冰追求人生梦想应该获得的馈赠。

> 作为建筑设计领域的海归创业代表,朱冰始终坚守着自己的梦想——做自己想做的事,也正是这种坚守,让她有机会到国外开阔眼界,见识更多设计的美妙,并将欧美特色小镇的理念和模式巧妙地应用于国内城镇建设,成为我国乡村振兴、文旅康养、特色小镇建设等领域发展的重要参与者和推动者。

黄劲：以科技推动中国教育服务行业发展的探索者

> 黄劲，北京市欧美同学会一届、二届理事会海外名誉副会长，1985—1988年获得计算机软件学士和硕士学位，1994年获电子科技大学和美国加州大学伯克利分校联合培养博士学位。1997—1999年，黄劲在美国硅谷先后创立了安博公司和安博教育集团，2000年回国创立北京安博软件工程有限公司，推动中国教育服务行业发展。

1988年，出生自教师家庭的黄劲获得电子科技大学计算机软件学士和硕士学位，随后考取了电子科技大学和美国加州大学伯克利分校联合培养博士，1990年赴美留学，4年后获得电子科技大学和美国加州大学伯克利分校联合培养博士学位。博士毕业后的黄劲先是进入了硅谷工业界，成为美国AVANT公司的创始工程师，之后在硅谷创立了安博公司和安博教育集团。1999年，黄劲应教育部"春晖计划"的感召，作为"留美博士企业家考察团"团长带团回国考察，并参加了新中国成立50周年庆典观礼，在观礼台上，黄劲满怀激情："大家都希望回国做一点事情。"对于黄劲而言，父母是老师、在校园长大、在硅谷做软件工作……这使得她的选择果断且坚定：为中国教育做软件。

1999年，黄劲在美国硅谷创立安博教育集团（Ambow Education）。她塑造了自己的创业理念："用互联网为教育插上腾飞的翅膀。"黄劲解释道，互联网技术能够给不同地域的学生提供更加平等的教育资源，带来更加平等的教育机会。

2000年，黄劲将硅谷的安博教育转移到国内，在北京中关村望京科技园成立北京安博软件工程有限公司，率先提出"构建中国自己的开放式网络教育平台"的理念，成为首家国际标准的网络教育平台。在此基础上，

2001年安博倡议设立软件工程硕士学科，开始探索国际化高级软件人才教育模式。在教育行业深耕多年，黄劲认为20多年来的科技发展已经重塑了教育的形态，未来的教育是没有边界的。"线上和线下的边界、语言和区域的边界、工业界和学术界的边界……"在黄劲的设想里，这些过去和现在存在的"鸿沟"可以通过人工智能的技术手段填平，人们可以通过未来的教育，实现到世界上任何一所名校旁听课程。

20多年来，作为极具代表性的创业者和侨商，不难在黄劲海外创业和回国投资的经历中发现她的前瞻性眼光和行动上的坚韧。创建国际标准的网络教育平台、倡议设立软件工程硕士学科、成立北京师范大学安博教育发展研究院、开发一站式学习与成长平台……黄劲用一步步探索，将她对未来教育的想象落地成现实。在创业的路上，黄劲始终不忘初心、坚持理想、奋发向上。"我心里一直有一个信念：任何一个有情怀的事情，只要坚持到最后，一定会有好的回报。""Better school·Better job·Better lives"是安博教育的初心，她带领的安博教育已成长为中国教育服务行业的领航者，切实帮助了每一个学习者：上好的学校，找一份好的工作，拥有更好的生活。在黄劲看来，"通过教育推进个人的成长、培养人才以促进经济发展、为社会作出贡献，同时实现自身的价值，就是自己的教育情怀和中国梦"。

发展至今，安博教育已经成为覆盖基础教育、职业教育、国际教育、企业培训等教育服务领域的专业化机构，遍布全国20个省市，同时在美国东、西部和中国台湾新竹拥有高等学校、教育机构和研发中心。尤其是在面向就业的职业教育和国际教育领域，安博是中国跨境应用型人才培养和技术服务推动者，教育部科技发展中心曾联合安博开展"IT实训推广工程"，把"实训"概念及标准化实训体系融入全国各地高校的应用型人才培养体系中。目前，安博用户遍及全国，累计服务达到4万家企业，培训超过500万人次。

> 作为互联网教育领域的海归创业代表，黄劲从亲身经历中发现互联网和教育的"契合点"，颠覆了国内传统的教育行业，率先创新了"互联网＋教育"的服务模式，前瞻性地开启互联网教育，成为我国互联网教育行业的重要开拓者。

第四章

直挂云帆,再踏新征程

当代中国的经济社会发展进入高质量发展的新时期，以数字化为时代特征的新一轮产业技术革命在世界主要国家的兴起，展示数据价值的新生事物不断涌现，企业成长、科研创新、产业发展和政府治理范式出现了颠覆性变化。而伴随我国数字经济业态的蓬勃发展，以数据要素为核心、数字技术为动力、数字基建为底座的数字经济生态逐渐孕育壮大，使得数字经济生态和新经济生态形成良性循环。步入新时代，我国在科技革命中的角色由跟跑者、参与者向并跑者、变革者转变。经济发展新趋势和国际创新整体位势变化使我国的发展动力、发展导向、发展目标呈现全新变化。与此同时，美欧等发达国家对我国开展科技"围堵"则成为我国发展面临的新挑战。基于此，"创新驱动""科技自立自强"成为新时代我国发展的鲜明特征——党的十八大以来，贯彻新发展理念是关系我国发展全局的一场深刻变革。党的十九大报告中强调要坚定不移贯彻创新的发展理念，党的二十大报告中提出加快构建新发展格局，着力推动高质量发展。在这一背景下，新场景、新物种、新赛道、新治理交错涌现、相生相长，成为与传统工业经济截然不同的经济发展新范式。这其中，海归独角兽企业家代表，专精特新创业群体和科技领军人才群体共同紧抓新一轮产业技术革命发展大势，响应国家号召，直面国际风险挑战，成为人工智能、生物医药、智慧网联等新经济赛道的佼佼者。通过技术创新突破和科研体制改革"内外兼修"的方式为我国新经济建设贡献重要力量。

一、新机遇，新使命，新担当

"仿佛突然之间，中国的城市换成了新的面貌。"这是格灵深瞳创始人赵勇对新时代最直观的体会。在外奋斗十几个春秋，新时代我国的快速发展让这位人工智能领域的海归创业人才充满豪情壮志："10年前没人想到我国今天的成就，那么何必为10年后的未来强加一个上限？"

数字时代催生创新范式变革

新一轮科技和产业革命具有数字化的时代特征。数字经济是继农业经济、工业经济之后的主要经济形态，是以数据资源为关键要素，以现代信息网络为主要载体，以信息通信技术融合应用、全要素数字化转型为重要推动力，促进公平与效率更加统一的新经济形态。在经济学意义上，数据要素具有双重内涵：一是数据成为生产资料本身，即数据的要素化；二是数据作为要素作用于现代经济体系，改变了现有生产要素的形态和性质，即要素的数字化。而伴随数据成为经济生活中的关键要素，以云计算、大数据为代表的数字技术带来新一轮经济范式的改变，数据驱动的"四新"范式共筑数字经济新生态，进而带来创新范式变革。

在数据这一变革型要素的作用下，以数据要素为核心、数字技术为动力、数字基建为底座的数字经济生态逐渐孕育壮大，"新场景、新物种、新赛道、新治理"交错涌现、相生相长，成为与传统工业经济截然不同的经济发展新范式，并使得数字经济生态形成良性循环。场景创新是新经济爆发的原点，新经济语境下的场景创新专指新技术通过在具体场合、具体业务中的商业化应用，围绕满足真实市场需求而形成的大量真实数据，反哺技术研发的迭代升级，从而获得研发突破与场景爆发的双赢。旷视科技创办者印奇正是紧抓G20杭州峰会会场安检场景机遇，实现企业爆发式增长。旷视科技的案例证明新物种企业是识别新场景、拓展新场景的主体。

与此同时，新场景也不断催生出把数据作为创新动力源的新物种企业。以独角兽、潜在独角兽、哪吒企业为代表的新物种企业实现了边际成本为零的爆发式成长，企业成长从传统的线性成长路线转化为"创业企业—瞪羚企业—独角兽企业—龙头企业"。2022年，中国有独角兽企业357家，同比增长13%，总估值超1.1万亿美元。这其中，海归人才成为独角兽企业家中的明星，在开拓新经济赛道的同时受到资本市场的高度认可。小米生态链走出的苏峻创办了智米科技，依托云平台和大数据，实现生活电器产品的智能控制和自主学习，为小米集团开拓了继手机后的智能硬件新赛道。2020年，智米科技位居中国新型创新企业50强第二位，2022年企业估值突破10亿美元。而伴随着智米科技这种快速成长的新物种企业在某一领域密集出现，形成规模化的产业跨界，即开辟出了新的赛道。目前，我国在互联网医疗、智能网联汽车、新能源、生物技术等多个前沿科技领域集聚了大量新物种企业，不断催生新产业、新业态、新模式。

由于新场景、新物种企业、新赛道都是新生事物，本身具有原创性、跨界性，自然会带来对传统工业经济治理方式的新挑战，进而激发不同区域政府对新治理方式的探索。而在不断升级的数字技术加持下，政府和企业走向联合治理创新，形成精准预警、信用自律、生态共治的数字化治理新机制。

在新时代，我国以新的发展战略面对外部形势和发展需求

伴随着新一轮科技和产业革命在世界范围内的蓬勃发展，美、德、英、日等大国对新技术的敏感度和对创新机遇的关注度空前提升，科技创新成为国际战略博弈的主要战场。为了抢抓新一轮产业科技革命历史机遇，以美国为首的西方工业强国争相推出个性鲜明的发展战略，同时对我国开展科技围堵。究其原因，我国经济实力和在国际科技创新中的整体位势显著提升，已成为传统工业强国无法忽视的对手。进入新时代，我国GDP世界占比从2012年的11.3%提升到2022年的17.8%，世界第二大经济体位置进一步巩固，并已由高速增长阶段转向高质量发展阶段，但也面临增长速度换挡期、结构调整阵痛期、前期刺激政策消化期"三期叠加"的复杂局面。从我国国际科技创新整体位势上看，我国已成为全球重要的区域创新枢纽，科技创新能力稳步提升。2022年中国创新指数排名全球第11位、亚洲第三位，在科技革命中的角色由跟跑者、参与者向并跑者、变革者转变。

在此背景下，"唯GDP论英雄""以市场换技术"等发展理念和发展路径已不适用于新时代高质量发展，难以满足我国加快建设创新型国家和世界科技强国的战略诉求。基于此，党和国家准确把握新一轮产业科技革命发展大势，迎接新时代发展需求。党的十八大后提出创新是第一动力，二十大对加快实施创新驱动发展战略作出重要部署——坚持面向世界科技前沿、面向经济主战场、面向国家重大需求、面向人民生命健康，加快实现高水平科技自立自强。并提出加快构建新发展格局，着力推动高质量发展，着力提升产业链供应链韧性和安全水平。

自2018年以来，以美国为首的西方国家在经济、科技等领域加速对

我国的打压。在"小院高墙"策略下，美国进一步加强芯片、人工智能等和新领域的技术封锁，阻碍正常的国际科技合作和人文交流。在"实体清单"管制条例下，商汤科技、旷视科技等科技企业产品出口、赴美上市受阻。在科技前沿的研究与开发领域，国际科技合作受限，国际人才往来受阻，国际资本流动受阻，这些挑战不仅摆在新时代海归人才面前，而且赋予了海归人才新的使命。

新时代人才承担起新的历史使命

独角兽企业是开辟新赛道的生力军，新时代海归独角兽企业家掌握着国际前沿领域关键技术，企业家群体具有明显的硬科技创业特点。他们在新经济科技"战场"取得显著成就，以前瞻性布局帮助我国人工智能、创新药、先进机器人等赛道实现技术优势。海归独角兽企业家更兼具国际化视野，对所在赛道的主要竞争对手具有透彻的认知，在与海外科技巨头的科技竞赛中避开巨头锋芒，转而积极培育新业态、发掘新赛道。在这一过程中，海归独角兽企业家充分依托我国丰富场景优势，紧抓我国市场机遇，实现企业的爆发式成长。陈兆芃、邵天兰等企业家探索先进机器人工业应用场景，凭借产品核心技术和高性价比在国际市场站稳脚跟。创新药赛道走出严海、许俊泉、王雷等杰出代表。人工智能赛道的林元庆、戴文渊、陈建等人以人工智能全方位赋能传统行业。

专精特新企业聚焦垂直细分赛道，新时代海归专精特新创业群体重点关注行业小切入点，产品服务具有"专业化、精细化、特色化、新颖化"的特征。依托核心技术优势，海归所创办的专精特新企业具有更显著的科技属性，帮助我国克服"卡脖子"技术难题，补全所在产业链关键短板。更做到了"以小带大"，夯实我国航空航天、医疗健康、民生养老等关键领域根基,承担起维护我国产业链、供应链安全的重任,兼具提升我国民生福祉的职责。吴雷聚焦电子元器件研发封装,成为我国航天设备重要的本土供应商。爱侬养老创始人张穆森通过数字化养老平台,打通传统养老业"门对门"服务最后一公里。康桂霞带领柏惠维康研制出首台国产脑神经手术机器人,巩固我国远程医疗产业基础。推想科技创办人陈宽专注人工智能医疗领域,企业位居我国医学影像辅助诊断赛道第一。

海归科技领军人才作为在国际科研领域享有盛誉的尖端群体,是世界前沿科技战略领域的开路先锋。历经多年沉淀,我国海外高层次人才在不同科技领域创造丰硕的创新成果,已成为推进世界科技进步的重要力量。伴随科技竞争成为大国竞争的主战场,以美国为首的西方国家在芯片、人工智能等战略领域日渐收紧对我国的科技围堵。作为世界尖端前沿科技的开拓者,海归科技领军人才群体拥有顶尖科研能力,掌握前沿科研成果,洞察世界科技发展大势,瞄准国际战略领域奋起直追,打破前沿科技领域的海外技术垄断,加速缩短我国与领先国家的技术差距。沈寓实与国内领军平台型企业一起构建自主可控安全的新一代网络计算产业生态。与此同时,新时代海归科技领军人才赋予创新创业全新的内涵,许蓓、杨进等科技领军人才虽不直接创办企业,但却积极投身我国前沿科技技术攻关。另有饶毅、王晓东、施一公等人率先开展科研体制机制改革,共同开创国家科技创新伟大事业。

海归独角兽企业家代表、专精特新创业群体和科技领军人才殊途同归,共同投身夺取新时代中国特色社会主义伟大胜利的新征程。

二、梦想与奇迹，"独角兽"崛起

独角兽企业具有高成长性，一定程度上代表了经济转型升级的方向，大家展现出的信心和活力，让我们看到了我国经济运行整体好转的强劲动力和高质量发展的前景。企业是科技创新的主体，希望广大企业特别是科技型企业以创新为使命，把更多精力放在关键核心技术攻关突破上，打造更多"独门绝技""硬核科技"，努力在新领域新赛道脱颖而出，为我国实现高水平科技自立自强作出贡献。

北京是独角兽企业的策源地

"独角兽"概念源自美国投资界，代指估值超过10亿美元的创业公司。北京市长城企业战略研究所是中国较早引进独角兽企业概念的咨询机构，并率先开始了对中国独角兽企业的研究。独角兽企业是开辟新领域新赛道的生力军，是科技领军企业的后备军，是科技骨干企业的主要力量，对不断塑造发展新动能新优势具有重要作用。

进入新时代后，北京率先观察、培育独角兽。2016年，中关村联合北京长城企业战略研究所在北京国际会议中心首次发布独角兽企业榜单，小米、美团点评、滴滴快的、京东金融、乐视移动、神州专车、凡客、搜狗、爱奇艺等40家企业入选榜单。2023年，北京市科委牵头出台培育和服务独角兽企业的相关措施，强化对独角兽企业专业化服务，对在关键核心技术攻关承担重大任务的企业给予资金支持，对独角兽企业人才给予落户支持等。在这样的背景下，北京市独角兽的数量达历史新高。截至2022年，北京共汇聚76家独角兽企业，主要分布于人工智能、自动驾驶、机器人等领域，硬科技特征鲜明。

北京海归独角兽企业家积极开拓新赛道

在新时代，北京海归独角兽企业主要以三种方式实现新赛道开拓，进而助力我国实现自主创新，打破国外技术封锁。一是凭借科研实力开拓颠覆性技术领域，商汤科技创办人汤晓鸥身兼学术专家和成功创业者的双重身份，与他的学生、科研团队开创了我国人工智能人脸识别核心算法。艾渝和他的特斯联科技以智慧物联为核心，搭建具有中国特色的智能城市场景。二是结合中国市场需求，探索技术运用新模式，以薛鹏、张天泽、卜江勇和印奇等人为杰出代表。薛鹏瞄准国内同城快递领域的空白，依托大数据算法和国内快递公司的成熟模式，创办了闪送。印奇的旷视科技依托我国城建、医美等场景机遇短时间内实现爆发式增长。三是通过前沿科技和传统产业交叉融合开创新赛道。郑勇瞄准货仓物流领域，研制出具备国际领先水平的仓库物流机器人。

汤晓鸥：何妨吟啸且徐行

汤晓鸥，1990年毕业于中国科学技术大学，1991年于美国罗切斯特大学获得硕士学位，1996年于麻省理工学院（MIT）获得博士学位，2014年创办商汤科技，企业自成立以来，凭借多项技术成果开拓了人脸识别新领域，极大地推动了我国人工智能发展。截至2021年，商汤科技已经完成12轮融资，融资总金额达到52亿美元，最后一轮融资于2021年6月完成，投后估值超120亿美元。2023年12月15日，汤晓鸥因病救治无效，不幸离世，终年55岁。

纵观汤晓鸥的求学工作经历，他总是走在时代的最前沿。在本科生录取率不到20%的20世纪90年代，汤晓鸥考入中国科学技术大学。1991年又成为中国较早的出国留学生，并且仅用6年时间便获得了美国罗切斯特大学硕士学位和麻省理工学院博士学位。1996年，登上学术高峰的汤晓鸥首次回到国内，但是此时的他并没有选择创业，而是进入香港中文大学信息工程系担任教授。汤晓鸥首次创业可以追溯到2001年，2001年7月汤晓鸥带头建立了香港中文大学多媒体实验室，是最早应用深度学习进行计算机视觉研究的华人团队，被誉为"计算机视觉界的黄埔军校"。在这座实验室内，汤晓鸥和他的团队在全球范围内做出了大量深度学习原创技术突破：2012年，国际计算视觉与模式识别会议（CVPR）上仅有的两篇深度学习文章均出自其实验室；2013年，国际计算机视觉大会（ICCV）上全球学者共发表8篇有关深度学习的文章，其中6篇出自汤教授实验室；2011—2013年，汤晓鸥团队在计算机视觉领域两大顶级会议ICCV和CVPR上发表了14篇深度学习论文，占据全世界在这两个会议上深度学习论文总数的近一半。

正是由于以香港中文大学多媒体实验室为雏形，商汤科技这家中国顶尖的人工智能企业在骨子里就携带着创新的基因，并在成立后得以快速发展。商汤科技也像是汤晓鸥本人的映射——人们很难用教授、学者、企业家某一个职位来描述汤晓鸥的身份。企业家中的科技泰斗、学者中的创业精英或许更适合展示汤晓鸥的创业历程。

2014年，汤晓鸥与徐立、王晓刚、徐冰、杨帆4位联合创始人正式在香港中文大学多媒体实验室创办商汤科技。这其中，香港中文大学多媒体实验室团队成员徐立担任联合创始人、首席执行官。另一位联合创始人徐冰也来自实验室团队，他上大二时，修读了汤晓鸥的计算机视觉课程，并产生了浓厚兴趣，在大四末期决定加入香港中文大学多媒体实验室攻读博士。后来，他跟随汤晓鸥加入商汤创始团队，担任联合创始人职位。此外，商汤科技的核心团队由两大部分组成：一部分是来自麻省理工学院、香港中文大学、清华大学、北京大学的博士、硕士等；另一部分则是来自微软、谷歌、联想、百度等相关领域的从业者。

2014年，国内对人工智能普遍缺乏深度认知，商汤科技的成立为我国人工智能领域开疆拓土作出重要贡献。2014年，汤晓鸥与何恺明及亚洲研究院孙剑，凭论文《基于暗原色的单一图像去雾技术》夺得IEEE电脑视觉与模式识别大会（CVPR）的"最佳论文奖"。这个研究成果基于原创的人脸识别算法，在数据库上准确率达98.52%，首次超越人眼识别能力（97.53%），超过Facebook同时间发布的DeepFace算法（97.35%）。同年，汤晓鸥团队用原创的算法超越人眼，造出一个准确率达98.52%的"怪物"，随即又立刻发布更逆天的DeepID算法，直接把实验成绩提高到99%以上。对于国际人工智能领域来说，这一成果开启了整个人脸识别行业技术落地的时代，对于我国人工智能发展历程来说，汤晓鸥和他的商汤科技令我国在该领域跃居世界领先地位。2016年，汤晓鸥的实验室与麻省理工、斯坦福等著名大学一道，入选世界十大人工智能先锋实验室。

2021年，商汤科技开启公开招股，准备实现企业创新事业的骐骥一跃。按计划，商汤科技将在全球公开发行15亿股普通股，其中90%为国际配售股份，10%为香港公开发售股份，拟募资合计47.18亿元—48.89亿元人民币。然而在12月10日，美国财政部发表声明，将中国商汤科技有限公司列入所谓"军工复合体企业清单"，实施投资限制。根据商汤科技IPO

招股书，其投资者包括美国银湖资本和高通公司。美国突如其来的制裁大棒基本打断了商汤科技的首次上市之路。

外部的制裁阻挡不了商汤科技的创新发展的脚步，阻挡不了中国人工智能产业的发展步伐。2022年商汤科技财报数据显示，企业财务水平保持稳健，亏损净额收窄至61亿元，总现金储备为166亿元。从受到制裁至今，汤晓鸥和研发团队凭借其科研创新实力，率领商汤科技持续开疆拓土，不断探索人工智能在多行业领域的应用，现已形成了企业服务智能化、城市管理智能化、汽车出行智能化、个人生活智能化四大业务板块。其中智慧生活板块业务收入加速增长，同比增长130%。智慧生活、智能汽车的收入贡献有较大提高，占比分别从2021年的9%、4%提升至25%、8%。在核心技术方面，2023年商汤科技在大装置和高性能计算、计算机视觉、AI生成内容、自然语言处理、强化学习和决策智能、AI芯片和硬件加速等领域都实现了技术突破。其中，在计算机视觉领域，成功研发了320亿参数量的全球最大的通用视觉模型，实现了高性能的目标检测、图像分割和多物体识别算法，并在自动驾驶、工业质检、医疗影像等多个领域得到广泛应用。

汤晓鸥的研究创业历程可以用精彩、辉煌等形容。他是中国乃至世界人工智能脸部识别新赛道的开创者，极大拓宽了人工智能应用。如果放到世界人工智能领域的宏观视角，他和他的商汤科技更像是武侠小说中的扫地僧，人们很难想到在这家中国独角兽企业的掌门人手下走出了众多Facebook、谷歌等企业的技术骨干。在遭受美国制裁后屹立不倒，人们惊讶地发现人工智能人脸识别这一领域的宗师级人物不是脸书、不是麻省理工，是商汤科技。2023年12月15日，汤晓鸥不幸离世，终年55岁。作为科技创业的突出代表，我国人工智能领域的领军人物，汤晓鸥的英年早逝是新时代海归科技精英群体的损失，也是我国人工智能领域的遗憾。

艾渝：让中国智慧城市走向国际舞台

艾渝拥有长江商学院EMBA学位、美国圣路易斯华盛顿大学金融学硕士学位，加拿大温哥华西蒙弗雷泽大学经济学学士学位。曾连续三年获评福布斯中国最佳创投人TOP100。2015年创立特斯联科技集团有限公司，是我国第一家探索布局智慧城市建设的企业，2022年特斯联科技集团有限公司估值14.5亿美元，同年，艾渝被《财富》评选为中国40位40岁以下商界精英之一。

不论是从教育经历还是长期的从业经验看，艾渝的人生轨迹看上去都应该成为一名成功的专业投资人，他是在中国、美国、加拿大三国顶级的教育体系下培育出来的商务精英，曾任职于世界投行巨头摩根大通及香港投资银行部。2007年，中金公司为中国企业的股权融资额突破了1000亿美元，这让他意识到作为金融从业者在中国必然有更加广阔的发展空间，于是在2008年，艾渝回到北京出任光大安石房地产投资顾问有限公司的执行董事，又在2014年就职于首誉光控资产管理有限公司副总经理。从投资成果上看，证明他的确有独到的投资眼光——在创立特斯联之前，艾渝已累计投资了100余个项目，管理项目资产规模突破1000亿元人民币，在私募股权投资领域有着卓著的业绩表现且在新经济领域投出了一众明星项目。主导投资爱奇艺、美团点评、蔚来汽车、优信集团、马上金融、网易云音乐、商汤科技、每日优鲜、小鹏汽车、CIDI、京东物流等项目。多年投资新经济领域的经验,让他具备了更加宏观、科学的行业理念。2015年,艾渝创立特斯联科技集团有限公司。

即便拥有对于新经济行业透彻的认知,从投资人到创业者的身份转变依旧是很大的跨越。他自己也说:投资人创业无异于将自己踹下悬崖,跳进冬天的海里游泳。由于这种踟蹰的心态,2015年公司刚刚起步的时候,特斯联也没有形成清晰的发展战略和目标,初期的业务单一到只有智能门锁。他坦言:对于投资而言,将一家公司估值做大、退出、获得回报是标准流程。自己也没想清楚到底是想短期经营退出,还是想做一个企业?甚至于投资圈的朋友也纷纷劝他只要将公司做得差不多,退出、上市或者卖出都不愁接盘人。

但是随着公司业务的开展和艾渝本人对智能门锁的见微知著,他的心态逐渐发生了变化。"如果每家都用智能门锁,每个人都会以智能门锁为媒介去线上,去线上就意味着有流量和用户。"这种流行的、朴素的互联网思维让当时的艾渝对公司后期的转型有了模糊的认识。智能门锁的本质是人与物体的连接,不久后艾渝意识到一个物与物的连接可能是一个更为广阔的市场。具体来说,就是把新一代的IT、互联网技术充分运用到各行各业,把传感器嵌入、装备到全球的医院、电网、铁路、油气管道等一切通过互联网形成"物联网";而后通过超级计算机和云计算,使得人类以更加精细、动态的方式工作和生活,从而在世界范围内提升"智慧水平"。

思维认知的提升促使艾渝对公司主营业务和重点技术探索发力点产生显著变化。2016年7月25日,特斯联公司副总裁李杨在2016年中国互联网大会中国物联网论坛演讲时指出,特斯联科技已经开始探索区块链技术在物联网的应用。这标志着一家依托于人工智能物联网(AIoT)技术的智慧场景服务提供商得以构建。在接下来的2017年,特斯联旗下的智慧城市、智慧网联建设项目呈现井喷式增长。2017年3月21日,特斯联初试牛刀而大有收获：超级大脑首批重磅入驻工信部"双创平台"，该平台是特斯联科技移动物联网运营管理平台携特斯联智能门禁、门锁、闸机、地锁、抬杆等智能通行及停车硬件集成的智慧平台。2018年，特斯联科技提出"IoT多场景融合的智慧城市大脑"，通过无线传感网络、云计算、大数据分析等信息化技术应用，解决海量数据实时采集、云运算、大数据挖掘和数据监控，以达到精细化管理的目的。

2020年迪拜世博会共吸引192个国家和地区及多个国际组织参展。特斯联作为唯一一家中国公司，入选2020年到迪拜世博会官方首席合作伙伴，与思科、西门子、SAP、埃森哲等一起助力世博会的顺利举办。除了为世博会带来根植于城市智慧场景的机器人解决方案外，特斯联将借助基于自研的AI CITY（人工智能城市）产品及理念，助力迪拜在世博会D2020特区打造一座示范性的未来智能城市。世博会期间，特斯联超过150台机器人为现场游客提供导览、送餐、发放宣传资料、群舞表演等多种智能化服务，累计工作时长超5万小时，接待访客数量1100余万人次，实现语音交互超65万次，行驶里程超47万千米，实现了超百台机器人服务世界顶级盛会，真正实现人机共存，提供一站式场景化智能服务。

从投资人的身份转型到创业者初步摸清赛道发展方向，再到形成明确的发展之略，再到依托物联网技术成为中国智慧城市建设的引领者最后登上国际舞台。尽管艾渝将自己的身份转变描述为跳进冬天的水池，但正是这样一份谨慎与风险意识促使他不断思考创业的风向，并依托早年丰富的投资经验，更加精准地抓到了时代所需，终成为我国智慧城市建设的拓荒人，并在国际盛会精彩亮相，输出中国智慧城市建设经验。

印奇：以场景应用促进人工智能发展

> 印奇，2011年赴美国哥伦比亚大学攻读3D相机方向博士学位，师从计算机成像（computational camera）的行业泰斗，其间曾有多项国际专利和顶级论文发表。2013年，印奇在美国哥伦比亚大学攻读博士期间辍学，与清华同学唐文斌、杨沐联合创办旷视科技，助力我国人脸识别产业步入发展高速路。2022年，旷视科技企业估值40亿美元。

印奇生于1988年，2006年高中还没毕业的印奇便被清华大学相中，成为清华自主招生名额中的一员。但印奇不仅通过清华大学自主招生考试，还在高考中拿到680多的高分，顺利进入清华大学自动化专业。但是"别人家的孩子"并没有按照设定预想的道路走下去，反而是在大学期间就表现出了强烈的创新创业潜力。在清华大学，印奇结识了唐文斌和杨沐，三人都是当时校园里出名的极客。2012年，一部iPhone让唐文斌和印奇走上创造之旅。两人一起研发出名为《乌鸦来了》（Crows Coming）的体感游戏，这款小游戏一度冲上App Store排行榜的前5名。但三人对此并没有感到多大的满足，因为他们创业的立足点并非做一家游戏公司。

2013年，印奇赴美国哥伦比亚大学攻读计算机博士学位，但读博期间辍学创业，与清华同学唐文斌、杨沐联合创办北京旷视科技有限公司。企业创办之初，印奇和两位伙伴为旷视制定了未来战略：第一步是搭建Face++的人脸识别云服务平台。这个平台的目标是实现人脸识别的技术，通过使用人工智能技术和深度学习算法来实现准确和高效的人脸识别。第二步是推出Image++，这是基于图像识别的技术，通过使用图像识别技术，计划实现对物体和场景的识别和理解。目标是让机器能够识别和理解各种不同的物体和场景，从而实现对万物的识别。这其中，最难的是搭建云服务平台，因为都是前沿的东西，能够给他们借鉴的案例不多，只能边做边看。三人各司其职，印奇主攻视觉识别，唐文斌专注图像搜索，而杨沐负责系统架构与数据挖掘。经过三人持续不懈的努力，Face++云平台终于搞定。尽管在关键技术领域实现了突破，但是印奇和他的同伴又面临着这样的问题——先进的技术给谁用，有什么发展前景。毕竟，创业不同于实验室做研究，仅追求技术的领先但忽视使用前景不会让企业做大做强。

事情的转机发生在2016年G20杭州峰会上。当时杭州的安保能力难以覆盖海量入场安检需求。为了保障峰会的顺利开展，杭州市政府找到了还在发展起步阶段的旷视科技，并提出采购他们的人工智能检测设备用于安检。这成为旷视科技建立以来的第一桶金，印奇也意识到中国海量的场景运用机会是企业成长坚实的基础。

从此，场景创新驱动便成为旷视科技开拓业务、实现爆发式增长的有力抓手。2012年，旷视进入消费物联网领域，重点聚焦SaaS及电子消费场景应用，为其提供数十种AI能力，并在这一过程中积极探索和拓展"AI+美业"行业发展趋势。其中比较成功的案例是帮助消费者护肤品决策平台"美丽修行"构建"FaceStyle智能测肤"功能，增强美丽修行测肤能力，以16型肤质智能分型来增强用户体验，创造更多价值。2015年，旷视进入城市物联网领域，聚焦城市和建筑场景应用。推出了人工智能摄像头，并不断强化硬件能力以配合尖端计算机视觉算法。

2021年，美国以旷视科技成为"中国军工复合体企业（NS-CMIC）"的名义，将旷视科技纳入制裁清单。2021年12月17日，旷视科技针对美国无端制裁发表声明，其中这句"此次列入清单不会对旷视科技的日常经营产生影响"尤其惹人注目。而事实也证明，美国的制裁封锁阻挡不了旷视科技的发展壮大，更阻挡不了旷视科技依托自身产品服务造福中国社会经济建设的决心。就在2022年2月，旷视科技便携手生态合作伙伴，全方位参与了奥运筹备过程。通过提供多维度技术服务与决策支持，推出低成本、高精度、易使用的室内视觉定位方式，以科技赋能精彩北京冬奥。2023年5月，旷视与全球权威认证机构SGS联合宣布，旷视四向穿梭车提升机及配套电池通过SGS的一系列严格安全测试和验证，获颁中国地区首张四向穿梭车系统CE全指令认证证书。这标志着旷视四向车系统的整体安全性能符合欧盟规范，安全技术能力达到国际先进水平。

  截至2023年，旷视科技已经赢得25项国际人工智能顶级竞赛冠军，同时拥有国内外在申及授权专利1000余件，代表行业领先技术提供方参与19项人工智能国家及行业标准制定。以深度学习为核心竞争力，旷视融合算法、算力和数据，打造出"三位一体"的新一代AI生产力平台旷视Brain++，并开源其核心——深度学习框架"天元"。旷视科技的人脸识别技术在世界范围内处于领先水平，目前已经和包括支付宝、Camera360、魔漫相机、360搜索、小米金融等热门应用在内的3万多个App建立了合作，其中国外客户占到了30%。

>   回顾印奇的创业生涯，不走寻常路反映出这位年轻有为的创业者的时代印记。伴随中国经济的高速发展，海量的业态提供爆发式场景，印奇在中国企业家中率先识别到场景机遇，实现人工智能从技术研究领域到场景落地应用，促进人工智能产业发展。

郑勇：打响仓储机器人品牌国际化

  郑勇，曾在清华大学和德国亚琛工业大学学习工业工程专业，之后在跨国公司ABB和圣戈班从事供应链管理工作，负责中国重点生产基地从工程到质量控制和物流的整体运作。曾经就职于投资基金公司天域资本。成立于2015年的极智嘉，是一家致力于应用先进的机器人和人工智能技术，打造高效、柔性、可靠的解决方案。2021年企业估值20亿美元。

郑勇曾于2014年考察亚马逊仓库物流项目。注意到他们正在全面推广机器人的设备应用，郑勇非常震撼。基于自己所学的专业和工作经历，郑勇能很清楚地看到这样的机器人系统在物流领域的巨大价值和市场空间。于是，郑勇便开始在中国寻找相关物流领域的创业公司。

2015年，郑勇联合清华大学教师和机器人领域专家，共同创办极智嘉，成为最早一批中国物流机器人企业。当时的中国"网购"已经不再是一个陌生的词汇，中国消费者逐渐接受了这样一个让人惊喜的事实——购物不再受到时间空间的限制，只要一台电脑甚至一部智能手机，就可以从全国甚至全世界获得物美价廉的产品。甚至"某某货仓快递包裹积压成堆，分拣小哥忙不迭"的新闻也成为当时的逸事。郑勇正是摆脱了这种惯性思维，才发现一般人难以发掘的市场机遇。但是从实验室原型产品到商业化落地，并没有郑勇最初想的那么容易。考虑到商用的复杂性，郑勇启动了天使轮融资，招兵买马扩大团队。资料显示，2016年郑勇的极智嘉相继收到了多笔天使轮投资，但投资人给他们的第一个挑战性目标是，当年的"双11"要正式发布公司产品。但当时极智嘉只有一台机器人原型，而彼时距离产品发布不足三个月，于是20人的团队开始没日没夜地继续研发。终于在规定日期前拿出成果，稳住了公司来之不易的第一桶金。

2016年至2020年，是极智嘉发展步入正轨的关键时期，也恰好是中国"非原生玩家"相继涌现的时期。仓储机器人行业市场潜力巨大，吸引了众多电商和物流巨头的关注。仅中国就有50多家仓储机器人公司，包括京东、阿里巴巴、苏宁等电商巨头以及海康威视、旷视等创业公司和格力等老牌企业。这些公司都希望通过仓储机器人来提高仓储和物流的效率，降低劳动成本。因此，仓储机器人行业的竞争对手众多，竞争十分激烈。但是激烈的竞争反而促进极智嘉的急速成长，2015年至2020年，极智嘉一共卖出1万台机器人。但2020年至2021年，一年时间就卖出1万台，相当于1年内卖了前5年加起来的销量。这表明极智嘉在市场中的竞争地位不断增强，在市场上获得了更大的认可。

究其背后原因，除了近400个核心专利的硬实力，郑勇和他的团队总能为不同的场景应用搭配最合适的技术服务，进而显著提升不同仓储分拣的运行效率。以极智嘉"货到人"拣选机器人P800和柔性落地式分拣机器人S20为例，目前这两款机器人在电商零售、制造、鞋服、3C、汽车、医药、邮政和第三方物流方面都有着广泛的应用。极智嘉P800机器人可搬运整个货架到拣选工位，比起传统的"人找货"模式，可减少50%—70%人力劳动，效率得到了较大幅度的提升。2019年"618"期间，完成发货逾2000万件。值得一提的是，在医院物流领域，极智嘉正在帮助北京一家三甲医院升级手术耗材库，通过部署P800机器人和拣选系统，提升手术耗材准备的效率，简化人工操作流程，进而实现耗材库智能化管理。在极智嘉的服务案例中，拳头产品S20分拣机器人在某电商仓库的智能化改造中发挥了重要作用。通过配备丰富的传感系统，S20机器人能够感知周围环境，实现智能导航、自动充电和自动对接输送带等功能，从而实现全自动化智能分拣。该电商仓库上线了200台S20分拣机器人，并与系统进行配合作业。在系统上线后，分拣效率达到每小时1万件，效率提升了三倍以上。

极智嘉在海外市场的分布主要包括日本、亚太地区、欧洲和美洲。从2019年开始，海外市场的营收已经超过国内市场，占总营收的60%左右。

不同于国内市场，极智嘉在海外市场以大中型客户为主。然而，与国内市场集中在少数头部公司的情况不同，海外市场的大中小客户群体分布较均匀。同时，海外市场的物流基础设施相对完善，配合极智嘉的智能分拣系统能够更好地提高效率和准确度。加上发达国家人力成本过高，因此海外市场获得了高速增长。

值得注意的是，2022年亚马逊和极智嘉都公布了新一代"到货人方案"，亚马逊最新料箱式存储系统改善了原有拣选环节的人机工学，让人员操作更舒适，拣选效率更高，从而满足仓储自动化既要高柔性，又要高存储、高效率，也要低成本的终极需求。该方案思路与极智嘉于2021年发布的PopPick方案不谋而合，两者共同揭示了货到人拣选的未来。但是极智嘉PopPick工位采用更紧凑的直角坐标机械臂，可双向取放货箱，还可大幅节省空间。PopPick工位采用双臂设计，可实现500—600箱/小时的高吞吐能力。加上符合人机工学的工位设计，让拣选人员操作舒适，效率更高。时针拨回到7年前，也是在美国某家亚马逊的物流仓中，一位来自中国顶级高校的学者在看到车水马龙，却空无一人的亚马逊仓库后，下定决心回国创办一家中国的物流机器人企业。

> 郑勇的创业历程和极智嘉的发展历程，很大程度上就是新时代我国产业发展的缩影：在智能机器人等新经济领域，中国逐步实现从跟随者到领跑者身份的转变。海外学习工作的经历不仅帮助郑勇积累了扎实的研究基础，更开阔了其视野，成为新兴领域国内的拓荒人，并在后期成为行业的国际领跑者。

三、专精特新，异彩纷呈

"中国每年生产近400亿支圆珠笔，但生产笔尖所需要用到的笔尖钢却高度依赖进口，国内3000多家制笔企业中没有一家能够掌握圆珠笔尖的制作工艺，被迫接受外资12万元1吨的天价。"2015年，央视财经频道的《对话》栏目播出了这样一期节目。

专精特新从小切口入手，夯实产业创新基础

"专精特新"企业概念于2011年7月由工信部首次提出，是指具有"专业化、精细化、特色化、新颖化"特征的工业中小企业。专精特新企业的核心技术聚焦小切入点，依靠自主创新奠定企业独家技术优势，为市场提供专业特点明显、制作工艺精良的产品。专精特新企业长期深耕细分领域，拥有自主创新能力和核心竞争力，在强化产业链供应链方面发挥重要作用。

为增强产业链关键环节竞争力，完善重点产业供应链体系，北京市经济和信息化局于2021年印发《北京市关于促进"专精特新"中小企业高质量发展的若干措施》，旨在进一步激发中小企业创新创造活力，加快推动"专精特新"企业梯队培育和高质量发展。针对"专精特新"中小企业融资难、抗风险能力弱的特点，北京"专精特新"专板于2023年8月24日

正式开板，专门为专精特新企业提供有针对性的股债融资、上市加速等资本市场服务。2023年北京市公布2022年度第四批"专精特新"中小企业名单，共有1234家企业入围，其中海淀区以396家的数量稳居第一。

北京海归专精特新企业家强化产业链安全保障

进入新时期，我国着力提升产业链供应链韧性和安全水平。聚焦垂直细分领域，专精特新企业承担着夯实我国产业基础，保障供应链安全的重担，同时为打破国外技术封锁，在提升国家产业安全方面发挥着重要作用。李响和她的团队让我国核酸检测仪器逐步摆脱对外依赖，游可为创办的润方生物用人造血液保障国家医疗事业健康发展，彭思颖通过人源动物模型巩固了我国创新药研发基础，刘昊扬带领北京诺亦腾科技有限公司不仅研制了国产动作捕捉设备，还积极探索该项技术在体育科学的应用。赵勇创办的格灵深瞳极大推进了我国人工智能人脸识别领域的国际位势。另有以吴雷、康桂霞、张穆森等为代表的海归人才，深度融合北京产业脉络，紧抓北京创新高地和科研高地优势，在深度促进产学研结合、补全产业短板、强化产业链条等方面作出杰出贡献。

赵勇：中国人工智能跟随到领跑的见证人

赵勇，北京市欧美同学会二届理事会理事，毕业于美国布朗大学，获计算机博士学位，后担任Google总部研究资深研究员，成为谷歌眼镜Google Glass早期核心研发成员。2013年4月作为联合创始人创立格灵深瞳。2022年3月带领格灵深瞳公司正式挂牌上海交易所，被誉为"A股科创板人工智能第一股"。

赵勇本科与硕士毕业于复旦大学电子系，博士毕业于美国布朗大学计算机工程系，主要研究方向是计算机视觉，而计算机视觉研究的终极目标就是希望计算机拥有无限接近人的感知能力。借助优秀的科研能力，赵勇曾在三菱电器研究所（Cambridge）、爱普生实验室（San Jose）、Nvidia实验室（Santa Clara）和惠普实验室（Palo Alto）担任实习研究员。2010年起，赵勇供职于谷歌总部研究院任资深研究员，在此期间，他曾担任安卓操作系统中图像处理架构的设计者，以及谷歌眼镜（Google Glass）早期核心研发成员，与团队一起开创了可穿戴设备的热潮。

凭借着自己在计算机视觉领域10多年的技术经验积累，2013年4月作为联合创始人创立格灵深瞳，带领技术团队成功研发出了"深瞳无人监控安防系统"，一举解决了传统安防监控行业"看不见"和"找不到"的行业基本痛点。传统的安防监控中心，一个保安需要同时看几十上百路视频，即使发生了异常事件，能够被保安看到的概率也是非常小的；而当一件事情发生以后，需要靠人力去大量的硬盘数据里寻找线索，这是一项极其浩大的工程，耗时特别长，效率特别低，而格灵深瞳的产品可以很好地解决这些问题。

在赵勇看来，他的创业不是偶然的，而是我国创业生态激励下的必然结果。在他刚回国创业阶段，国内的风投资本对人工智能技术基本没有认知，当时白手起家的创业者也很难收获社会的身份认同。直到2013年，伴随着"大众创业、万众创新"概念的提出，赵勇终于在北京获得了第一笔创业风投资本。更幸运的是，赵勇在北京遇到了一批和他有相同经历，同样怀揣梦想的创业者，他们和赵勇一样掌握着人工智能领域的高端技术，和赵勇一样因为对创业的热爱而从大企业裸辞创业，和赵勇一起为格灵深瞳的发展付出汗水和心血。

除了日渐丰富的资本和人才等创业要素，北京支持创业、鼓励创业的环境也给赵勇留下深刻印象。格灵深瞳在成立一个月后获得了中关村管委会的关注。赵勇至今还记得与中关村管委会主任第一次通话的情形，起初赵勇奇怪一位村主任为什么不关注农业生产而关注人工智能？详细了解彼此后，赵勇才意识到原来北京有这样一个专注于创新创业的高端平台，原来自己的创业之路从不孤单。时任中关村管委会主任郭洪详细询问了人工智能发展情况，热心关切创业办公空间、无人驾驶车试验场地等问题，还牵线安排了央视对赵勇进行专项采访。多项支持和关怀让赵勇备受感动，也更加坚信自己的选择是正确的。2022年3月18日，北京格灵深瞳信息技术股份有限公司正式在上海证券交易所科创板上市，对应市值约73亿元，成为我国第一家上市的人工智能企业。

格灵深瞳现已发展出五个板块：一是金融领域，聚焦金融视觉传感器网络。现已覆盖农业银行全国各省市的上万家网点，包含智能安保、智能运营、智能风控等多个金融业务场景。二是政府智慧网络，聚焦反恐防疫。三是轨道交通检修，公司在该领域自研的列车智能检测解决方案已在高铁和地铁项目中通过验收，实现落地应用，为列车的安全运维提供保障，在研产品已涵盖轨交机务、电务和工务三大工种。四是体育领域，公司的智慧校园体育产品等部分在研产品已成功在客户中开展试点。五是新产品领域，尤其聚焦沉浸式人机交流系统。除此之外，公司在元宇宙等领域进行前瞻性的布局，元宇宙场馆已在首钢园区进行建设，公司产品、整体解决方案和基于大模型的行业应用的研发和落地工作按计划有序推进。2021年12月1日，格灵深瞳入选"2021年度人工智能领航企业TOP50"，并在2021年和2022年连续被评为北京市"专精特新"小巨人企业。

在赵勇心中，格灵深瞳的发展就好似中国人工智能发展的缩影。10年之前，我国社会对人工智能领域的认知基本为零，10年之后，仅有美国可以在该领域与我国相抗衡，在部分细分领域我国甚至已经成为国际的领跑者。赵勇以行业资深人士的角度分析道：在人脸识别领域我国已经连续三四年获得世界冠军，这其中不光有他的贡献，还有汤晓鸥这位重要人物，是他让人工智能在人脸识别领域首次跑赢人类。何恺明开发了计算机视觉领域的流行架构——深度残差网络（ResNets），解决了深度网络梯度传递的问题，成为GPT等大模型系列的基础，这可谓是人工智能领域发展关键的一步。

> 赵勇是中国第一批涉足人工智能发展的海归创业者，对于人工智能这一新经济赛道，包括赵勇在内的海归创业者是拓荒者、建设者、领跑者。时代大浪淘沙，赵勇凭借过硬的技术底蕴实现了事业的腾飞。赵勇是一位成功的创业者，他和他创办的格灵深瞳更是一部行走的"中国人工智能发展史"，亲身经历了中国创新生态的改善和人工智能行业的发展壮大。

李响：生物检测技术发展的功勋

> 李响，北京市欧美同学会一届、二届理事会理事，1999—2006年，先后获得北京大学物理学学士学位和加州大学物理系硕士学位，于2006年在美国注册公司，开启自己的创业生涯，主要经营生物检测设备。2009年，李响回国创办卡尤迪生物科技有限公司的前身——金银杏生物有限公司，企业创办至今已发展成为中国第一家、世界第二家致力于研制银光检测仪的生物公司。

1999年，李响就读于北京大学物理系。大学期间，李响并没有盲目追求专业课程的成绩，而是遵循自己的内心，将分析生物作为自己的选修课程。大三时，李响接触到了美国加州大学一位从事物理学和生物学交叉学科研究的教授，他对李响出色的研究能力十分欣赏，邀请她去自己的实验室学习。生物学研究的天赋在此时充分显示出来，李响一个本科生居然带领博士团队取得不错的学术成果。2004年在正式入学加州大学后，李响的研究能力进一步凸显，作为一个在读硕士，李响已经和华泰立教授一同开创了基因调控和基因控制这一全新学科，并将人工及基因开关运行效率提升了4倍。这期间积累的知识和科研创新经历成为李响后来创业的重要因素。

2006年毕业的李响在 Nature 上发表了论文，但也正是在此时李响开始真正思考自己的人生方向和人生价值。她拒绝继续申请攻读博士学位，正式开启自己的创业历程。2009年，李响回国创办卡尤迪生物科技有限公司的前身——金银杏生物有限公司，实验仪器无疑成为她的重点发展领域，并在企业发展过程中逐步将生物监测仪器打造为企业的核心产品。

历史的进程是众多因素的叠加，重大历史事件的发生往往仅需要一个引线，李响的创业历程亦然。彼时的中国市场，生物和速算检测设备都被罗氏等海外巨头垄断。李响立志打破技术垄断，生产出中国人自己的速算检测设备。2013年的H7N9禽流感疫情成为李响及其团队持续攻坚克难的重要动因，在疫情防控期间，李响和她的技术团队以极大的担当一举攻克多项技术和工艺难关，推出了自己的核酸检测设备，相较于同时期海外企业的产品既有成本低、准确率高、用时少的优点，以海归人才的前沿技术成果为祖国克服困难贡献自己的力量。在国内市场获得认可后，李响和她的团队并没有停止前进的脚步，创新性地通过仪器和试剂的综合集成，使病毒核酸检测系统一体化，将核酸提取仪、核酸扩增仪和核酸检测仪的功能集成在一起，从而将病毒核酸提取、RNA逆转录、核酸扩增的实验步骤集成在一步反应。结果表明，检测灵敏度达到1000pfu/mL以上，且低于病毒滴度10倍。目前，该系统已通过了中科院微生物所及军事医学科学院微生物流行病学研究所的权威检测。

从2014年到2019年，李响带领卡尤迪生物科技有限公司在国内站稳脚跟，并开始和国际同行巨头开展市场竞争。综合对比企业自身和国际主要竞争对手的优劣势，李响判断出，卡尤迪生物的仪器更小巧，并且是世界上第一台可以配12V直流电源的检测仪，这意味着卡尤迪旗下产品具有更加广泛的使用场景，可车载使用，也可用于野外实验。更为重要的是，卡尤迪生物仪器价格首次突破1万美元以下，而国际主流厂商罗氏（Roche）的荧光定量PCR仪，价格仍要几十万元人民币，这意味着凭借友好的价格，卡尤迪生物产品可以真正普及到基层中去。当说到企业未来的发展，李响说，病毒感染的普及性筛查、分类，对于重大传染性疾病的防疫、治愈非常关键。尤其是病毒感染筛查直接关乎国家卫生安全和民生保障。在卫生领域，癌症基因和致癌性病毒感染每年在健康人群中的普查性市场需求巨大，对胎儿的无创基因诊断以及新生儿的疾病筛查市场已经渐成规模。在民生领域，禽流感、猪流感类可传播人类的病毒的普及性筛查是畜牧业卫生防疫工作的新挑战，动植物的疫病防治同样关乎农业经济命脉，而食品中的致病性微生物是导致食物中毒、疾病产生的最大危害源头。夯实我国卫生事业基础，构筑国家安全屏障是李响和卡尤迪生物未来发展的方向。

李响和她的事业不仅填补了产业领域的空白，更有助于更好地防治传染疾病，社会属性凸显。2021年，在新冠病毒肆虐期间，卡尤迪"新型冠状病毒核酸检测试剂盒"凭借一系列技术攻关和突破，仅用时三天就对检测试剂的灵敏度和特异性进行了验证工作，做到更高反应效率和灵敏度，让技术更迭跑赢病毒变异的速度，快速检测出新冠病毒突变株。同时，卡尤迪的核酸试剂盒在新冠每毫升样本中存在400个拷贝数时就能检测出来，优于一般要求的500—1000个，为我国抗疫事业作出杰出贡献。也因此，卡尤迪收到了来自广州实验室主任钟南山院士亲笔签名的感谢信。钟南山院士在信中称赞了卡尤迪响应号召，积极参与抗疫，主动发挥在检测试剂、人员等方面的优势，助力"猎鹰号"移动实验室日核酸检测产能达20万管，以实际行动生动诠释团结一心、无私奉献的高尚情怀。

> 李响求学、研究和创业的经历宛如万花筒一般多彩，尽管父母都是画家，但李响却以科学为纸、实验为笔，画出同样精彩的人生画卷。李响研发出了中国具有自主产权的生物检测制剂，结束了核酸检测试剂长期被外国企业垄断的局面。她不仅开启了国产生物检测试剂自主创新的序章，也为我国传染病防御、健全国家公共卫生体系发挥了重要作用。

彭思颖：活体实验技术进步的推动者

> 彭思颖，北京市欧美同学会一届理事会理事，2004年本科毕业于北京大学医学部基础医学系，2009年1月于哈佛大学医学院免疫研究所实验室进行博士后研究。2011年5月回国至今，担任北京百奥赛图基因生物技术有限公司技术总监，2014年创办北京艾德摩生物技术公司，2012年7月被聘为北京市特聘专家。

就像许多怀揣"出国梦"的"80后"一样，彭思颖高中就备战托福并考取高分，大学成为班上第一批如愿出国的人，并最终师从业界"大牛"克劳斯·拉杰夫斯基（Klaus Rajewsky）教授在美国哈佛医学院攻读博士后。这位"全家的希望"在读博期间仅用三年就发表出两篇颇有影响力的学术论文。然而由于导师工作原因的变动，实验室搬回了德国，团队面临解散。

也是在这时，回国探亲的彭思颖和北京百奥赛图生物技术的相关负责人会谈，得知他们非常需要一个人帮忙带领细胞研究的整个团队，就这样，彭思颖成了同班同学中最早回国的一批人。

2021年，彭思颖回国担任北京百奥赛图基因生物有限公司技术总监，先后攻克多项技术难题；参与设计并制备了分别适用于高通量药物筛选和基础研究的细胞因子报告基因模式小鼠，在世界上这是首次利用模式小鼠进行自身免疫性疾病药物的高通量筛选，为百奥赛图的技术领先奠定了基础。彭思颖博士在担任百奥赛图技术总监期间，作出了很多贡献。她设计并研发了近百种基因剔除和基因嵌入模式小鼠，这些创新的研究成果对科学研究和医学领域具有重要意义。与此同时，彭思颖与国外科研机构如哈佛大学和约翰斯·霍普金斯大学等建立了合作关系，也积极与国内科研机构合作，如中国科学院遗传与发育生物学研究所、神经所、动物所，以及中国医学科学院基础医学研究所、浙江大学和北京生命科学研究所等。这些合作关系不仅帮助公司获取更多的科研资源和技术支持，也为后续的创业历程奠定了良好的基础。

2014年，北京艾德摩生物技术成立于北京市经开区，彭思颖担任公司法人。在企业筹办阶段，彭思颖欣喜地发现，国内的营商环境有了显著改善。例如生物医药法规方面有很多需要跟进先进创新技术的要求和空白区，在和监管法规发布部门沟通中，彭思颖获得了很多支持，法规体系的进步和改革很符合行业发展需求，从原来反馈可能需要几年，到现在以现场办公或者快速审批方式可以达到60天有效反馈。

艾德摩生物技术是一家很特殊的公司，先培育"患者"，再治疗"患者"——公司专注于人源化动物模型和个性化医疗领域。从医药研发产业链的角度看，人源化模式动物是"理想模型"。人源化动物模型能很好地"复制"人类某些功能，这种模型通常被用作人类疾病体内研究的活体替代模型，大大提高了这类小鼠模型作为模拟某些人类疾病的有效性。例如，通过将病人的肿瘤细胞移植到人源化小鼠体内，模拟不同个体病人实际肿瘤发生情况，这种模型可以更好地反映出肿瘤的遗传多样性，更加真实地模拟患者的情况，更好地预测肿瘤对于不同药物的反应。因此，基于这类"理想模型"筛选出治疗效果最好的药物，从而选择最佳治疗方案。这种直接根据治疗结果来选择药物的方法节省了时间和资源，避免了患者对多种药物进行尝试的需要，为患者提供更好的治疗结果。同时，让人源化动物模型可以代替病人"试药"，给病人提供更加精准的治疗方案，为病人进行最好的治疗。此外，彭思颖参与并主持基因敲除小鼠的研发，先后攻克多项技术难题；参与设计并制备了分别适用于高通量药物筛选和基础研究的细胞因子报告基因模式小鼠，在世界上这是首次利用模式小鼠进行自身免疫性疾病药物的高通量筛选。

目前，艾德摩保存着数万份生物样本，覆盖十几种我国人群主要癌症类型，为临床研究和新药研发提供了支持，也极大缩短了我国抗肿瘤新药的研发周期。无论是就职于生物公司技术总监还是选择独自创业，彭思颖都在持续发挥着留学人才的价值。

> 彭思颖和她的艾德摩生物开辟小白鼠模拟医学药物治疗方式，是我国生物技术的技术突破，实现了世界性的首创技术，对我国进一步坚实创新药产业链具有突出贡献。同时，在创业期间获得的帮扶政策，行业相关法律法规的完善，人才的强大供给，都是彭思颖成就事业的重要因素。在生物技术领域，尽管我国发展比较晚，但是经过长期发展，中外技术差异越来越小，彭思颖是该领域重要的建设者。

游可为：人造血液产学研体系的突破者

> 游可为，北京市欧美同学会会员，1982年出生，中国医学科学院北京协和医学院博士，也是北京协和的第一位"跨界博士"。留学意大利米兰理工大学，因自身对医学研究的高度热情，2016年回国创办润方生物，聚焦"人造血液"和"脏器保存液"。

游可为是一个拥有医学梦想的人。2005年，她作为首批中意文化教育交流生前往意大利米兰理工大学攻读硕士学位。毕业后，她选择留在意大利工作并创业，主要从事国际技术转让的工作。作为一名国际技术转让从业者，游可为的工作主要是在不同国家之间促进技术交流和合作，帮助它们将技术从一个国家转移到另一个国家，以推动技术创新和发展。在工作的过程中，游可为意识到国内在某些领域技术仍然落后于发达国家，这激发了她回国创业、报效祖国的想法。2015年，她的外公突发脑梗住院，这个经历让她深刻感受到生物医药领域的重要性。看着被病痛折磨的亲人，她决定将自己的工作重心转回国内。为了实现自己的初心，游可为报考并成功获得了中国医学科学院北京协和医学院的博士学位，也是北京协和的第一位"跨界博士"。

在了解到国内创新药研发的迅速发展，并注意到对缺血缺氧类疾病治疗的临床需求时，游可为和她的创业伙伴在2016年共同创立了润方生物公司，致力于开展创新型生物制品的研发工作。润方生物公司的目标是开发针对大失血休克、放化疗后贫血、心肌梗死、脑梗死等缺血缺氧相关疾病的治疗方法和产品。他们利用创新技术和科学研究来寻找新的治疗手段，提高患者的生活质量和康复速度。作为润方生物的负责人，游可为先后带领团队承担了5项省部级科研课题，并作为第一发明人获得了14项发明专利的授权。这些专利授权标志着团队在核心技术的自主研发方面取得了重要的突破。此外，润方生物公司凭借其针对人工血液代用品的研发及产业化项目，在HICOOL 2021全球创业大赛中获得了优胜奖，并在中关村论坛前沿大赛中获得了前10名的荣誉。这些荣誉表明了润方生物在创新创业领域的卓越表现和突出成果，进一步提升了公司的知名度。在经历了新冠疫情后，游可为和她的团队逐渐认识到医药研发的重要性，并意识到生产工艺设备、检测仪器和配套试剂等方面存在着亟待解决的"卡脖子"问题。为了解决这些问题，游可为进一步布局了"呼吸衰竭""器官移植"等领域的药品与医疗器械研发，并加快了管线产品的临床推进。

人造血液是指用以替代血液，实现氧气输送等血液职能的液体，最早由美国科学家于1966年提出。1980年8月6日，我国人造血液的研究在上海获得成功，近年在我国科学家的不断努力下，我国人造血液的工艺质量已跻身国际领先水平，但人造血目前的造价以及使用费用仍旧非常高，一般家庭消费不起，市场使用普及率不高。润方生物依托国际医药健康领域资深团队，从院前急救、快速诊断等临床应用场景出发，采用高效层析、定向聚合等技术，成功实现了高收率、高纯度的人工血液代用品的规模化生产，为人工血液代用品产业化奠定了基础。截至目前，润方生物已申请了约40项专利，其中包括发明专利15项、实用新型专利12项和国际PCT公开3项，还获得了18项软件著作权。这些专利和软件著作权的获得填补了国内人工血液代用品领域的空白。

如今润方生物已经拥有2000平方米GMP生产车间和配套的大分子蛋白研发检测平台，获得"国家高新技术企业""北京市专精特新中小企业""北京市级企业研究开发机构"等称号。2022年，润方生物凭借新型携氧器官保护液项目在刚刚结束的2022"科创中国"科技创新创业大赛中获得优秀企业称号。润方生物推出的"新型携氧型器官保护液"是一种具有高效携氧功能的生物材料，能够充分满足各类器官的氧供需求，特别适用于外科手术中心脏停搏与保护的场景。通过使用新型携氧器官保护液，外科医生可以更好地保护患者的器官，在手术过程中提供充足的氧气供应，减少器官缺氧的风险。润方生物凭借自主知识产权的蛋白质提纯技术实现了新型携氧器官保护液项目的有效成分的高纯度和高活性。这种技术的独特性使得润方生物能够规模化制备这种保护液，从而满足市场需求。此外，润方生物是国际上首家将该新型携氧器官保护液应用于器官缺血缺氧保护中的企业。这一创新使得外科手术时对器官保护更加有效，进一步提高了手术成功率。润方生物的目标是在未来三年内全面打破进口垄断局面，并且在全球范围内布局市场。

> 回顾游可为的创业历程，我们能够看到海外学习、工作的经历和熏陶使她的研究能力提升，无论是技术创新还是企业经营，游可为都有一套自己的模式。同时，儿时的梦想和浓厚的家国情怀让她内心时刻想着回报祖国。她在我国科技创新的基础上，实现人造血液的技术突破，带动科研成果的落地转化，尤其考虑到人造血液的重要性，她的创业事业兼具了创新价值和社会价值，是新时代我国创业留学生的杰出代表。

刘昊扬：人工智能动作捕捉的探索者

刘昊扬，北京市欧美同学会一届理事会常务理事，本科就读于同济大学，1997年获得结构工程学士学位，后赴美国约翰斯·霍普金斯大学留学，获得土木工程专业硕士和计算机科学硕士，并于2003年取得土木工程博士学位。2012年，北京诺亦腾科技有限公司创立，在实现人工智能3D动作捕捉技术的突破后，刘昊扬带领企业团队不断拓展该技术在不同行业中的应用。

刘昊扬在同济大学完成结构力学专业的学业后，于1997年开始在美国约翰斯·霍普金斯大学攻读深造。约翰斯·霍普金斯大学以其优秀的交叉学科传统而闻名，这使得刘昊扬意识到人的多面性，他认为自己不应该局限于某一领域，并且也不应该限定自己未来的发展方向。因此，在约翰斯·霍普金斯大学，刘昊扬除继续专攻土木专业的知识，同时开始了计算机科学的学习。这样的多领域学习使得他拥有更广泛的知识视野，为他未来的发展提供了更多的可能性。2003年，刘昊扬取得计算机科学硕士学位及土木工程博士学位，具有力学、计算机科学、应用数学以及机械等多专业交叉学科教育背景。扎实的理论基础以及交叉学科背景让刘昊扬拥有复合知识体系，为后来的创业奠定了基础，也塑造了他不拘一格、积极探索的创新精神。2008年，刘昊扬开始将目光转向人体动作捕捉的研究。随着传感器科技的进步，传感器的体积逐渐缩小，价格也变得更加亲民。刘昊扬敏锐地意识到，传感器技术在下一个科技浪潮中将会发挥重要的作用。传感器可以广泛应用到人体动作捕捉、智能设备、虚拟现实、增强现实等领域。通过传感器的精确测量，人体的动作可以被准确地捕捉并转化为数字信号，从而为人机交互、运动分析等领域提供强有力的支持。受技术和产业成熟度的综合驱动，刘昊扬意识到其中蕴含巨大机遇，于是，2011年他决定回国创业。

2012年，刘昊扬创立了北京诺亦腾科技有限公司。作为一个创业者，他面临着许多困难和挑战。最大的挑战之一便是资金的缺乏。创业初期，往往需要大量的资金用于研发、生产和推广产品。刘昊扬需要寻找投资者或参与创业竞赛，以筹集资金支持项目的发展。第二个挑战是不确定成果形成的时间。刘昊扬的传感器动捕技术在初期阶段需要一段时间来完善和调整。这可能会导致不确定性，他需要耐心等待和持续努力，以保持对技术发展的信心和动力。第三个挑战则是用户是否接受的不确定性。当时，刘昊扬找过多位风险投资人，但由于技术处于早期，并没有获得投资人的青睐。当时的投资人，普遍更倾向于C2C（Copy to China）的模式。怀着打造世界领先的"中国创造"理想，刘昊扬决定自筹资金进行研发。他回忆道："压力非常大，投入的钱和时间像个无底洞，不知道什么时候才能研发出来，又担心是否别的团队比自己先研发出来，整个人很焦虑。"

　　刘昊扬及其创始团队的不懈努力和交叉学科知识背景确实对研发惯性动作捕捉技术起到了重要的推动作用。借助团队成员在传感器方面的经验，他们成功地克服了许多困难，最终在2013年研制出一种具有诸多优势的动作捕捉技术。该技术具有以下特点：首先，它不怕遮挡，这意味着使用者可以在不受障碍物限制的情况下进行动作捕捉。其次，它无场地限制，不需要特定的空间布局或设备摆放，使用更加便捷。2015年，在全球拥有无数粉丝的美剧《权力的游戏》斩获包含最佳特效奖在内的12项艾美奖大奖，担任特效创作的Rodeo FX在接受采访时，特别提到诺亦腾的动作捕捉设备和技术系统给予后期制作方面的帮助。比如片中经典的尸鬼围攻野人的剧情等，背后都使用了诺亦腾的动作捕捉设备来实现大场景人群渲染，帮助剧集营造出强大的真实感。从此在全世界范围内，诺亦腾有了响亮的业内名气。今天，好莱坞的特效公司基本上都是诺亦腾的用户。这些用户通过动作捕捉技术和设备，采集人物动作，三维动作信息运用在大量的电影场景中。继《权力的游戏》之后，国产影视《寻龙诀》、好莱坞影片《金刚狼3》以及获得艾美奖杰出特效奖的美剧《星际迷航：发现号》等，都使用了诺亦腾的动作捕捉技术和设备。通过诺亦腾的技术，影视制作团队可以更加精确地捕捉和还原演员的动作，从而使得特效动画更加真实、细腻，并且能够在剧情场景中无缝融入。这也为观众带来更加身临其境的观影体验。

此后，诺亦腾不断探索各类应用场景，斩获多个"第一"。随着诺亦腾的产品与技术不断迭代，不仅跻身全球动捕市场，获得越来越多用户的认可，更在行业内赢得越来越多同行的尊重。此外，他也在积极解锁人工智能动作捕捉更多的场景应用机会。在动作捕捉领域，诺亦腾在做好传统动捕应用领域市场的基础上，重点开辟新的垂直应用领域，尤其关注体育运动与健康领域。刘昊扬带领诺亦腾在国内与国家体育总局、北京体育大学、中国赛艇协会等机构展开合作，参与到国家开始大力推动的"科技助体""科技助奥"活动中，获得了许多领导和合作机构的充分认可。在海外也有不少世界顶级的教练员、运动员使用诺亦腾动捕技术进行训练。在远程健康领域，刘昊扬和达·芬奇机器人合作，依托诺亦腾的三维动作成像和动作捕捉技术为达芬奇机器人研制了一款远程手术机器人。同时，诺亦腾注重与科研院所合作，不断探索拓展虚拟现实的应用边界，比如与中科院深海所深度合作，共建研究院，展开对海洋资源、海洋科普、海洋数据可视化等方面的尝试，引起了不小轰动。

> 回顾刘昊扬的创业历程，他的创业成就离不开自身多元丰富的受教育经历，约翰斯·霍普金斯大学重视交叉学科人才的氛围将这位土木人带进了计算机科学这一全新领域，更塑造了他勇于创新、积极探索跨界融合的思维模式。对于人工智能动作捕捉这一领域，刘昊扬帮助我国补全了技术短板，并在后期积极探索人工智能和数字医疗、体育文娱等产业的融合。土木工程出身的他没能在桥梁领域实现最初的梦想，却为人类搭起无数座隐形的桥梁。

四、沧海横流，勇立潮头

2019年，细胞科学国际专家邵峰院士获得未来科学大奖。在颁奖台上，邵峰说，为了站到这里，他花了3个月的时间减重30斤，"那么难的科学问题，全世界的实验室都被我们击败了，那我还不能击败自己减肥这件事情吗？"减重30斤，邵峰院士花了3个月。在国家重点战略科研领域实现科技腾飞，比肩甚至赶超国际领先水平则需要更多如邵峰院士一样的科技领军人才奋斗数十年。

海归科技领军人才实现前沿科技原创性新突破

当前，科技创新是国际战略博弈的主要战场，人才作为重要的创新要素成为各个国家关注重点。伴随我国开放创新生态国际位势不断提升，海外人才的数量和质量优势集中爆发。在普林斯顿大学的分子生物实验室，在拜耳等国际科技巨头企业的核心研发团队，海外留学人才不断突破人类科学的极限，为世界科学进步发展贡献杰出力量。

早在2008年，我国政府就已经认识到海外高层次人才是我国在较短时间内，搭建本土尖端科创队伍，强化战略科技力量的重要途径。为了充分发挥海外高层次人才在我国前沿基础科学和基础技术研究中的重要作用，中央有关部门出台相应指导意见，旨在大量引进海外高层次人才。北京积极回应国家号召，聚焦海外高层次人才引进作出系列部署。海外学人中心等一批面向高层次人才服务的专业机构应运而生，引入国际博士后等一批高端引才计划加速实施，同时依托国际人才社区为海归人才提供开放共享的国际创业高地。另外，通过与在京知名高校和中国科学院等机构合作，共同建立新型研发机构，以承担前沿科技创新的重要使命。

当前，新型研发机构是我国进一步强化引育高层次人才的重要载体。北京的新型研发机构围绕我国前沿科技战略领域，采用国际有效惯例而组建，是能够实现多元化投资、国际化建设、市场化运行和现代化管理的独立法人组织。新型研发机构具有高端资源配置的职能，通过集聚海外高层次人才为核心的高端创新资源服务前沿科技研发和区域产业创新，支撑我国前沿科技产业崛起。新型研发机构还兼具硬科技创业功能，通过开展硬科技创业企业孵化及创业投资服务，支持海归科学家带原创科研成果创办企业或进驻相关初创企业。基于此，新型研发机构成为新时代北京市海外高层次人才引进的重要抓手。北京石墨烯研究院、北京智源人工智能研究院等新型研发机构吸引着许蓓、杨进、沈寓实等多领域海归精英回归祖国怀抱。

北京海归科技领军人才引领创新突破和改革深化

海外高层次人才的回归为北京科技创新突破和体制改革发挥了重要作用。在科技创新方面，北京生命科学研究所所长王晓东在细胞凋亡领域做出了一系列领先全球的科研成果，并领衔创办了我国第一家新型研发机构——北京生命科学研究所，该所的学术副所长邵峰把细菌和免疫两个领域有机结合起来，拓展了国际抗菌研究新思路。北京大学生命科学研究院院长饶毅是全球首位使用遗传学方法、揭示分子调控动物幼崽的社会行为的脑科学泰斗。北京雁栖湖应用数学研究院常务副院长刘正伟显著提升了我国在大型交叉学科的进展。王中林作为国际顶尖纳米科学家，创办的中国科学院北京纳米能源与系统研究所将我国纳米科技带入发展新高度。刘河生带领科研团队实现核磁共振成像技术突破进展。

  海外高层次人才凭借在国际顶尖科研院所的工作经历，成为我国科技创新和高等教育体制改革的先锋，是我国新型科技体制的一批缔造者。北京大学的饶毅、汤超联合清华大学施一公分别在北大和清华开展科研体制改革试点，并在后期实现全校推广。同时，新型研发机构是海外高层次人才持续进行前沿基础科学研究的热土，也是我国科研体制改革的试验田。刘忠范回国后主导创建北京石墨烯研究院，并吸引魏迪等一众海归精英共同建设管理，以"另起炉灶"的方式为新型体制提供发展空间。丁胜不仅是清华大学药学院创院院长，也是全球健康药物研发中心主任，通过汇聚全球顶尖资源，建设世界领先的新药研发与转化创新平台。

饶毅：科学与教育的探索者、改革者和创业者

  饶毅，1985年在上海第一医学院（现复旦大学上海医学院）获得硕士学位后赴美深造。1991年，获得美国加州大学旧金山分校神经科学博士学位。2004年，任美国西北大学神经科学研究所副所长。2007年，回国受聘出任北京大学生命科学学院院长。2011年，创办北京大学—清华大学生命科学联合中心。2012年，创办北京大学脑研究所。2018年，组建北京脑科学与类脑研究所，担任联合创始所长。2019年起，担任首都医科大学校长。2023年，创办首都医学科学创新中心并任名誉主任。

  作为世界顶级的科学家，饶毅自16岁考上大学进入医学专业起，就开始了不仅要知其然还要知其所以然的科学人生。读研期间，饶毅遇到了一生的贵人——张安中教授，作为当时国内药物学中流砥柱般的人物，张安中教授毫不吝啬地将毕生所学全部传授给了饶毅。在张安中教授的督促下，饶毅学会了脱离课本框架，在实践中创新，学术能力也得到了进一步加强。1985年，在导师张安中教授和中国科学院副院长冯德培、美国斯坦福大学药理系主任Goldstein推荐下，饶毅得以赴美留学，在加州大学攻读神经科学专业。抵达美国后，饶毅拼命汲取先进的研究方法和经验教训，他的视野也得到进一步拓展。1991年，饶毅获得神经科学博士学位，之后到哈佛大学生物化学与分子生物学系做博士后，奠定了神经生物学、分子生物学、遗传学、发育生物学、生物化学的综合交叉背景，3年后的1994年又接过了圣路易斯华盛顿大学的聘书。自此，饶毅便在神经生物学、遗传学、发育生物学、分子生物学、细胞生物学和药理学等专业领域开展了一系列科研工作。此后几年内，饶毅带领团队开始了神经发育的分子和细胞机理的研究，首次发现两眼来自胚胎早期同一形态发生场，并揭示了化学排斥分子Slit和化学吸引分子Netrin的信号转导通路，在神经科学领域作出了重大贡献。饶毅也开始在美国声名鹊起，成为学术界的一颗新星。

潜心钻研之余，饶毅最关心的亦是国内同胞的科学和教育。千禧年之初，饶毅与上海生科院的吴家睿教授取得联系，共同创办了一门综合性的研究生课程。在饶毅的邀请下，近30位海外的顶级科学家前来北京、上海授课。每人负责6节课程，将最前沿的知识倾囊相授，为我国培养了一批先进的人才，包括清华大学、北京大学、复旦大学在内的博士生都从中获益匪浅。通过培养祖国科研人才、引领年轻学子探索科学真理，饶毅教授做到了身在海外而报效祖国。

饶毅在美国待了整整22年，在此期间他从一个留学生，成长为美国著名大学高级教授，无论是学术科研，还是社会声望，都已在美国享有极高的待遇和地位。2007年，北京大学全球招募人才，饶毅毅然回国，用他的话说，是"将自己的工作融入祖国发展进步的历史进程中"。这不仅是当年中国科教界的一件大事，更掀起了新一轮的华人科学家回国浪潮，成为新时期海外人才回归的重要标志。

饶毅投入大量精力、心血推进北京大学生命科学学院建设发展，生命科学学院也是北京大学第一个以全院为建制推进改革的试点学院。看着刚刚起步的生命科学学院，饶毅结合自身在海外科研机构的工作经历，从人事体制改革、资源优化配置等方面，为科研人员营造良好的创新环境。

首先是人事改革。在融合本土国情和国际标准的基础上，饶毅教授创建学术委员会评审制度，组织学院、学生、国际专家对每一位教职人员开展深度公允的评审，并将原有的一年一评考核机制改为五年一评。饶毅教授坦诚地说，新评价机制淘汰率很高，但实现了科研队伍质量的快速提升。这一改革打破了学术派别，避免同一学派的师生互评高分导致评审结果不公，更是从长期视角，更科学公允地评价科技人才的能力。与此同时，饶毅教授力争将生命科学学院打造为"不看帽子"的科研单位，在这里，研究员的待遇和实验室的经费与他们的头衔无关。对于外籍人才引进，也同样不论"帽子"，只看能力。饶毅教授说，生命科学学院的大门永远只对有真才实学的科研精英开放，有的海外大学回国的教授在他这里可能连讲师都评不上，但有的本土人才却可以被评为教授。通过这种机制改革，既提升了内部人员科研水平，又提升了外部引进人才的质量。

紧接着是运行体系改革，实验设备是科研人员的重要资源，饶毅教授借鉴国外经验进行实验设备运行体系优化。通过组建委员会协商统筹实验仪器分配使用。对于拒绝分享实验仪器的团队，学院将不会承担后续的设备维护费用，转而购买新设备。凭借高效透明的实验设备共享管理，实现实验器材的效用最大化。饶毅说："人力资源好了，设备有效了，试验效率就上来了。"

在创立之初，生命科学学院的科研资源较为有限，缺少固定的专属实验空间。为了解决这一困境，饶毅教授滑旱冰"走"遍北京大学的每一个角落。听闻学校里一片空地有待开发，饶毅向校领导申请作为生命科学学院的教学楼，优先分配给科研团队。而作为生命科学学院院长的他直到2019年，经过4次辗转奔波，才拥有自己的专属实验楼——吕志和楼。这栋占地面积2.69万平方米的实验楼历经10年建成，现已成为北京大学生命科学学院教学科研和学术交流的中心。

正所谓"创业艰难百战多"，饶毅依托北京大学生命科学学院开展的首个以学院为建制的改革也曾遭遇质疑和阻力。面对困境，饶毅坚定地说，不管是谁想走原来的老路，他都不会走，人才和科研质量几年内就会证明他在做对的事。与此同时，饶毅的改革创新步伐又走得非常稳健，不盲目推广经验，而是以试点推全局，以成果说服众人。坚忍的意志和科学的路径让饶毅的改革得到北京大学领导的支持，北京大学在2012年正式确立了科研新体制，这使得饶毅的科研体制改革事业终于获得认可。

在访谈中，饶毅自豪地说，他是参与中国科学和高等教育机构建设最多的人。他不仅协助建立了中国科学院第一个全新体制的神经科学研究所，还是中国科学院交叉学科交流中心的负责人，更是北京大学—IDG麦戈文脑研究院、清华大学—北京大学生命科学联合中心、北京脑科学与类脑研究所等一众创新平台的创始人。饶毅以创业者的精神和热情，搭建一个又一个全新平台，推动中国科学和高等教育事业发展。饶毅在2017年年底组建北京脑科学与类脑研究所，并担任创始主任。

饶毅曾在众多场合阐述过对北京脑科学与类脑研究所的定位和规

划——希望通过引进汇聚一批具有交叉学科研究背景的人才从数学、物理甚至人文的范畴开展神经科学研究，这是北京脑所独一无二的特点。饶毅强调，北京脑所是具备新型科研体制的国际化研发机构，不定机构规格，不核定人员编制，实行理事会领导下的主任负责制。在运行机制上，打破原有的科研单位编制化、工资额定化的模式，实行与国际科研机构接轨的人员聘用制、薪酬灵活化等模式，引导国内外相关领域研究人员以全职、双聘方式参与研究所工作，推动人才自由流动。保障机制方面，在政府部门支持下，通过央地联动、市区联动，力争为人才营造"类海外"的科研环境。

北京脑所依托自由开放的科研环境和交叉学科的研究路径，经过5年的奋斗发展，目前科研成果已开始涌现。在自由探索方面，引进人才在 Science、Cell、Nature Methods、Neuron 等国际顶尖期刊发表文章累计150余篇，获批专利、软件著作权10余项，饶毅等多位科学家在重大前沿领域取得重要突破。2023年3月，饶毅团队在 Neuron 发表了"亲母行为"的分子和细胞机理研究成果，揭示了亲母行为依赖于脑内的信号分子五羟色胺（5-HT），是人类首次使用遗传学方法，同时在多个物种中揭示分子如何调控动物幼崽的社会行为。2023年5月，饶毅实验室完成了人类智力障碍的分子机理的研究，通过结合分子生物学、遗传学、生物化学、化学分析和少量的物理，首次解答了转运蛋白SLC6A17的正常功能以及其突变为什么能够造成智障这两个问题。如果Gln最终被证明是神经递质，这一研究将被认为是非常有刺激性的开创性研究。除了自身团队在脑所结下的科研硕果，作为脑所联合所长的饶毅教授与众多科研精英齐心协力，不断提升脑所在国际科研领域的位势。2023年3—8月，北京脑所开展5年国际评估期间，来自哈佛大学、麻省理工学院、中国医学科学院等海内外知名高校院所的顶级科学家组成国际评估委员会，对北京脑所进行了五年（2018—

2023）国际评估。重点考察了脑所在人才队伍、技术平台建设、基础设施保障、科研共建合作、成果产出等方面的建设进展，评委会形成一致意见：北京脑所正沿着成为世界级脑科学研究机构的轨道前进，短短五年间，在人才引进培养、研究水平与学术影响等方面取得了卓越进展，为今后迈向世界级一流研究机构奠定了坚实的基础。

> "士不可以不弘毅，任重而道远。"回看饶毅的工作经历，他是享有国际盛誉的科学家，是满怀报国之志的留学赤子，是忧国忧民光明磊落的科学大家，是我国科技教育体制创新的先行者，是勇攀科技高峰、文笔汪洋恣肆的学术泰斗。他时刻心系国家科技发展，将人才培养视作己任，是真正有情怀的科学家。对饶毅而言，毅在何处？毅在对生命科学的执着探索，毅在面对巨大阻力依旧坚持的科技创新体制改革，毅在坚持真理、不怕争议。

王晓东："双料院士"打开新型研发机构建设新大门

> 王晓东，1985年赴美留学，1991年获得美国得克萨斯大学西南医学中心生物化学博士学位。2002年担任霍华德·休斯医学研究所研究员，2003年被聘为北京生命科学研究所第一任所长。2006年获得邵逸夫生命科学与医学奖，2017年获得网易未来科技人物大奖生命科学领域先锋科学家。

1980年，王晓东考入北京师范大学生物系。1984—1985年，他师从薛绍白教授研究哺乳动物细胞周期调控。1985年，"中美生化考试和申请"第二次组织中国学生留美学习生物，经学校推荐及美方考试，王晓东作为当年北师大4个考上留美项目的学生之一,开始了在美国得克萨斯大学的求学经历。王晓东回忆道,赴美求学是他首次坐飞机和轿车。当时的赴美留学生外语水平还普遍不高,王晓东既要面对语言的障碍,又要面对繁重的课业负担。王晓东的导师已经拥有25篇《自然》科学杂志论文,是一个天才型的学者。严格的学术要求让王晓东的读博生涯充满挑战,但同时让他拥有了扎实的研究功底。1991—2004年,王晓东在细胞凋亡领域中取得一系列开创性、突破性和引领性成果,获美国科学院分子生物学奖,并当选美国国家科学院院士。时年41岁的他,成为"低龄"进入美国科学最高殿堂的第一位中国留学生。

一直以来,王晓东希望能够在我国建设世界一流的研究所,探索先进的现代化管理机制。21世纪初,我国将发展生命科学技术作为国家重要科研战略,有识之士开始设想改革试点,采用与国际接轨的管理和运行机制,以科学家为基础,组建国际一流的基础生命科学研究所,获得我国政府的充分肯定和支持。经多方论证和调查,科技部、发展和改革委员会、教育部、卫生部、中国科学院、国家自然科学基金会、北京市政府、中国医学科学院等8个部委组成理事会,共同负责北京生命科学研究所的筹建和运行工作,研究所所长进行国际公开招聘。2003年4月,正值不惑之年的王晓东与耶鲁大学植物分子生物学家邓兴旺博士受聘担任北京生命科学研究所第一任共同所长。2010年10月,王晓东辞去在美国的职位,全职回国担任所长。

任职之初,王晓东按照自己的理念,设计研究所的制度与工作标准,精心耕耘着这块试验田。在他的带领下,研究所成为国内较早的无行政级别、无事业编制、完全合同制的试点事业单位。在科研人员聘用方面,研究所招聘顶尖人才作为实验室主任,组成包括诺贝尔奖得主在内的人才招聘专家委员会,按照国际化程序,面向全球招聘人才。在人员评价机制方面，研究所不开展职称评定，根据科研人员学术水平和科研成果的国际专家函评，结合其对研究所和社会的综合贡献等来决定是否进入下一期聘任。"国际同行匿名评议"也是王晓东作为所长探索出的具有国际特色的评估方式。他认为，科研没有绝对的标准，必须看在同行之间是否有影响力，如果对同行没有影响，就很难对大众有影响。除了看得见的条例机制改革，王晓东还注重改善研究所内部科研氛围，在日常科研交流中，大家平等讨论，不拐弯抹角。对此，王晓东阐述了自己的科研管理哲学——真正的科研原始创新无章可循，研究者要有心灵上的自由。

王晓东为北京生命科学研究所设置了"只领导，不跟随"的科研选题原则，即科研选题必须是世界最前沿的，是别人没有做过的。北京生命科学研究所追求的不只是填补国内空白，而是推动人类知识的创新。于是，阐明细胞死亡的分子机理成为北京生命科学研究所的研究目标，通过研究发掘包括癌症、自身免疫疾病、心血管疾病以及神经退行性疾病等主要疾病的发病机理，设计出相应的治疗策略。

当谈及研究细胞死亡的原因，王晓东引用了泰戈尔著名的诗句，"生如夏花之绚烂，死如秋叶之静美"。在他眼中，死亡是大自然生命系统的重要组成部分，是一个由生命物质来控制的过程，这个过程本身也是一个非常精细的由蛋白质组成的分子体系。当前，王晓东领导的科研团队正在开展对细胞凋亡的系统研究，他们发现一种由细胞内的Caspases执行的细胞死亡形式。基于此创新性地提出细胞凋亡仅仅只是细胞自我灭亡的形式之一，细胞内成分和调节机制同样是细胞灭亡的形式，这其中包括由肿瘤坏死因子受体诱发的细胞坏死。同时，王晓东团队还在研究RIP3是如何杀死细胞，以及这个过程与细胞凋亡和其他形式的细胞死亡之间有何联系。

> 王晓东如是总结，北京生命科学研究所的创建和发展是"恰逢其时"，他很幸运遇到中国科学的高速发展时期。与此同时，能在我国建立创新型国家的进程中贡献自己的力量是非常值得骄傲的。王晓东在研究所的体制机制创新为我国建设具有全新科研体制的新型研发机构，提供了宝贵蓝本。

王中林：纳米能源与微纳系统研究的国际领跑者

> 王中林，北京市欧美同学会一届、二届理事会海外名誉副会长，1982年赴美国亚利桑那州立大学就读，1987年7月获得物理学博士学位，2004年担任我国纳米科学中心第一届海外主任；2004年晋升为佐治亚理工学院的终身校董事教授。2012年，王中林来到中国担任中国科学院北京纳米能源与系统研究所首席科学家。2019年获得阿尔伯特·爱因斯坦世界科学奖，是首位获奖的华人科学家。

1961年，王中林出生在一个贫困的农民家庭。出于生计，王中林早早就开始了田间耕种。艰苦的生活环境并没有消磨王中林的天赋和努力。1978年，王中林以全区第一的好成绩，成功考入西北电讯工程学院（现西安电子科技大学）。西北电讯工程学院打开了王中林人生新的大门。大三那年，国家面向全国选拔100名中美联合招收的物理研究生。王中林通过考试，顺利成为西北五省唯一一位被CUSPEA（中美联合培养物理类研究生计划）录取的学生。随后，他进入亚利桑那州立大学，师从高分辨电子显微学的祖师级人物——约翰·麦斯威尔·考利教授。1987年，王中林获得亚利桑那州立大学物理学博士学位。

王中林是一位享誉世界的科学家，而丰硕的科研成果也离不开几十载春秋的努力。从1987年至1994年，他的足迹遍布纽约州立大学、英国剑桥大学、美国橡树岭国家实验室及美国国家标准和技术定量局。其间，他在能源领域主持并参与了多项重大科研项目，因其在相关领域作出的突出贡献，王中林顺利当选欧洲科学院院士。

走得再远，王中林始终没有忘记自己的祖国。王中林看到了我国"多煤、少油、缺气"的能源特征，认为寻找"后化石能源"时代的新能源、新的增长点，以保障未来可持续发展成为当务之急。王中林表示，摩擦纳米发电机可以将海洋波浪高效地转化为电能，有望成为人类历史上的新一轮能源革命，为全世界实现"碳达峰、碳中和"目标提供令人振奋的能源技术路径。以1平方千米、深度1米的海水为例，以10厘米间隔的密度部署球形纳米发电机，理论上可持续发出近1万千瓦电。福建省大小的海平面面积产生的电能便可满足目前全中国的总能耗，而千分之四（0.4‰）的海平面面积产生的电就能满足全世界使用。

2012年年初，在中国科学院和北京市政府的共同支持下，他回国创立了中国科学院北京纳米能源与系统研究所。这个研究所拓展深化了王中林及其团队几十年构建的纳米能源体系。在研究所的支撑下，王中林领导团队发明了摩擦纳米发电机，能将微小的机械能转化为电能。目前，来自全球近半数国家的16000名科学家正在从事王中林开创的摩擦纳米发电机、自驱动传感与压电电子学领域研究。而经过十余年发展，北京纳米能源与系统研究所已经成为世界纳米能源与纳米系统和光电子学领域的研究高地。

王中林是纳米能源研究领域的奠基人，他发明了压电纳米发电机和摩擦纳米发电机，开拓了自驱动系统和蓝色能源的领域，将纳米能源定义为"高熵能源"。近年来，王中林教授获得了超过10项国际性奖项，其中包括华人科学家首次获得的埃尼奖（2018）和爱因斯坦世界科学奖（2019）。而在2023年7月6日，王中林又荣获了2023年度"全球能源奖"，这是国际能源领域的重要科技大奖，也是首位代表中国获得该奖的科学家。王中林是压电电子学和压电光电子学两个学科的创始人。他的发现引领了第三代半导体纳米材料的基础研究，使氧化锌纳米结构成为与碳纳米管和硅纳米线同等重要的材料研究体系。作为中国科学院外籍院士、中国科学院北京纳米能源与系统研究所的创始所长和首席科学家，王中林在纳米科技领域享有很高的学术影响力，被称为"执牛耳者"。

　　王中林对我国科技创新事业的发展非常关注。他强调，科技工作者要更加注重自主创新，在基础理论和物理机理方面实现重大突破，从"0"到"1"的创新。他指出，国际上的基础研究包括基础科学研究和基础技术研究两个层面，而中国科研工作者往往更关注基础技术研究，没有形成重视基础科学的文化。这是中国基础科学研究与欧美发达国家存在差距的原因之一。尤其是在纳米科技方面，王中林说，中国人还需要做更多原创性的东西，并且与工业化应用衔接起来。纳米科技发展到今天，核心是要为社会解决重大问题。如果不解决问题，能发现新原理、新现象、新效应，在科学上取得进展也是很有意义的。要真正将纳米科学发展作为中国人创造的崭新领域，增强科学界的民族自信心。

　　回看王中林的教育科研经历，年少时期的艰苦岁月没有埋没他的才华与天赋。能源紧缺一直是各国关注的重点，王中林所从事的是微观领域的纳米能源，但却有改变世界发展格局乃至人类文明的力量。王中林的研究具有原创性、前瞻性和引领性，他的科研成果对促进我国纳米科技和教育事业发展发挥了重要作用。

邵峰：扎根基础医学，天道终究酬勤

> 邵峰，北京市欧美同学会一届理事会副会长，1996年获北京大学技术物理系应用化学专业学士学位；1999年取得中国科学院生物物理所分子生物学硕士学位；同年赴美国密歇根大学医学院攻读生物化学博士，后相继在加州大学圣地亚哥分校和哈佛大学医学院做博士后研究。2005年由北京生命科学研究所引进回国，担任研究组长和博士生导师。他一方面致力于继续研究病原细菌的毒力作用机制，另一方面开展了宿主抗细菌的天然免疫机制研究。2015年当选为中国科学院院士和EMBO的外籍成员，2016年当选为美国微生物学院院士（fellow）。现任北京生命科学研究所学术副所长、资深研究员。

2003年是邵峰赴美求学的第四个年头，这一年，邵峰获得美国密歇根大学优秀博士论文奖，又在2004年获得美国癌症研究基金会的博士后奖学金。光环的背后是5年求学生涯中邵峰的默默耕耘和科学坚守，科学领域收获的喜悦往往由上百次的实验基础作为支撑。当探讨是什么支撑他进行无数次科学性的反复推敲，邵峰说是对科研的热爱。这种纯粹的热爱才让他的成就成为必然。邵峰所从事的生命科学研究是美国长期重点关注并具备优势的关键领域，凭借留学期间取得的成绩，邵峰本不难在美国找份稳定、舒适的工作。但在2001年前后，深陷阿富汗战争泥潭的美国承担着庞大的战争开销，生物医学研究在经历了克林顿政府的大幅扩张后进入布什政府的经费缩减期。对于刚刚开始组建自己科研团队的年轻学者来讲，很难拿到足够多的经费支持。相比之下，我国的经济实力和科研条件在这一时期显著提升。回到祖国成为这位年轻科学家的新选择。更重要的是，邵峰也怀揣着报效祖国的热情，在他看来，在自己的国家做同样的研究是每一个海外学子的首选，这是一种朴素感情的驱动。

2005年，邵峰在哈佛大学做完博士后之后回到国内，回到北京。也就是在北京昌平的中关村生命科学园，在刚刚创立的北京生命科学研究所他建立了自己的科研团队。邵峰表示，目前生命科学领域内有像王晓东、施一公一样的科学家，他们在国外就已经取得瞩目成绩，而自己在国外只是读书，并未有独立的研究事业和广泛的认可度。回国后，正是在研究所的支持下，他才组建了自己的实验室和团队，开始独立的科研生涯。

当时北京生命科学研究所是国家建立的一个科技体制改革的试验田，邵峰说，所内的人员都是无编制的合同工，但正是这种自由宽松的人员管理机制，让所内充满活跃的科研创新氛围。正是在这样一个自由活跃、包容个性的创新大环境下，邵峰在《科学》杂志发表了他首篇关于免疫的科研论文，并带领他的团队积极投身于我国生命科学领域的研究。通过努力，他在自己的研究方向上也做到世界前沿，十几个人组成的以研究生为主的小团队照样也迸发出耀眼的光芒。

邵峰是一位在生物医学领域具有创新精神的科研人才。他领导下的实验室团队针对多种重要的革兰氏阴性致病菌（如痢疾杆菌、肠致病大肠杆菌、肺炎军团菌和假单胞菌等）的感染机制以及巨噬细胞抗细菌天然免疫防御方面进行了一系列重要的原创性研究。他将细菌和免疫两个领域结合起来进行研究，打破了国际上常规的研究方式，也为全球抗菌研究提供了新思路。他深入研究细菌感染机制以及巨噬细胞的免疫防御机制，为世界更好地理解细菌和免疫系统之间的相互作用关系提供了重要线索。这些研究成果有望促进抗菌药物的研发以及对抗细菌感染的新治疗方法的开发，在国际上具有举足轻重的影响。

邵峰2007年获得邹承鲁基金杰出研究论文奖，2008年获得周光召基金会杰出青年基础科学奖，2011年获得药明康德生命化学研究奖，2013年获得国际蛋白质学会青年科学家奖和第十届华人生物学家协会杰出青年科学家奖，并被授予有突出贡献的中青年专家荣誉称号，2014年获得中国生化和分子生物学会首届Promega生物化学奖，并入选国家创新人才推进计划中青年科技创新领军人才。如今，邵峰所领导的团队已在病原菌宿主相互作用领域占据国际前沿位置，发表论文近50篇，其中包括《细胞》《自然》《科学》等10篇，总引用量近3500次。

邵峰和他所在的北京生命科学研究所在过去17年中，以科技体制改革为试验田，借鉴国外研究所的管理模式，并为科研人员提供更多的自主权。这一举措使得该研究所在科研领域取得了一系列领先世界的研究成果。科研人员在自主权的支持下，拥有更大的创新空间和自主决策权，能够更加灵活地开展实验和研究。他们积极探索和创新，致力于攻克一系列科学难题，并在多个领域取得突破性的成就。发展至今，北京生命科学研究所对邵峰的支持从不曾褪色。作为一个在昌平生命科学园初建时期就已经运行的单位，北京生命科学研究所带动了整个园区的生物医药产业的发展，成为邵峰等众多海归高层次人才实现自身价值、成就个人理想抱负的热土。最近两年邵峰和他的团队在园区里又建立了昌平实验室，这也是一个具备新科研体制的新型研发机构。邵峰希望能够把生物医药的科学研究进一步通过体制机制的改革发展到一个更高的水平。

> 在邵峰心中，一位出色的科学家应该具备责任感、民族自豪感和理想，将科研发现视作最重要的事情，并为此付出不懈的努力。作为一名科学研究者，他会从内心呼吁国家给有意作出贡献且有能力的人提供机会，公平地为优秀个体提供发展机会，包容个性和个体。正如他多年来坚信"坚持对理想的追求，努力做最优秀的研究"。

刘河生：在祖国的科研热土上发光发热

> 刘河生，北京市欧美同学会二届理事会理事，2003年获得清华大学工学博士学位后，赴美国华盛顿州立大学深造。2006年起，刘河生在哈佛大学附属麻省总医院从事放射学研究工作，主要从事脑功能成像研究，致力于将脑功能成像技术推向重大脑疾病的临床应用。2021年回国至今，刘河生担任昌平国家实验室首席科学家，同时兼任北京大学生物医学前沿创新中心（BIOPIC）教授。

刘河生是一位在脑科学研究领域取得卓越成就的学者。他于1997年进入清华大学，仅用6年的时间内完成了工科本科到博士的学业。2004年，刘河生前往美国，在华盛顿州立大学仅用两年时间获得了计算机科学博士后学位。然而，尽管取得了工科方面巨大的学术成就，刘河生后来却将研究兴趣转向人脑研究。刘河生的研究主要集中在三个领域，包括发展个体化脑功能区剖分技术、重大脑疾病的临床转化研究以及重大脑疾病的临床干预设备研发。在个体化脑功能区剖分技术的研究方面，刘河生致力于开发可靠、精准的脑成像分析技术，用于研究大脑的社会认知、情感、记忆、语言等基础认知功能。通过采用个体化的方法，他希望能够更好地理解大脑在不同认知过程中的活动模式，并为相关疾病的诊断和治疗提供有效的工具和指导。聚焦脑科学研究，刘河生从2006年开始就职于哈佛大学，开始了长达13年的脑个体差异研究生涯。2019年，刘河生将自身计算机科学研究基础和脑研究经历融合，担任美国南卡罗莱纳医科大学神经影像计算中心主任。

2021年，刘河生回到祖国，担任北京昌平实验室脑科学与类脑研究部首席科学家。尽管任职至今不到三年，但依托昌平实验室这一科研理想热土，刘河生已经实现众多科技突破。刘河生教授团队在2023年成功开发了一种名为TRIGGER的神经活动采集方法。该方法基于常规场强磁共振设备（3T），能够以1.4毫秒的时间分辨率和5毫米的空间分辨率，捕捉到清醒状态下人脑的视觉神经活动。此前，在动物研究中，主要使用的神经活动记录技术包括膜片钳技术、钙成像和双光子显微镜等，这些技术能够提供高时空分辨率的神经活动记录。然而，由于这些技术侵入性较大，且记录规模或深度有限，很难在清醒的人类对象上进行大规模功能网络神经活动的记录。因此，这项神经活动记录技术的进步对推动认知神经科学的突破具有非常重大的意义。

从磁共振成像的技术发展历程上看，该技术由于其显著的经济社会价值，发展史上的前4次重要突破获得了4次诺贝尔奖。最新的一次突破是美国哈佛大学的华人科学家Kenneth Kwong于1991年利用MRI设备来观测清醒人类脑内的血氧水平依赖信号（BOLD），从而实现了对清醒人脑的功能活动的检测，开创了"功能磁共振"（functional MRI，fMRI）这一新的学科。但从时间分辨率来说，MRI一直有很大限制，特别是BOLD的时间分辨率受到血流动力学反应迟缓的限制，远远比不上EEG和MEG能有毫秒级的时间分辨率，无法用于记录神经活动信号。以无创方式在清醒人类体内记录兼具高时间分辨率和空间分辨率的采集大规模神经活动，一直是尚未攻克但意义重大的难题。刘河生教授团队的工作首次实现了以无创方式在清醒人类体内记录兼具高时间分辨率和空间分辨率的神经活动，可称得上是磁共振成像（MRI）的第6次重要进展。

数据显示，1/3以上的脑卒中患者会出现卒中后失语症，这不仅严重影响患者的生活质量，也为家庭和社会带来巨大的经济负担。尽管学界已经付出长达几十年的努力，但是目前针对失语症的传统康复治疗方法，依旧不能达到十分理想的结果。刘河生教授团队和张皓教授团队在2023年为了找到更加安全有效的疗法，他们经过实验研究和受试患者的参与，提出了一种名为"优点疗法"（POINT）的个体化神经调控疗法。这个中文名字非常巧妙地运用了双关含义。它既对应了英文名"POINT"中"点"的意义，也蕴含了优化靶点的含义。这个名字的选择旨在凸显疗法的优势，同时强调其个体化特点。这一疗法的研发对于推动康复医学的进步，为疾病患者提供更好的治疗方案具有重要意义。

"优点疗法"主要有三大优势：首先，该疗法将靶点的选择基于个体的脑功能区域，而不是基于人群平均水平的脑功能分区。这意味着每个患者的脑功能区域会被更准确地定位和识别，以满足其实际需要。通过个体化靶点选择，疗法能够更好地适应不同患者的特殊情况和需求。其次，这种基于个性化靶点的无创神经调控方案，依据患者的具体脑功能网络异常特征制定而来，体现了个性化医疗的优势。最后，通过高精度光学定位，确保无创型精准磁刺激线圈的空间定位和朝向得到适时的引导。这种精确定位和朝向的适时引导可以确保治疗过程严格按照预定的靶点进行精准调控。通过准确的定位和引导，可以最大限度地确保疗法的实施过程的精准性和可控性，提高治疗效果的稳定性和可靠性，这体现了治疗实施过程中的精准化优势。日前，相关论文以《个性化功能成像引导的额上回rTMS治疗脑卒中后失语症：一项随机、假治疗对照试验》为题发表在神经调控领域的著名期刊 *Brain Stimulation*。

> 刘河生的科研工作经历凸显一个"速"字，在极短的时间内获得中外顶级高校的学历，又在极短的时间内整合自身研究基础，开展脑科学领域研究。加入北京昌平国家实验室后，刘河生在短短几年的时间实现脑医学和脑成像领域的技术突破，在核磁共振成像领域提供了足以引发新一轮技术革命的研究成果。究其原因，离不开这位脑科学领域领军人才的研究功底，也离不开北京丰富科创资源的加持。

刘正伟：数学王国的创业者

> 刘正伟，北京市欧美同学会二届理事会理事，2005年毕业于北京大学数学系，从2009年开始相继在美国新罕布什尔大学、范德堡大学学习深造，师从多位国际数学大师。2019年进入清华大学以来，讲授微积分、线性代数等课程，同时担任致理书院本科生班主任；近两年发表了10多篇论文，其中"量子傅里叶分析"相关论文于2020年发表于美国科学院院刊 *PNAS*。现任 *Pure and Applied Mathematics Quarterly* 杂志主编，清华大学数学科学系及丘成桐数学科学中心教授，兼任北京雁栖湖应用数学研究院副院长。

刘正伟还能清晰记起小时候第一次感叹数学之美的时刻。题目：直线MN表示一条河流的河岸，在河流同侧有A、B两地，小马从A地出发到B地，中间要在河边饮水一次。问：小马行走最短路程的饮水点在哪。刘正伟说，这是一个简单的数学问题，为A点做一个镜像，就转化为两点最短距离的问题。这其中的思想性和美感是独一无二的，而数学竞赛中的很多题目都有这样的巧妙之处。孩提时代的兴趣反映出刘正伟在数学领域的惊人天赋，终于在2005年，刘正伟圆梦北京大学数学专业，正式开启了数学神童的成长之路。

2009年，刘正伟前往美国深造，开始在美国新罕布什尔大学学习。他的导师是沃恩·琼斯教授——一个美国著名的数学家，曾经荣获菲尔兹奖。刘正伟形容，跟随沃恩·琼斯学习的过程简直犹如脱胎换骨，仿佛打通了数学研究的历史脉络，从更宏观、更长远的眼光看待这一学科。这一时期，他的研究工作主要围绕纯数学问题展开，在子因子理论取得不少进展，回答了几个重要的公开问题，并在2015年和2019年相继获得美国范德堡大学数学博士学位和博士后学位。在博士后阶段，刘正伟选择与美国科学院院士、哈佛大学教授亚瑟·贾菲合作，开始了探索数学和物理交叉领域的研究。经过一个月的相互了解，刘正伟和亚瑟·贾菲发现可以将彼此的研究领域结合起来。他们主要研究了量子场论和几何拓扑学的交叉应用。通过引入几何拓扑学的方法，他们对量子场论中的物理现象进行了深入研究和描述。这项研究工作引起了学术界的关注，被认为是一次重要的突破。刘正伟使用数学图形解决了亚瑟·贾菲在统计物理领域遇到的问题，找到了跨学科合作的突破点。之后他们又与亚历克斯·沃兹尼亚科夫斯基（Alex Wozniakowski）合作，将工作应用到量子信息的研究中。刘正伟回忆："来哈佛之前，本来想做量子场，但却做起了量子信息，而且越做越有趣。"

2017年年初，一如往常，在哈佛大学做博士后研究的刘正伟正参加一场数学物理讨论。丘成桐先生推门走了进来，丘先生意外来访，大概有面试的意思。此后，丘先生几次聆听刘正伟在讨论班中的报告，很快就向他发出了回国任教的邀请。刘正伟深感荣幸，并毫不犹豫地接受了丘成桐先生的邀请。回国任教并参与丘成桐数学科学中心的建设，是他无法拒绝的机会。他知道，这是一个可以快速搭建团队、开展前沿学科研究的平台，将为他的学术发展和个人成长提供无限的可能性。2019年回国以后，刘正伟体味着这种快速发展、前沿开拓的快乐。

在丘成桐数学科学中心举办的讨论确实给人带来眼花缭乱的感觉。对于外行人来说，这些讨论可能就是一起做题，相互验证推导过程和答案的正确性。刘正伟笑着说，有时候数学家的成果确实有点像是喝咖啡喝出来的，因为他们在一起碰撞、讨论的时候，不仅限于自己的工作领域，还会展开各种有趣的话题。而正是在这种碰撞、讨论的过程中，灵感才会迸发，问题也就迎刃而解了。作为一位年轻的"85后"教授，刘正伟总是流露出一个思考者的表情，似乎脑海中时刻盘桓着某个艰深的数学难题。此外，让他挂心的还有初创阶段的科研工作、崭新的公共事务，以及日常教学和本科生班主任工作。也是在此时，志同道合的伙伴陆续接受回国的邀约，刘正伟以惊人的速度成功组建了一支强大的团队，并找到了各个方向的合作伙伴，涵盖了数学、物理、量子信息、代数和拓扑等多个领域。他们共同致力于开展"量子傅里叶分析"的全新科研方向。这个方向在量子领域内进行傅里叶变换的研究，探索了量子系统中的傅里叶分析及其应用，并获得国际一流数学家如沃恩·琼斯（Vaughan Jones）、迈克尔·弗里德曼（Michael Freedman）等的认可。

2020年6月，雁栖湖应用数学研究院成立，这是由国际数学大师丘成桐领衔筹建并担任首任院长的新型研发机构，旨在落实国家基础研究战略部署，通过整合全球优势资源，搭建数学学科与产业应用连接的桥梁，为实现重大技术难题的突破提供有力支撑。2020年以来，刘正伟开始在北京雁栖湖应用数学研究院（BIMSA）工作，并负责组建跨学科的科研团队。他表示，BIMSA的目标是发展成一个拥有约300名研究员的大型交叉学科研究基地。以数学为核心，该基地将致力于在多个交叉方向上进行深入探索和拓展。这样的跨学科研究团队可以促进不同领域之间的合作与交流，创造出更加有创新性和应用价值的研究成果。这又将是一次推动学科融合、技术转化的"创业"，旨在完善中国基础科学研究向产业成果转化的链条。在刘正伟眼中，他的团队处于产学研链条的中上游。雁栖湖应用数学研究院目前有17个专业科研团队，每个团队都有自己的主攻科研方向。这种分工使得团队能够在各自领域内深入研究，并取得优秀的科研成果。在人才聘用方面，该研究院更加灵活，可以根据科研人员的专长和兴趣，自由选择课题方向。这样的自由度有助于科研人员更好地发挥自己的特长，提升研究效果。同时，研究院不仅可以面向前沿基础理论和关键工程技术等领域需求，还将搭建数学研究与产业应用密切结合、数学家和企业家互动沟通的开放平台，根据产业行业需求，凝练形成应用数学主攻方向和关键科学问题。

刘正伟将自己求学、研究、任职的过程比作创业，而幸运的是，他拿到了来自丘成桐的天使轮融资和雁栖湖应用数学研究院的"A轮投资"。创业，意味着刚刚打开科研局面，收获期和论文高产期尚未到来。刘正伟回忆起初的科研工作时，他认为自己的论文艰涩难懂，很少有人能够理解和回应，他的想法和观点在业内并没有得到广泛的认可和回应。然而，随着时间的推移，他发现自己能够将原本复杂的理论用新的观点简化，使得问题和结果更加漂亮和简洁。这样的改进使得哪怕是本科生也能够理解他的研究成果。逐渐地，他的研究开始得到认可和回应。刘正伟更长远的期望是，作为一个中国的数学家，他希望未来能够形成中国数学领域的学派。中国数学家们将不仅仅在某一个单一领域，通过某一篇论文展露风采，而是全面开花，引领一代风潮。纵观数学史的发展，法国、德国、波兰、美国等国数学家，你方唱罢我登场，而未来形成中国学派也绝非不可能。

> 想到那个让刘正伟第一次萌发对数学热情的数学题，背后的核心思想其实是"两点之间，线段最短"这一简单的定理。但是作为顶尖数学人才，刘正伟的"创业"过程更像是一条波动的曲线，在与国际不同领域大师的思想碰撞中他逐渐明确自己的研究重点，在与数学大师丘成桐的见面中抓住人生重要机遇，在与一群志同道合伙伴的合作中探索交叉领域的最新突破。孩提时代对数学的热爱最终转化成他科研兴国的情怀。

结　语

丹青难写是精神

　　1995年，北京海淀白石桥路南口竖起一块巨大的广告牌："中国信息高速公路距离我们有多远？"这一年也是中国互联网元年。几年后，百度、新浪、搜狐、当当、千橡、优酷、美团等著名网站，先后在中关村诞生，它们的创始人和掌舵者李彦宏、张朝阳、汪延、曹国伟、李国庆、俞渝、陈一舟、古永锵、王兴等，有一个共同的身份——"海归"。时至今日，在这些互联网海归精英群体的引领下，中国的互联网发展一日千里，覆盖到方方面面，成为中国全球领先的高地。撰数40多年改革开放中的北京留学生队伍，除了前面提到的互联网群体，我们忘不了"中关村第一人"陈春先，是他创办了中关村第一个民营科技公司，没有这第一粒种子，就没有此后中关村的万紫千红和参天大树。我们也忘不了施一公、王晓东、程京、邓兴旺、韩庚辰、饶毅等海归群体，在生物科技、生命科学这一标志着当今世界前沿的科技领域，是他们扛起了中国的希望。当然，还有邓中翰、王中林、汤晓鸥、印奇等在芯片、纳米、新能源、新材料、机器人等科技创新前沿阵地冲锋陷阵的海归队伍，他们都是一腔热血归来、矢志报效祖国的赤子！

革命、建设与改革，构成中国近现代历史的主旋律。在这个主题之下梳理中国留学历史，我们看到中国的留学运动始终伴随着留学生对中国现代化的探索，而这一探索贯穿着留学生的"救国梦"与"强国梦"。留学生是中国现代化的重要推动力量，留学报国成为中国留学生的特质和标签。在当代，奋斗，是海归群体的主旋律；创业，是海归群体勇于奋斗的时代体现。也只有在历史的纵深视角下，方能够看清个人命运与国家命运如此的血脉相连。海归北京创业群体，他们之于时代的意义，不仅在中国和平发展的壮丽历史中书写下了浓墨重彩的笔墨，还在于作为活生生的个体，他们的卓越才华、奇思妙想、创新不懈、创业坚守，更在于他们身上的进取、创新、实干和融合精神是中国历代志士仁人精神的传承。

不甘落后、奋起直追的奋斗精神

志不求易、事不避难，迎难而上、知难而进，是进取精神的内核。一个个海归创业的鲜活事迹表明，海归创业人才既敢于也善于"在困难面前逞英雄"。由于历史原因，我国现代科技起步较晚，原始创新底子较薄，整体科学技术水平大大落后于欧美等西方国家，很多学科和专业领域都有成千上万需要填补的"空白"。面对重重困难，海归人才怀有中华民族特有的不屈精神，通过其在海外留学期间所掌握的技术专利与国内的需求相结合，抑或学习国外成熟商业模式，在国内二次研发、应用落地，进行产业化推广，满足国内市场的需求，甚至替代国外的进口产品，一次次填补国内空白。例如，胡克创办莱伯泰科公司，填补国产实验室设备空白；郑众喜创办优纳科技有限公司，研制出我国首台具有自主知识产权的芯片设备；朱一鸣怀揣着创造"中国芯"理想，创办芯技佳易，并发展成存储芯片领域的"中国第一"和"中国唯一"。一代代海归从未忘记自己血脉深处的家国情怀，以奋发有为的实际行动诠释了不甘落后、绝不屈服、奋勇争先、追求进步的责任感和使命感。

敢为人先、勇攀高峰的创新精神

胸怀远大的目标和追求，敢于站在时代的前沿，勇于抓住机遇，敢于尝试新事物的创新精神是海归人才把握时代、引领时代的关键。改革开放以来，我国市场经济总体上经历了一个从无到有进而趋于完善的转轨过程，而如今伴随世界新一轮科技革命和产业变革的孕育兴起，我国正处于创新驱动发展的关键期，涵盖新技术、新产品、新业态、新模式等领域的新赛道加速涌现，市场经济体制的日益完善及新兴产业的发展均为海归提供了大有作为的广阔空间。海归人才见证了国外科学技术人才的创业经历和创业奇迹，解放了思想，打开了思路，有高屋建瓴的国际化视野，培育了"敢为人先"的创新精神。"视野智慧"是海归独有的创新资本，而创新精神则是将智慧与机会融合落地，使海归在诸多领域成为行业领军人。张朝阳瞄准Internet发展机遇，创办中国第一代互联网门户网站搜狐，引领中国互联网行业的发展方向；李孝三凭借世界领先的3D打印材料技术，创办光创物成，成为中国3D打印技术的布道人；艾渝紧跟互联网经济向智能经济转型浪潮，创办特斯联，成为我国城域AIoT行业的开拓者，带领中国真正迎来智慧城市的大发展；郑勇紧跟新型消费高速发展趋势，精准选择仓储机器人赛道，创办极智嘉，推动国产机器人走向国际。目前，我国已经在新一代信息技术、高端装备、新能源汽车等新兴产业方面取得丰硕成果，在航空航天、5G等领域甚至实现全球领跑，成就的背后是深植于一代代科技工作者基因中"敢闯""善创"创新精神的支撑。

勇于担当、有所作为的实干精神

"千古风流在担当,万里功名须躬行。"实干意味着脚踏实地、埋头苦干,也意味着求真务实、注重实效。一代又一代留学人员,心系"国家事"、肩扛"国家责",把爱国情怀转化成投身祖国建设的实际行动,不论是早期一批海归科学家学习硅谷下海创办民营企业,还是如今大批海归人才运用国外现代企业管理理念提升我国企业管理水平,留学人员始终走在担当的前列。这种实干精神一方面体现在海归科学家紧跟新一轮科技革命带来的科学范式和技术范式转变趋势,应势而为、实现身份的转换,从相对纯粹的科研人员、技术人员迈入创业者,如早期有中国工程院院士王震西创建中科三环,后有清华大学生命科学与工程研究院教授程京成立北京博奥生物,当代有更多的科学家一身两职,投入创业者队伍,如香港中文大学教授汤晓鸥创立商汤科技,美国国家科学院院士、中国科学院外籍院士、北京生命科学研究所所长王晓东创办百济神州等。海归人才的实干精神另一方面体现在将在国外学习和工作的经验融入国内实践探索,如宣奇武面对整车设计人才短缺的困局,面向日韩等传统汽车强国招聘核心技术成员,同时采用两年一签约、高薪、分配股权等方式,使得人才结构高度稳定。海归科学家将一项项研究发明产业化,以奋发有为的实际行动诠释了海归创业人才"功成不必在我,功成必定有我"的担当情怀和实干品格。

学贯中西、东西合璧的融合精神

中国人走向世界的每一步,都是民族开放融合精神的体现,中华文明无时无刻不在取长补短、择善而从。这种文明特性深深影响着走在时代前列的留学生群体，海归归国创业很好地诠释了这种融合精神。一方面体现在留学归国人员将中西方两种价值观融合利用，即以奋斗的姿态把个人的梦想与国家和民族的梦想有机地融合在一起，以强烈的责任感勇于担当，为国服务，报效祖国。如俞孔坚带着"土人"情结回国创立土人景观，田溯宁秉承做"比个人更重要的事"的信念创办亚信。另一方面体现在海归人才在归国创业过程中吸纳本土人才，组建"龟鳖"组合团队，发挥海归人才与本土人才各自优势，提升创业成功率，如小米创始团队是由3位本地创业者和5位海归组成的队伍，加持谷歌、微软、摩托罗拉跨国公司的背景和金山这种本土崛起的企业工作经历，推动打造小米生态王国。正是海归在创业中将西方的商业规则和思维模式与中国实际结合起来的融合精神，对中国科技创新步伐的加快起到了极为重要的推动作用。

当前中国最需要的就是创新创造精神，在我们走向科技自立自强、民族复兴的道路上，我们要更加开放创新。党的二十大报告明确提出我们今后要坚定不移推进高水平对外开放，不管国际形势如何风云变幻，开放创新、融入全球创新网络，是我们坚定不移要走的路子。海归创业群体，仍然是我国市场化、国际化的重要载体，开放创新的重要纽带。站在历史的角度看，当代海归创新创业的发展历史也是当代中国改革开放发展历史的重要组成部分，中国的发展进步、改革开放进程在某种程度上也必然与留学运动相关联。2023年10月21日，在欧美同学会成立110周年之际，习近平总书记致信强调："希望广大留学人员弘扬留学报国传统，爱国为民，自信自强，开拓奋进，开放包容，投身创新创业创造时代洪流，助力中外文明交流互鉴，在推进强国建设、民族复兴伟业中书写人生华章。"新时代是创新创业创造洪流涌动的时代，海归创业，是这个时代留学生们传承留学报国传统的最集中体现。

"长风破浪会有时，直挂云帆济沧海。"新时代，新使命，新号角，新征程。相信北京的海归留学队伍，一定会续写更加壮美的新史篇！

参考文献

冯嘉雪：《巅峰职业》，北京：中国发展出版社，2007年版。

纪世瀛、齐中：《北京·中关村民营科技大事记》（上卷），北京：团结出版社，2020年版。

《巨变：改革开放40年中国记忆》，北京：新华出版社，2018年版。

龙平平、黄亚洲：《历史转折中的邓小平》，成都：四川人民出版社，2014年版。

王辉耀、胡冰：《创业英雄——10位海归创业先锋》，北京：中国发展出版社，2007年版。

王辉耀、苗绿：《海归北京》，北京：中国社会科学出版社，2022年版。

乌尔里希·森德勒：《工业4.0：即将来袭的第四次工业革命》，北京：机械工业出版社，2014年版。

夏颖奇主编：《海归抢滩中关村》，北京：中国发展出版社，2004年版。

夏颖奇主编：《海归创业中关村》，北京：中国发展出版社，2005年版。

夏颖奇主编：《海归汇聚中关村》，北京：中国发展出版社，2006年版。

夏颖奇主编：《海归奋斗中关村》，北京：中国发展出版社，2008年版。

余胜海：《海归创业赢天下》，北京：中国铁道出版社，2011年版。

袁方：《俊采星驰——北京海归纪实之一》，北京：北京出版社，2010

年版。

袁方：《俊采星驰——北京海归纪实之二》，北京：北京出版社，2011年版。

袁方：《俊采星驰——北京海归纪实之三》，北京：北京出版社，2013年版。

袁方：《俊采星驰——北京海归纪实之四》，北京：北京出版社，2013年版。

袁方：《俊采星驰——北京海归纪实之五》，北京：开明出版社，2017年版。

中国机械工程学会编：《中国机械工程技术路线图》，北京：中国科学技术出版社，2016年版。

蔡恩泽，《中国制造业的历史变迁》，《产权导刊》，2012年第12期。

陈初越、袁卫东等，《"海归"新浪潮——海外留学生归国创业趋势考察》，《南风窗》，2002年第2期。

陈茹水，《创造与创新的"海淀梦"》，《北京人才市场报》，2007年9月26日，T03版。

陈郁，《回国创业掀起"第三次浪潮"》，《经济日报》，2003年10月14日。

邓飞，《中关村创业投资发展特点、问题及对策研究》，《经济师》，2012年第12期。

邓淑华，《服务海归十五载 孵化金蛋满天下》，《中国高新技术产业导报》，2009年10月19日，B05版。

邓淑华，《留创园成海归施展才华大舞台》，《中国高新技术产业导报》，2010年9月27日，007版。

杜磊，《"中关村电子一条街"形成中的三元改革主体探索——以"科技与经济相结合"为中心的历史考察》,《科学学研究》,2018年第5期。

方兴东,《互联网泡沫:真实的谎言》,《互联网周刊》,1999年第40期。

冯明,《我国电子信息产业国际化问题研究》,首都经济贸易大学学位论文,2014年。

傅海健,《中国网络经济潮起潮落》,《计算机与网络》,2000年第13期。

郭伟、张力玮,《共享国际人才红利 实现创新驱动发展——访欧美同学会副会长、中国与全球化智库理事长王辉耀》,《世界教育信息》,2016年第20期。

侯文皓、王平,《国际比较,智能制造,看中美德日!》,《财经》,2019年5月27日。

侯逸民,《白颐路上的曙光——对中关村"电子一条街"的思考》,《科学学与科学技术管理》,1988年第6期。

黄轩,《留学生创业引爆第三次回国浪潮》,《厂长经理日报》,2001年3月3日,A01版。

汇龙森海创园,《汇龙森海创园:与创业者为伍,做专业孵化器》,《中关村》,2018年第9期。

江丽萍,《北京留创园走过10年》,《人民日报·海外版》,2007年9月29日,005版。

金勇,《"海归"们在这里创业》,《中国妇女报》,2006年3月25日,001版。

李方,《互联网泡沫后面是革命》,《中国消费者报》,2001年9月12日,B04版。

李金钊、王大禾、黄瑞清,《等候郁金香》,《中关村》,2004年第1期。

李晓明，《科技企业的温床——记北京市留学人员海淀创业园》，《中国投资》，2002年第12期。

栾春晖，《互联网浪潮的起起落落》，《青年记者》，2014年第15期。

马文良，《中关村"三三会"：助推海归企业腾飞》，《中关村》，2013年第4期。

明星、蓝天阳，《汇龙森科技园：创新孵化模式聚精英》，《中关村》，2015年第1期。

齐中，《"中关村电子一条街"调查报告》，《北京科技报》，2003年1月27日，001版。

秦皇李，《天使的翅膀——首届"三三会"中关村国际孵化园掠影》，《中关村》，2004年第6期。

沙磊，《中关村欲设"人才特区"拥抱海归人才》，《中关村》，2010年第7期。

施昌奎，《发展中的北京电子信息产业》，《中国科技投资》，2007年第10期。

施昌奎、潘葆铸，《北京电子信息产业的运行与发展》，《中国科技投资》，2007年第2期。

宋兹鹏，《海淀创业园：为创业者提供更多优质服务》，《中国商界》，2018年第Z1期。

覃丽芳，《中国留学人员创业园发展特点分析》，《创新》，2014年第4期。

《完善孵化器服务体系加速高技术企业成长——北京市留学人员海淀创业园》，《中国科技奖励》，2004年第9期。

汪东亚，《"你告诉邓小平，他可以派10万人"》，《留学》，2013年11月22日。

王鹏飞，《中国集成电路产业发展研究》，武汉大学学位论文，2014年。

王彦，《北京研究振兴电子信息产业》，《中国电子报》，2009年5月14日，002版。

吴茂林，《第三次创业浪潮》，《互联网周刊》，2007年第14期。

肖灼基，《中国科技企业家的创业精神——北京中关村电子一条街企业家的成长》，《中国工业经济》，1989年第3期。

徐新，《与你共同孵化梦想——访中关村国际孵化器有限公司总经理钱志兵博士》，《高科技与产业化》，2002年第Z1期。

晏燕，《海外游子归心似箭　京城热建创业摇篮》，《科技日报》，2001年1月4日，006版。

杨海霞，《海归创业新势力》，《中国投资》，2007年第5期。

余柯，《陶冶的漫画创业之路》，《神州学人杂志》，2015年第12期。

岳渤、单洁洁等，《数据驱动高新区高质量发展》，《长城战略咨询企业研究报告》，2022年总第374期。

岳渤、单洁洁等，《疫后新经济的崛起——人类的希望》，《长城战略咨询企业研究报告》，2022年总第369期。

张舵、曹霞、隋国勇、张金萍，《北京亦庄：冲刺具有全球影响力的高端产业园区》，《北京经济参考报》，2010年12月31日。

张俊芳、郭戎，《中国风险投资发展的演进、现状与未来展望》，《全球科技经济瞭望》，2016年第9期。

张越，《激荡30年，海淀创业园的创新脚步》，《中关村》，2020年第3期。

编 者 语

百余年的中国留学发展历史，从求"报国、救国"到求"发展、复兴"，经历了一段可歌可泣的历史。"梁园虽好，非久居之乡，归去来兮"，当年华罗庚的诗句激励了一代又一代海外留学生为中华民族复兴而回国报效，可谓"繁若星辰，俊采星驰"。

当代北京的发展，一靠人才，二靠科技创新，这也是北京市发展的两张金名片。改革开放以来，北京已然成为海外人才汇集的高地，更是海外人才尤其是科技人才回国创新创业的首选之地。北京的快速发展，留学归国人员在北京高科技领域发挥了突出作用，作出了突出贡献，创新成果斐然，是当代北京推动高质量发展的一支重要力量。加强留学人员创新创业的事迹宣传，为当代北京海归创新创业者明德、立传、画像，是北京市欧美同学会和当代北京史研究会共同的愿望和使命。我们开展对当代北京留学归国人员创新创业的历程进行系统的回顾与重点记载，就是希望为新时代的发展提供一些宝贵的借鉴和经验。"毕竟西湖六月中，风光不与四时同"，这也是我们编写这本《沧海丹青——海归北京创业实录》的初衷和本意。

本书按照"史传结合"的原则，重点突出三大导向。一是立足历史大背景。在写"史"的过程中，重点突出新中国成立以来各时期留学人员归国的时代背景，描画出中国留学人员的家国情怀。二是把握人才战略引领的方向性作用。广大留学人员踊跃回国，积极参加祖国建设与发展，离不开国家的政策支持与推动，反映海归创业历程应把国家的人才战略融入贯穿始终，把握好科教兴国战略、人才强国战略、创新驱动战略对海归创新创业的深远影响这条主脉。三是体现人物的故事性。全书按照"传"的逻辑，对人物的详解与描述，做到"点与面"的结合，对于典型人物和代表性人物以案例形式展现，尽可能增加内容上的故事性和可读性。

本书的编写工作是从2023年3月开始到12月下旬送交出版社，历时9个月，安排比较紧张。编写的启动和计划，得到了北京市人大常委会副主任、北京市欧美同学会会长闫傲霜同志的热情鼓励和大力支持，原欧美同学会副会长、原中关村管委会副主任夏颖奇同志曾经为海外留学人员来京创新创业工作指导作出过突出贡献，此次担纲主编工作，毫无保留地提供了大量的一手材料，为此付出了很大心血。在这里还应该特别感谢北京长城战略咨询研究所的大力支持和帮助，该所在接受任务后迅速组建了一支年轻而又优秀的编写团队，由长城所首席顾问赵慕兰老师全程指导和编审。导言由刘志光、袁硕平撰写，第一章由宋瑶、徐渴撰写，第二章由武盈、任雅頔撰写，第三章由宋瑶、张继喆、武盈、徐渴、任雅頔、屈子健撰写，第四章由张继喆、屈子健撰写，结束语由刘志光、刘静撰写。这本书的编辑撰写工作，凝聚了这批年轻人的辛勤和智慧。

本书在编辑过程中七易其稿，编委会的同志们也提供了很多宝贵的实例、论点和中肯的意见建议，为本书增色不少，特此深表谢忱。

编者
2023.12